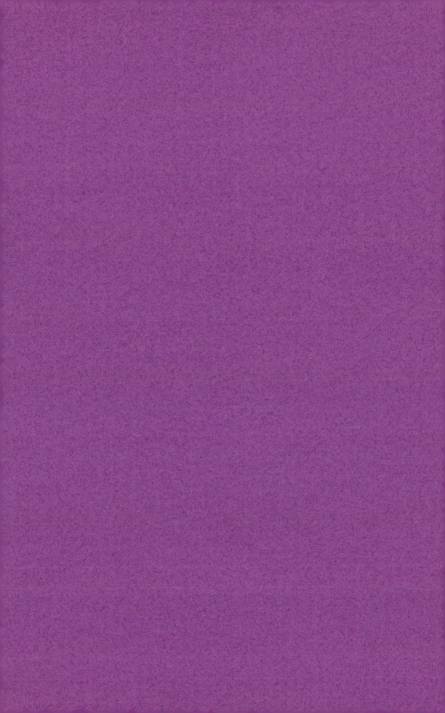

AN UPSIDE-DOWN HISTORY OF THE WORLD

逆説の世界史

井沢元彦

3

ギリシア神話と多神教文明の衝突

小学館

逆説の世界史 3 ギリシア神話と多神教文明の衝突

〔目次〕

装幀／高柳雅人

序章

多神教社会に生きる日本人

——無宗教ではなく、「日本教」を信じる民族

■「無宗教」の日本人は世界の非常識

『逆説の世界史』シリーズでは、古代から続いている文明を一通り扱って、その中で現代まで影響を及ぼしている文明は、現代史にまで言及してその影響を語るという方法を取っている。

前巻の第2巻「一神教のタブーと民族差別」では「一神教とは何か？」が全巻を通してのテーマ。人類の宗教は当初「多神教」だけだった。ところが、そこへ「一神教」という「神を一つしか認めない宗教」が出現することによって、人類の歴史は大きく変わった。

現代はむしろ一神教優勢の時代であろう。あらゆる宗教の中で最大の信徒数を誇るキリスト教、そして今世紀中にはそのキリスト教を信徒数で抜き去るかもしれないイスラム教、この二つの一神教の信徒数を合計すれば、地球人類の過半数は一神教の信者ということになる。優勢とはそういう意味である。

時系列的に言えば、まず多神教が、原則として一つの民族しか信じない民族宗教として始まり、その中から一神教が生まれ民族を超えた信仰をもつ世界宗教に発展した。

もう一つ。「西洋」に対して「東洋」では、現在でも人類最大の数を誇る漢民族（中国人）の代表的な「宗教」儒教が生まれた。儒教は一神教ではなく、かといって多神教とも言い難い。そして、今なおその信者である中国人や朝鮮民族は、儒教を宗教としてではなく哲学として認識している。なぜなら、儒教はヤハウェやキリストやアッラーあるいはブッダ（釈迦《しゃか》）のような、人間を超越した「人格神（人の形をした神）」を認めないからだ。それを認めないことによって、人自分たちが「神などという迷信」を信じる民族よりも理性的で合理的だと信じている。この無神論的な儒教との比較によって、一神教の特徴がより明らかになるので、第1巻「古代エジプトと中華帝国の興廃」では、古代エジプトで広く信仰されていた多神教と古代中国以来の儒教とを深く分析することによって、宗教とは何かという問題を追究した。もちろん、この『逆説の世界史』の最大テーマ、「文明の興廃」の原因を明らかにするためである。そのために第2巻「一神教のタブーと民族差別」では、冒頭で述べたように、一神教を取り上げた。この第3巻「ギリシア神話と多神教文明の衝突」では本格的に多神教を取り上げたい。

通常ならば、歴史の記述としては、多神教を取り上げ一神教に至るのが順当だが、では何故『逆説の世界史』では順番を逆にするのか?

一神教とは、私に言わせれば「強い宗教」である。まずは紀元1世紀にキリスト教が誕生すると、それまで隆盛を極めたギリシアやローマの神々も否定されてヨーロッパの多神教は撲滅され、7世紀にイスラム教が誕生すると、今度は中東の多神教が撲滅された。この傾向はその後も続き、15世紀末のクリストファー・コロンブス（Christopher Columbus／1451頃〜1506年）のアメリカ大陸到達によって、中南米に存在した多神教は撲滅された。近代に至ってもアメリカ合衆国のハワイ王国併合によって、ハワイの民族宗教としての多神教は終止符を打たれたと言っていいだろう。それはミクロネシアをはじめとして南太平洋の島々でも起こったことである。

そういう、失礼な言い方になるかもしれないが「弱い多神教」に比べて、一神教の強力な破壊力に耐えた多神教も存在する。それがインドの民族宗教であるヒンドゥー教であり、それと同時並行で生まれ世界宗教となった仏教であり、その仏教の影響を受けながら独自の発展をとげた日本の民族宗教である神道であろう。

なぜ一神教は「強い」のか。それは「人類も含めた事物の起源を語っている」からだろう。アダムとイブである。アダムは、つまり人類は唯一の神によって創造された。唯一の神がすべての根源である以上、他に神などあり得ない。他にも神がいると信じることは錯覚であり、「神でないもの」を神と信じるのだから真の神への冒瀆《ぼうとく》でもある。よって「多神教」などあり得ない。逆に多神教の信者の側から、この「主張」に対抗することは極めて難しい。それ故、「弱い多神教」は撲滅された。その事実自体はあまり分析する意味のない、歴史の一つの経過にすぎない。

しかし、「強い多神教」は違う。「強い一神教」の強力な破壊力になぜ対抗できたのか？　その謎を解明するためには、まず「一神教とは何か」を知らねばならない。そこで、まず第1巻では宗教そのものを序論として取り上げ、次に一神教であるユダヤ教、キリスト教、イスラム教を第2巻で取り上げ、この第3巻ではヒンドゥー教、仏教を、その土壌となったインダス文明と共に取り上げることにした。そして次の第4巻では「多神教から一神教への転換」を入り口として、ローマ帝国史を取り上げる予定である。

なぜなら日本人ほど宗教に「疎《うと》い」民族は世界でも珍しいからだ。この『逆説の世界史』の姉妹編とも言うべき『逆説の日本史』（小学館刊）では、今から四半世紀以上前に出した第1巻で、その問題を指摘しておいた。当時は「日本歴史学界の三大欠陥の一つ」として「日本史の呪術的側面の無視ないし軽視」としたが、現在ではもっと分かりやすく「宗教の無視」という言い方をしている。例えば、現代の日本人は日常「呪《のろ》い」などは信じないが、昔の人は信じていた。当然、昔の日本人の行動も、政治や経済や文化面においてその強い影響を受ける。そうした行動の集積が日本史なのだから、宗教的側面を無視しては正確な歴史など書けるわけがない。これは井沢説というより人類の常識だろう。

ところが、この常識がまったくと言っていいほど通じなかったのが当時の日本史学界だった。宗教的側面を無視して歴史を解析するのが「合理的」であると信じていた人々が大多数を占めていた。明治以来の「迷信無視」と、戦後一時盛んになった無神論を基本とするマルクス主義史学の影響だろう。彼らの考え方を古代エジプトに適用すれば、「ファラオは来世の復活など信じていなかったが、民衆を支配するための方便として遺体のミイラ化を実行した」ことになる。信じられないかもしれないが、本当の話だ。

だから私は「それはおかしい」と言い続けた。『逆説の日本史』のコンセプトでもある。その結果、少しは私の意見に耳を傾けてくれる歴史学者も出てきた。これに比べれば、世界史の学者は「分かっている」人々が多い。宗教を無視しては話が一歩も進まないことを理解しているからだろう。

だが、それにしても宗教の基本をきちんと理解している人は少ない。その証拠に高校で使われる「倫理」の教科書などはいくら読んでもキリスト教とイスラム教の対立原因すら理解できないのが現状である。そのことは私の著作でキリスト教やイスラム教に関するものを読んでいただいた方には常識だろう。しかし、一般の日本人にとってはまだまだ常識ではない。

この『逆説の世界史』第3巻を世に出すにあたって、あえて序章として、この「多神教社会に生きる日本人」を書いたのは、世界史の中で「多神教と一神教」を分析する際、日本の多神教に対して明確な認識をもつことは極めて有用であるからだ。この巻から私の著作に触れる人も含め、本編への解説として、あるいは知識の再確認としてこの序章を読んでいただきたい。

まず日本は、第一章で取り上げるインドのヒンドゥー教世界と似ているところもあるが、極めてユニークな世界でも珍しい宗教社会であるという認識が必要だ。

そんなことを言うと、まず一般的な日本人は、「日本人は無宗教ではないのですか」という反応を示す。

一昔前は入国ビザなどに本人の信仰している宗教を書く欄があったが、日本人はそこへしばしば「無宗教」と書いた。しかし、外国、特に一神教社会である欧米や中東では、すべての倫理の根源は神だから、神を信じない人間はあらゆる倫理を尊重しないことになる。そう知らされて日本人はとりあえず仏教徒などと書くことにしたのだが、本当にそうかと自問自答する人が多かったはずだ。これも一昔前だが、「あなたの宗教は何ですか?」と訊かれて、「家の宗旨は仏教の○○宗（墓はその宗派の寺にある）だが、自分は無宗教です」と答える人が大勢いた。

しかし、評論家山本七平（1921〜1991年）が喝破したように、日本には「日本教」というすべての日本人が信じる宗教がある、と考えるべきなのだ。

その事実がなぜ認識されないかといえば、日本教はまさに多神教の典型であって複数の神を同時並行で信じるものであり、その教義が極めて分かりにくいからである。キリスト教やイスラム教であれば、その聖典を一冊読めば基本的なことは理解できるが、多神教の中の多神教である日本教では、そんな便利な聖典はまったくない。その教義の多くは日本人の民族宗教である神道に由来するが、のちに入ってきた仏教や儒教（朱子学）の影響も大いに受けている。

それを検証するには、日本史上の合理的には解釈できない不可解な事項を、いちいち神道や仏教や儒教の教義と照らし合わせて解釈していくしかない。この作業は既に『逆説の日本史』で何度も試み、その集大成として『日本史真髄』（小学館刊）という新書にもまとめた。これは『逆説の日本史』のダイジェスト版なので、こうしたことに興味がある方はぜひ一読されたい。

■芥川龍之介が見抜いた独特な宗教社会の「造り変える力」

ところで、日本教の中核をなすのは、日本人の伝統的民族宗教である神道だ。多くの日本人は正月には初詣という形で神道の神殿である神社に行く。だからといって仏教も無視しない。「観音様」などの縁日にはお参りに行くし、葬儀は仏式でやるのが一般的だ。また、クリスマスというイエス・キリストの生誕祭を盛大に祝う。

第一に、本当に無宗教であったらこんなことは絶対にしない。それが世界の常識であることを理解していただきたい。

無宗教とは基本的に無神論であり、神の存在を否定する。だからその「神」を礼拝したり、その誕生を祝ったりは絶対にしない、ということなのである。そう言えばお分かりのように、日本人は神道の神も仏もキリストもすべて「神」として認め、同時並行で信仰しているわけだ。これこそまさに多神教の典型的なスタイルなのである。

では、なぜそれを一つに絞らないのか？

それがそもそも神道の（そして実はヒンドゥー教の）根本的発想であるからだ。「八百万《やおよろず》の神」という言葉が神道の根幹をなしている。神は一つではない、むしろあらゆるものに精霊が宿っている。当然、水にも火にもそれを司る神がいて、個々の川や山にも神がいる。

そこまではほぼ同じだが、ヒンドゥー教との違いは、日本の神道は「清らかさ」を徹底的に重んじることだ。日本の最高神天照大神《アマテラスオオミカミ》（以下、「アマテラス」と表記）はセックスではなく、父神が「ケガレ」を「ミソギ」した時に誕生した。「ケガレ」とは「死」などに象徴される不幸の根源で、これを排除する方法が「ミソギ」だ。具体的にどうするかといえば、インドにはほとんどないが日本には国中にある、清らかに透き通った水の流れで身を清めることである。そういう意味では、神道は日本の環境と分かちがたく結びついている。これが民族宗教の本質の一つであろう。砂漠では神道は成立しない。

そして死をケガレとする考え方は、人間や動物の死に日常的に接触する人々に対する差別を生んだ。動物を殺し皮革を製造する人々に対する差別がその典型的なもので、いわゆる部落差別の根源はここにあると私は考えている。

さらに、この考え方は、人間の死を取り扱う葬礼や医療に従事する人々への差別を生む。しかし、皮革は「使わない」という選択ができるが、どんな人間も葬礼や医療を避けて通ることはできない。そこで、古代日本人は仏教という「死」を「ケガレ」だとは考えない宗教を一部取り入れて、それを「信仰」する僧侶たちに葬礼や医療を担当させた。

まさに多神教的考え方で、私は日本の代表的な料理である鍋料理にたとえたことがある。つまり、日本教とは一つの大きな「鍋料理の鍋」で、これが日本人の伝統的宗教である神道である。しかし、鍋にスープが張ってあるだけでは鍋料理とは言えない。鍋にはさまざまな「具」を入れなければならない。その具が仏教であり儒教なのだろう。すき焼きならば肉だけでなく、野菜や豆腐やシラタキのようなさまざまな具と相まってこそ「すき焼き鍋」になる。

だが、こうした鍋に入れられないものもある。あまりにも強烈な味と香りを持っているがために、他の様々な具の個性を一切消してしまい、一つの味に統一してしまうような強烈な香辛料だ。これを入れたら鍋料理がめちゃくちゃになってしまう。お分かりだろう、これがキリスト教やイスラム教のような一神教である。ただし、「あく抜き」をしたり薄めたりすることによってその一部を鍋に入れることは可能だ。それがクリスマスなのだろう。クリスマスで最も大切なことは何か。それは言うまでもなくキリストへの礼拝だ。これはキリストの生誕祭なのだから。ところが、日本の「クリスマス」にはそれが見事に省略されている。これが「あく抜き」ということだ。

こうした「日本教」（という言葉は使わなかったが）の形に気がついたのが、小説家芥川龍之介（1892〜1927年）だ。芥川は「地獄変」や「蜘蛛《くも》の糸」などの名作の作者であり、日本を代表する文学賞芥川龍之介賞にも名を残しているが、この独特な宗教社会日本への鋭い洞察に満ちた作品がある。短編小説「神神の微笑」（1922年発表）で、これは戦国時代に日本にキリスト教の布教のためにやって来たイエズス会宣教師オルガンティーノ（実在の人物）を主人公とした、極めて短いが実に示唆に富む作品である。以下、概要を示す。

オルガンティノ（原文のママ）は悩んでいる。日本人は親しみやすく、キリスト教にも好意的だ。実際、信者も増えている。しかし、何か分からないが「ぼんやりとした不安」がある。何かがキリスト教の布教を妨げている。それは政治とか制度の問題ではなく、精神的な何かである。そんな中、オルガンティノは幻を見る。それは、彼は知る由もなかったが、アマテラスが天の岩戸にこもってしまった時、アメノウズメノミコトが半裸で踊り出し神々が陽気に騒いだため、アマテラスが顔を出したという名場面だ。目覚めたオルガンティノは再び不安になる。つまり、キリスト教はこの国の霊（民族宗教）に勝てるのかという不安である。その不安を見透かしたように、「負けですよ！」（仮名遣いは改めたが原文のママ、以下「　」内は原文からの引用／引用は『芥川龍之介全集4』筑摩書房刊による）と声をかけ突然現れたのは、日本の神道の神々のうちの一人である。

誰何《すいか》するオルガンティノに「この国の霊（＝神　※引用者註）の一人です」と答えたその男は、泥烏須（デウス＝神）もこの国では敗北するとけしからぬことを言う。もちろんオルガンティノは、デウスは全能だから負けるはずはないと反論する。ところが、日本の神はさらに言う。

「はるばるこの国へ渡って来たのは、泥烏須ばかりではありません。孔子、孟子、荘子、――そのほか支那からは哲人たちが、何人もこの国へ渡って来ました。しかも当時はこの国が、まだ生まれたばかりだったのです。支那の哲人たちは道のほかにも、呉の国の絹だの秦の国の玉だの、いろいろな物を持って来ました。いや、そう云う宝よりも尊い、霊妙な文字さえ持って来たのです。が、支那はそのために、我々を征服出来たでしょうか？」

そして日本の神はさらに本地垂迹説《ほんじすいじやくせつ》に言及する。本地垂迹説とは平安時代に始まり明治の神仏分離令まで一千年以上にわたって信じられていた、日本の神と仏教の仏は本来同じものだとする教説の事だ。だから今でも「神仏」という言葉が残っている。現代日本人の多くはこれを忘れてしまっているが、明治以前は「神仏混淆《こんこう》」が日本の最もポピュラーな「宗教」であった。お分かりのようにこれは多神教の典型的な形である。

問答はさらに続く。オルガンティノは今日も日本人がキリスト教に帰依したばかりだと主張する。しかし、日本の神は次のように答える。

「ただ帰依したと云う事だけならば、この国の土人は大部分悉達多（シッダールタ＝釈迦　※引用者註）の教えに帰依しています。しかし我々の力と云うのは、破壊する力ではありません。造り変える力なのです。」（中略）

「事によると泥烏須自身も、この国の土人に変るでしょう。支那や印度も変ったのです。西洋も変らなければなりません。我々は木々の中にもいます。浅い水の流れにもいます。薔薇の花を渡る風にもいます。寺の壁に残る夕明りにもいます。どこにでも、またいつでもいます。御気をつけなさい。御気をつけなさい。……」

念のためだが「土人」とは現地の人、つまりこの場合は日本人を指すので差別的な意味はまったくない。何はともあれ、これを芥川龍之介の「日本にはキリスト教は根付かない」という予測だと考えると、その予言は見事に、少なくとも21世紀初頭の現在的中しているといえる。日本のキリスト教徒は全人口の2パーセントに満たないからだ。それはキリスト教が撲滅されたという意味ではない。前述したように、むしろクリスマスは日本の「お祭り」として取り入れられている。ただし、それらを祝っている大部分の日本人は決してキリスト教徒ではない。これは一神教の信者から見たら「あり得ない」光景だろう。だが、多神教の世界では可能なのである。キーワードは「造り変える力」である。

また、神道の「八百万の神」には、その子孫である天皇も含まれることにも注目しなければならない。この「造り変える力」は日本において、多神教社会では通常生まれない絶対的平等を生み出したことも再認識していただきたい。第1巻で考察した「平等化推進体」の問題で、本来は八百万の神の一員だった天皇という存在を、日本人は一神教世界にしかないはずの「平等化推進体」に「造り変え」た。これは世界史のレベルで見ても特筆すべき出来事なのである。

実は、私自身もこの第3巻を書く以前は、インドにおける「多神教である仏教」は12世紀以降、「一神教のイスラム教」の浸透により撲滅させられた、と考えていた。これは世界歴史学界の通説でもある。しかし、どうやらそうではないようだ。なぜなら、そのうち多神教であるヒンドゥー教が大規模に復活したし、ブッダ（釈迦）はそのヒンドゥー教の神の一人として生き残っている。この「造り変える力」というキーワードを頭において本編を読んでいただければ、理解が深まるはずである。

第一章

インダス文明の滅亡とヒンドゥー教の誕生

——古代インド思想における「輪廻転生」と「永遠の死」

■「世界最古の看板」に刻まれた「インダス文学」の謎

まず最初はインドにおける多神教文明について分析考察してみたい。

現在のインドを中心に発達したヒンドゥー（Hindu）文明を語るためには、それ以前にインダス川（Indus）流域を中心に栄えた世界四大文明の一つ、インダス文明を語らねばならない。

このインダス文明には「ハラッパー（Harappā）文明」という別名もあるが、これは20世紀前半、インドがまだイギリスの植民地だった時代、インド亜大陸の一角（現在、インダス川流域の大部分はパキスタン領）のハラッパー、そしてモエンジョ・ダーロ（Mohenjo Daro）から大規模な都市遺跡が発見され、そこからこの文明の存在が知られるようになったからである。

ハラッパー遺跡はインダス川上流のパンジャーブ（Panjab）地方にあり、「周囲約５㎞、高さ約10ｍの低い丘を形づくっている。発掘された遺跡の中央には南北４００ｍ、東西２００ｍの平行四辺形の城塞があり、その北側には労働者用長屋と作業場と穀倉が、南側には２つの墓地がある。（中略）街路は舗装されて排水溝も整備され、青銅器、彩文《さいもん》土器、特に文字を刻んだ多数の印章を出土し」た。一方、モエンジョ・ダーロ遺跡は「前３０００～２０００年紀頃の城塞と市街があり、前者は城壁に囲まれ、大浴場、穀物倉、僧院などがある。市街は道路、下水が整備され、家屋は煉瓦《れんが》でつくられている。土器、銅器、未解読文字を刻んだ印章、石刃、陶製の人像や動物像、玩具、装身具などの遺物」がある（「　」内はいずれも『ブリタニカ国際大百科事典 小項目版 ２０１６』より引用）。

通説では、インダス文明の時期は、先行のエジプト文明、メソポタミア文明より遅れ、紀元前2500年から紀元前1800年までを最盛期とするが、全体の規模は東西1600キロメートル、南北1400キロメートルと広大で、エジプト文明、メソポタミア文明を遥《はる》かに凌駕《りようが》している。それ故、インダス川流域を遠く離れた遺跡もあり、この文明全体の呼称としては「ハラッパー文明」の方がふさわしいと唱える研究者もいるほどだ。

しかし、その数多くの遺跡（二千六百以上あると言われている）の中でも、ハラッパーとモエンジョ・ダーロの二大都市の遺跡が群を抜いて大きく、これが一つの大国の中の二大都市だったのか、それとも年代的に先行するハラッパーが何らかの原因で衰えた後、モエンジョ・ダーロが首都の地位を受け継いだのか、など諸説があり、真相は未だに不明だが、両都市ともこの文明の中核であることは間違いない。

ところで、この文明自体を象徴するキーワードがあると、私は考えているので、それを皆さんにまずお伝えしたい。それは「分からない」という言葉だ。もちろん、ふざけているのではない。エジプト文明と比べてみると、まずハラッパーもモエンジョ・ダーロも昔は何という名前だったか分からない。それどころか、この「インダス国家」が何と呼ばれていたかも分からない。

二千六百以上も遺跡があるのに、王宮や大神殿や巨大な陵墓の類がまったく出てこないから、皇帝（王）がいたのかどうかも分からないし、どんな宗教だったかも分からない。

当然、王様の名も神々の名も分からない。「クフ王のピラミッド」とか「ラメセス2世」とか「豊饒《ほうじよう》の女神イシス」などという固有名詞が知られているエジプト文明とは、何という違いだろう。

しかもエジプト文明の方が古く、インダス文明は新しいのである。
それなのに、なぜこんなことになったのか？
一つ考えられるのは、ロゼッタ石（Rosetta Stone）に相当するものがなかったからだろう。同じ内容の文章が古代エジプトのヒエログリフ（Hieroglyph）と共に、比較的解読しやすかった古代ギリシア文字で刻まれた石板であるロゼッタ石が存在し、発見されたからこそ、学者はヒエログリフを解読できた。それまでテキストは山のように発見されていたのに、つまりデータは豊富だったのに、ヒエログリフはまったく読むことができなかった。ところがインダス文明の場合、文字が読めないばかりか文書と言えるものがほとんどなく、これが文明解明の大きな障害となっている。

この文明のもう一つの謎は、ある時突然、滅んでしまったことである。これもエジプト文明やメソポタミア文明あるいは黄河文明などと大きく違うところで、その後、同じインド亜大陸に生まれたヒンドゥー文明との連続性がまるで見られない。それもあって、インダス文明は未だに「分からない」点の多い、謎の文明と言える。しかし、文字は読めなくても考古学的遺物は多数発見されているので、それをもとに文明のありようを推理することは可能だし、文明の崩壊についても不可能ではない。これから、その作業を進めていこう。

考古学者ではなく言語学者としての視点からインダス文明の実像を解明しようと試みた長《おさ》田《だ》俊《とし》樹《き》（１９５４年〜）は、その著書『インダス文明の謎　古代文明神話を見直す』（京都大学学術出版会刊）の中で、まずインダス文明の解明があまり進まない原因として、遺跡数の多さに対する発掘数の少なさを挙げる。

総発掘数は遺跡全体の一割以下であり、主要遺跡の学術報告書の公開も遅れ気味だという。

それに加えて、インド、パキスタン、アフガニスタンに分布する遺跡の中で、中枢を占めるインドとパキスタンの両国の関係がギクシャクしていて、「インドの考古学者はパキスタンの遺跡を自由に訪問することができない。もちろん、その逆のパキスタン考古学者がインドの発掘遺跡を自由にみて歩くことも難しい」（以下、「　」内は長田著の前掲書からの引用）という事情がある。

そんな情況の中で、日本人の長田は両者を比較検討することも容易にできるため、そうした利点を生かし、インダス文明の実態を明らかにするプロジェクトに取り組んだというわけだ。

長田によれば、一般にインダス文明に共通する要素は「土器、青銅製品、焼成レンガ、都市計

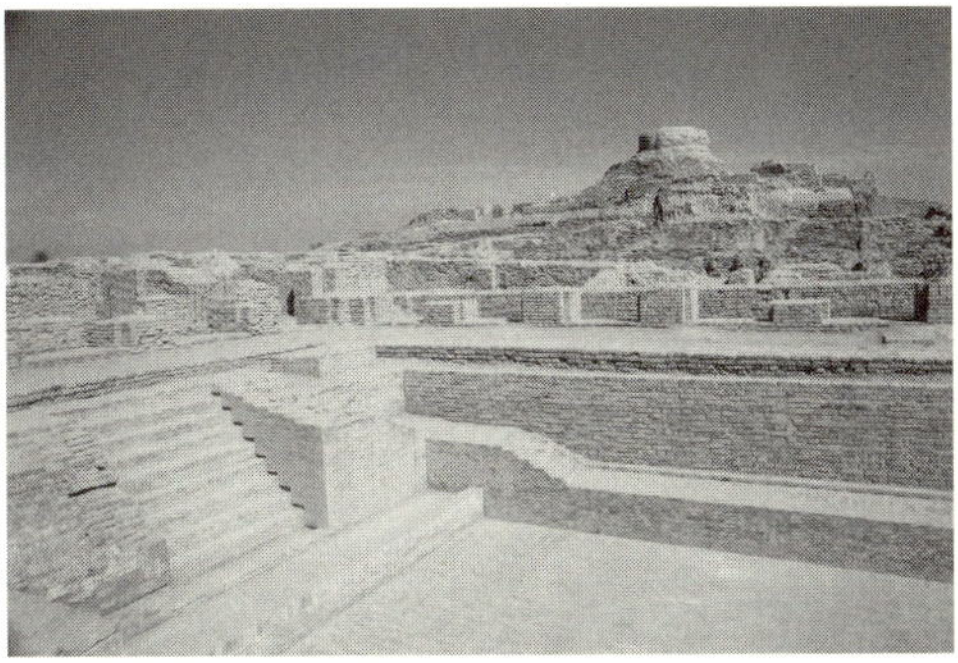

モエンジョ・ダーロ遺跡（パキスタン）

Bridgeman Images / PPS通信社

発掘されたインダス文字の印章
（パキスタン／カラチ国立博物館）

画、素焼きの三角ケーキ、スタンプ印章、標準化された度量衡、そしてインダス文字」だと言う。

この中で読者が真っ先に興味をそそられるのは、「素焼きの三角ケーキ」であろう。素焼きと言うからには釉薬《ゆうやく》をかけない、まさに手で握れるぐらいの大きさの三角形の土器なのだが、実はこれも多数発見されているにもかかわらず、何に使ったかがまったく分からない。この三角ケーキは当初下水溝で見つかったことから、トイレ用品ではないかとする説もあったが、それ以外の場所でも多数見つかっており、現在、用途に関する定説はない。

また、「多孔土器」と呼ばれる多数の穴があいている土器もあるが、これも焼肉用鍋に使ったのではないかなどとする説はあるものの、用途は不明である。

インダス文字はまったく解読されていないので、スタンプ印章の他、土器、青銅製品にも文字は刻まれているが、何と書いてあるか意味が不明なのだ。特徴的な点は多く一角獣が描かれていることである。それが右向きか左向きかなどによって一定の年代比定はできるのだが、やはり内容は分からない。

ところで、かつてはインダス文明と言えば、ハラッパーとモエンジョ・ダーロの二大遺跡をいかに分析し意味づけるかという方向性で、研究が進んできた。しかし、この研究の進め方にはたいへん大きな問題がある。なぜなら、この二大遺跡発見以降、両者に匹敵するような大型遺跡が少なくとも三か所発見されており（ガンウェリワーラー、ラーキーガリー、ドーラーヴィーラー）、最低限でも、この五大都市でインダス文明を考えるべきだというのが、最近の傾向である。

このうちガンウェリワーラー（Ganweriwala）は、ハラッパーとモエンジョ・ダーロのほぼ中間点、パキスタンのタール砂漠（Thar Desert）にある。

あとの二つはインドにあり、ラーキーガリー（Rakhigarhi）はハリアナ州（Haryana）、ドーラーヴィーラー（Dholavira）はグジャラート州（Gujarat）のカーディル島（Khadir 海上にある島ではなく、湿地帯の台地）にある。

この五大遺跡をすべて訪問した前出の長田によれば、各遺跡は考古学者の調査が入っているものの、ジープラリーのコースに指定されたり、民家が領域内に多数あったりして調査も進んでおらず、一方で盗掘や破壊のリスクが高い。

２０１２年には、地球遺産財団（Global Heritage Fund）がラーキーガリー遺跡を、インドで唯一「アジア十大危機文化遺産」に指定したという。

ドーラーヴィーラー遺跡は、２０００年3月、インド考古局が「世紀の大発見」として世界に

総合地球環境学研究所 インダス・プロジェクト

多孔土器
（インド　カーンメール遺跡）

総合地球環境学研究所 インダス・プロジェクト

素焼きの三角ケーキ
（インド　カーンメール遺跡）

発表し、各国で大々的に報道されたので、記憶にある向きも多いだろう。その発表によると、東西７８１メートル、南北６３０メートルの外壁の中に、広場、住宅、城塞、競技場、貯水槽などが整然と並び、水道施設が完備していた。街は四十九の区画に区切られており、また南側にはインダス文明で最大とされる直径４・１メートルの石組み井戸が発見された。

　特筆すべきは、城塞の北側の最大の門から石段を降りたところで、上方から落下したと見られる木製の板の痕跡が発見され、そこに縦37センチ、横27センチのインダス文字が十文字刻まれていたことだ。調査隊は発見場所から見て、これは門の上に掲げられた「世界最古の看板」であり都市名等を記したものではないかとしている。

ドーラーヴィーラーの「看板」

撮影／大村次郷

発掘されたインダス文字の「看板」
（インド　ドーラーヴィーラー遺跡）

　文字はあるのに文書はない。ひょっとしたら、これこそインダス文明の最大の特徴かもしれない。この「看板」以前、インダス文字は基本的に印章にしか記されておらず、エジプト文明におけるパピルス文書、メソポタミア文明における粘土板文書のようなものはない。

発掘された印章（23頁の写真参照）のインダス文字は、最長のものでも二十六字しかない。研究者の中には、一般には記録に使われる文字ではなく、象徴的な記号ではないかと主張する者もいる。

そもそもこの文字が、絵文字から発達した表意文字なのか、アルファベットのように文字自体には意味がなく発音のみを表わす表音文字なのかすら、分からない。

そこで、この「看板」が注目されたわけだ。文字を解読するには、それが何を表わしているのか分からねばならない。遺跡から発掘された印章や銅板だけではそれを推測するのは難しいが、「看板」なら可能だからである。しかし、発見から十五年以上経過した現在でも、多くの研究者を納得させる有力な仮説は発表されていない。

インダス文字の数（種類数）についても、四百前後と見る研究者もいれば、七百あるとする研究者もいる。同じサンプルを解析しているのに、なぜそんなに違いが出るかと言えば、例えばHを「H」という一文字と見るのか「I」「二」「I」という三文字（二種類）と見るのか、解釈の違いがあるからだ。

インダス文字について私見を述べれば、これは古代エジプト人や現代人が使っている文字とは根本的に違う、記号いや幸福を招き災厄を排除する護符のようなものではなかったか。

あるいは、例えば家紋のようなもので、それなら個々にデザインするから何百種類あってもおかしくない。

少なくともエジプト文明やメソポタミア文明とはまったく発想が違うものなのではないか。

それ故、インダス文明滅亡の原因を考察するには、まずインダス文明そのものを、エジプト文明やメソポタミア文明で身につけた常識から離れて分析することが必要だと考える。

■ヒンドゥー原理主義的な歴史解釈の弊害

引き続き、『インダス文明の謎　古代文明神話を見直す』を参考に、インダス文明について考察していこう。「世界四大文明」のうち、エジプト文明、メソポタミア文明、黄河文明は、それぞれ大河の畔《ほとり》に生まれた文明であった。歴史家ヘロドトス（Herodotos／BC484頃～BC420年以前）が「エジプト（文明）はナイル（川）の賜物《たまもの》である」と喝破したように、定期的に氾濫する大河が肥沃《ひよく》な土を大地にもたらした結果、食糧が容易に増産され、その蓄積が巨大な権力を生むと同時に、生活の余裕が様々な文化を創造させる。これが共通するパターンであった。

　では、世界四大文明の残りの一つ、インダス文明も他の三者と同様な「大河文明」なのか？

もちろんこれまではそう考えられていた。というのは、他の三つの文明と違って、インダス文明が後世への影響も少なく「影の薄い」状況にあるのは、ハラッパー、モエンジョ・ダーロの二大遺跡の現状から見て、かつて文明を支えていた大河が消滅してしまったという環境の激変が、この文明を崩壊に導いた原因と考えられてきたからだ。

　しかし、インダス文明では、他の三つの文明に見られる巨大な王権や宗教の存在を示す遺物がまったく発見されていない。エジプト文明におけるクフ王のピラミッドやアブ・シンベル神殿のようなモニュメントがまるでないのだ。これは極めて異常なことで、逆に、ここからインダス文明が他の三つの文明とは異なり、それ故に「大河文明」でもないのではないかという考察が生まれるわけだ。

さて、前出の研究者長田の所属する総合地球環境学研究所のインダス・プロジェクトでは、ハラッパー、モエンジョ・ダーロの二大遺跡に続いて発見された三大遺跡のうち、ガンウェリワーラー（パキスタン）に注目する。

この遺跡は現在タール砂漠の中にあるが、大きな川筋跡と見られる痕跡があり、それはのちのヒンドゥー教の女神の名を冠した大河サラスヴァティー（Sarasvatī）ではないかと考えられてきた。つまり、これが消滅したサラスヴァティー川であり、大河であったなら、インダス文明も大河文明であり、その大河が枯渇したことによってインダス文明は衰えたのだと説明できるし、逆に、サラスヴァティー川が大河でないなら、インダス文明はエジプト文明やメソポタミア文明とはまったく違うと推論できるのだ。

このサラスヴァティー川問題について、インダス・プロジェクトに属する「古環境研究ワーキング・グループ」が、サラスヴァティー川のあったとされる場所に現在流れているガッガル＝ハークラー川（Ghaggar-Hakra／同じ河川を、パキスタンでは「ハークラー」と呼び、インドでは「ガッガル」と呼ぶ）のインド国内部分を精査し、河川の特徴を割り出した。

それによると、ガッガル川は年中水が流れている川ではなく、雨季にのみ水が流れる季節河川で、氾濫することもあるが、その規模はそれほど大きくないと見られるという。その証拠に川の両側には多数の砂丘が存在している。もし氾濫の規模が大きければ砂丘は広い範囲で浸食されるはずだが、その痕跡は見られない。ガッガル川は氾濫してもそれほど周囲に影響を与えない。つまり大河ではない。

しかし、だからといってガッガル川の「前身」であるサラスヴァティー川が大河ではなかったとは言い切れない。それを証明するためには、現在の砂丘がいつ頃からあったのか、年代比定する必要がある。

「古環境研究ワーキング・グループ」はＯＳＬ（光ルミネッセンス年代測定法）を用いて、砂丘深部の砂がどれくらいの時間日光に当たっていないかを測定した。

その結果、「いずれもインダス文明期（いまから四五〇〇年前）よりも古い年代が出た。一番新しい年代でも五〇〇〇年前で、たいていは一万年以上前の年代だった。つまり、ガッガル川流域の砂丘はインダス文明期以前からあったことになる。したがって、インダス文明期において、ガッガル川は砂丘を浸食するような大河ではなかったのである。（引用前掲書）

つまり、インダス文明期のサラスヴァティー川が大河ではなかった、ということだ。

一方で、長田は、このような科学的証拠に基づく主張に対して、聖なるサラスヴァティー川が大河でないはずがない、という感情的とも取れる反応が某インド人研究者からあった、と記している。

インドはヒンドゥー国家だと主張する人々がいる。この人々をヒンドゥー原理主義者とよんでおく。かれらはインドの歴史解釈に、ヒンドゥー教的潤色を加えようとしている。その一つがインダス文明はヒンドゥー教の故郷であり、インダス文明の担い手はヒンドゥー教を信仰する人々だったと主張する。それがエスカレートすると、インダス文字はサンスクリット語で解読できる、と声高らかに宣言する人々までいる。こういった人々はインダス文明という名称を認めない。シンドゥーはインダスのサンスクリット語の呼び方である。もちろん、かれらにとってはサラスヴァティー川が大河であったことは自明のことなのである。

（引用前掲書）

サンスクリット語は言うまでもなく、ヒンドゥー文明の基本言語であり、ヒンドゥー教のみならず初期の仏教経典もそれで書かれている（漢字文化圏ではこれを「梵語《ぼんご》」と呼んだ）が、インダス文字との言語学的関連は科学的には立証されていない。

「そうである（事実）」より「そうあるべき（願望）」が優先すれば、歴史学のみならず、すべての学問は崩壊する。もちろん個々の人間の信仰の自由は尊重するが、この『逆説の世界史』はそうした特定の思想や宗教にとらわれることなく、あくまで科学的事実と合理的な推論によって記述していることを改めてお断わりしておく。

私はこのインダス・プロジェクトが出した「インダス文明は大河（に依存する）文明ではない」

（引用前掲書　※カッコ内は引用者註）という結論を支持したいと思うのだが、そうなると事は重大である。

インダス文明の実像とはどのようなものか？　特に、農業の形態、社会の支配構造はどうなっていたのか？　という新たな疑問が浮かんでくるからだ。

では、我々はインダス文明の特徴をいかに捉えるべきなのか？

実は、従来の研究者がインダス文明を、他のエジプト文明などと同様の大河文明と捉えたのには大きな理由がある。

モエンジョ・ダーロである。このインダス文明最大級の遺跡は、明らかにインダス川という大河の畔にあり、その恩恵を受けていたと考えられる。だからインダス文明全体がそうした大河文明に違いないと、過去の研究者は考えてしまったわけである。

しかし、ハラッパー、モエンジョ・ダーロ以後、インダス文明の遺跡が数多く発見され発掘された。そうした多くのサンプルを総合して分析すると、大河に全面的に依存していたのはモエンジョ・ダーロだけで、他の地域は例えばサラスヴァティー川の流域がそうであったように、川自体の豊富な水量に頼るのではなく、雨季に集中的に降る雨を利用した農業を行なっていたと考えられるようになった。

長田の言葉を借りれば、インダス文明は大河文明ではなく「モンスーン（雨季に集中的に雨が降り、乾季は農業に適さない）文明」（引用前掲書　※カッコ内は引用者註）である。その科学的根拠は現在インダス文明のあった地域で行なわれている農業の作物を分析すれば分かるという。

その多くはイネ、キビ、アワ等々、モンスーンの雨を利用して栽培される作物だったのである。

インダス文明とはいったいどのような形態を持つ文明であったのか？

そのヒントとして、現在、この地域つまり主にインドで展開されている文化の形態を分析すべきなのである。

インドつまりヒンドゥー文明は多民族多言語社会である。また、多くの職能集団が存在するカースト社会でもある。カースト社会は近代社会の視点から見れば、不合理で不平等で差別的な体制だが、しかしながら異なった職能集団が社会的に共存するためのシステムといった側面もある。

つまり、このような体制こそが、かつてのインダス文明の影響ではないかと考えるのである。

そこで、長田の出したインダス文明に対する結論は次のようになる。

　インダス文明社会は多民族多言語共生社会であった。また、多数の職能集団が独自の社会を形成し、それぞれがお互いを補完しながら社会を支えてきた。（中略）かれらは流動性も高く、雨季や乾季にあわせて移動もした。その移動を円滑にするために、お互いインダス印章を保持し、言葉が通じないところでは、インダス印章が互いの出身や職業を認識しあいコミュニケーションをとるための一助となった。大都市はこうした移動民が一堂に会する場所で、常時都市に住んでいる人よりも季節にあわせて移動する人々が多かった。（引用前掲書）

長田自身、明日にはこのような見解をひっくり返す大発見があるかもしれない、と述べており、インダス文明の遺跡はまだまだ未発掘のところが多いのでその可能性もあるが、現時点ではインダス文明の遺跡、遺品のもたらす様々な謎を最も明快に説明できる仮説なので、私もこの「長田モデル」に従っておく。

ただし、新たな問題が生じる。様々な集団が季節に合わせて移動したモンスーン文明であるインダス文明は、なぜ衰退し滅亡したのか、その理由が分からなくなるからだ。

インダス文明が栄えた地域は現在砂漠であるケースが多い。この文明が大河文明ならば、気候が激変し、その大河が枯渇したからこそ文明が滅んだと言えるのだが、そうではないのだからまた新たな説明が必要になる。とりあえず、この件に関しては結論を保留しておこう。

かつてはこのインダス文明の滅亡を、紀元前15世紀頃、イラン高原に住んでいた遊牧民がインダス川流域に侵入し、インダス文明を破壊したのだとする説が有力であった。

彼ら侵略者は「アーリヤ人」と呼ばれ、征服されたインダス文明の担い手である先住民は、「ドラヴィダ人」と呼ばれた。そしてアーリヤ人は彼ら被征服民に対する支配を確立するために、自らを身分の最高位バラモン（Brāhmaṇa）とし、被征服民を最下層の身分に落とした。その理論的根拠となったのが、彼らの宗教、つまりのちにヒンドゥー教に発達するバラモン教である、というのだ。インダス文字が読めない理由もこの破壊によるとする考え方である。

このアーリヤ人によるインダス文明破壊説は、イギリスの考古学者モーティマー・ウィーラー（Mortimer Wheeler／1890～1976年）によって唱えられた。たいへん魅力的な説で一世を風靡《ふうび》したが、最近は否定されている。考古学的分析によれば、アーリヤ人の侵入以前にインダス文明は既に衰退していたとされる。だからこそ先住民はアーリヤ人との抗争にあっけなく敗れてしまったようなのだが、その侵入自体が文明衰退の原因とは言えないということだ。

しかし、侵入そして先住民の征服は実際に起きたことで、その後、バラモン教からヒンドゥー教を経て、インドが現在も続いているカースト制度の国になったのは紛れもない事実である。従って、まずバラモン教の分析から始めなければならない。

バラモン教とは、「古代インドにおいて、仏教興起以前に、バラモン階級を中心に、ベーダ聖典に基づいて発達した、特定の開祖をもたない宗教。およそ紀元前3世紀ころから、バラモン教がインド土着の諸要素を吸収して大きく変貌して成立してくるいわゆるヒンドゥー教と区別するために西洋の学者が与えた呼称で、ブラフマニズムBrahmanismと称する」（『日本大百科全書〈ニッポニカ〉』「バラモン教」の項　小学館）である。

特定の開祖を持たないところが、仏教、キリスト教、イスラム教とまったく違う。『ヴェーダ（Veda）』とは知識を意味するサンスクリット語で、『リグ・ヴェーダ（Rgveda）』『サーマ・ヴェーダ（Sāmaveda）』『ヤジュル・ヴェーダ（Yajurveda）』『アタルヴァ・ヴェーダ（Atharvaveda）』の四種類があった。

撮影／S&T PHOTO

武神インドラ

バラモン教の聖典で最も讃えられる英雄神。仏教に入って「帝釈天」となる

最も重要な聖典は『リグ・ヴェーダ』であり、紀元前1200年頃の成立とされ、十巻より成っている。もちろん、多神教の知識であるから複数いや多数の神々が登場し、その神々に対する賛歌が大部分を占めている。最も讃《たた》えられているのが武神インドラ（Indra）で、仏教がのちに「帝釈天《たいしゃくてん》」という名で取り入れたから、「仏像」としての帝釈天を見た人も多いはずである。「フーテンの寅《とら》さん」（映画『男はつらいよ』）の故郷柴又《しばまた》の題経寺（柴又帝釈天）に祀《まつ》られているのも、この帝釈天である。

しかし、このインドラが最高神というわけでもない。

■創造、破壊、維持の役割を分担するヒンドゥー教の三神

読者の頭の中はそろそろ混乱しているかもしれない。インダス文明は、「四大文明」と呼ばれるうちの他のエジプト文明やメソポタミア文明あるいは黄河文明とは異なる。残りの三つの文明から抽出されたパターンを使ってインダス文明を理解することは極めて難しい。いや、不可能だと言っていいだろう。だからこそ、今でも文字の解読すらできない。

そして、その文明が何らかの理由によって衰弱した時、弱みにつけ込むように侵入したアーリヤ人たちの征服後も、土台になる文化は変わらなかった。既に述べたように、一昔前まではインダス文明の文字が読めないことから、アーリヤ人たちが先住民の文化を破壊し、新たな文明を築き上げたために、文字も読めなくなり、インダス文明そのものも分からなくなった、と考えられていた。

しかし、それは誤解で、最新の考古学的知見によれば、むしろ強固なインダス文明の土台の上にアーリヤ人たちの文化が混合したと考えた方がよさそうだ。いずれにせよ、インダス文明は極めて分かりにくい文明なのは事実である。

そのインダス文明の「分かりにくさ」の象徴がヒンドゥー教という宗教かもしれない。

例えばユダヤ教なら、古代オリエントを遊牧していたユダヤ人たちの民族宗教で、世界で初めての一神教であり、ユダヤ民族全体の先祖であるアブラハム（Abraham）が唯一の神ヤハウェ（Yahweh）によって選ばれ、「約束の地」を与えられることとなった。そして、その約束はのちの預言者モーセ（Moses）によってエジプト脱出（「出エジプト」）が行なわれることによって完全なものとなった。しかし、その「約束の地」古代イスラエル王国をローマ帝国が滅ぼしたために、その信者は近代まで世界中に四散していた、などとその歴史を要約できる。

それがキリスト教なら、まさに紀元1世紀前半、ユダヤ人社会に降臨したイエスを、すべての人類の罪を救済するために犠牲となって死んだのちに復活した神の子と捉え、それまでのユダヤ民族と神との契約を古い契約（旧約）とし、イエスによって新しい契約（新約）が全人類との間に結ばれたとする、などと歴史を要約できる。

イスラム教も、7世紀の初め、アラブ人の預言者ムハンマド（Muhammad／570頃～632年）が唯一の神アッラー（Allāh）から啓示を授かることによって始まった宗教で、その後、スンナ派（Sunna）とシーア派（Shī'a）に分裂した等々、歴史を要約できる。

また、ヒンドゥー教と同じインダス文明圏に発生した仏教ですら、紀元前5世紀頃、ブッダ

（釈迦《しやか》）ことゴータマ・シッダールタによって始められた、自らの修行で解脱《げだつ》を目指すのが特色の宗教である、などと要約できる。

しかし、ヒンドゥー教に関しては、こうした要約がまったくできない。いつ、どんな形で誰が始めたのか？　草創期における他教のモーセやムハンマドのような、宗勢を拡大することに貢献した聖者の名前も伝わっていない。エジプト脱出や教派の分裂のような大事件もない。

だから、後世になってインドの地を長らく植民地支配し、そのためにヒンドゥー教の理解に力を注いだはずのイギリスが世界に誇る百科事典『ブリタニカ』でも次のように述べている。

ヒンドゥー教（Hinduism）

インド古来の民俗的な宗教を総括して西欧人が名づけたもので、明確な体系をもつ一宗教というよりはむしろ、儀軌、制度、風習の一切に対していう。（中略）その特色はブラフマー、シバ、ビシュヌを最高実在原理とする「三神一体」の教理の確立などであり、クリシュナ、ラーマたち英雄をビシュヌの権化として解釈するなどにみられるように、信仰対象の合同化はインド的思考の目立った性格である。（以下略）

（『ブリタニカ国際大百科事典 小項目版 2016』 ※傍線引用者）

引用しておきながら失礼な言い方になるが、「よく分からない」というのが率直な感想ではあるまいか。

では、ヒンドゥー教の母体とされるバラモン教とは何だったのか？　前節の最後で少し述べたが、改めてこの『ブリタニカ』を見ると、次のように書かれてある。

バラモン教（Brahmanism）
インド古代の宗教。バラモンが司祭し指導したためヨーロッパ人が便宜的につけた名称。仏教興起以前のヒンドゥー教をいい、そのうちの最古の段階を「ベーダの宗教」ということもある。アーリア人がインダス川上流地方に侵入し、先住民を征服してこの地方に定住、発展する間に次第に形成された信仰。彼らは自然現象を神々として畏敬し、供犠によって神を祭ることで災厄を免れ、幸福がもたらされると信じた。この祭りを司《つかさど》るバラモンが最高の階級で、王族（クシャトリヤ）を第2、農工商人（バイシャ）を第3、被征服民の奴隷（シュードラ）を最下位とするカーストをつくり上げた。やがてガンジス川上・中流へ広がっていく間に、この祭祀《さいし》中心主義への反省批判が起り、自然現象の背後にあって現象を動かす原理としての梵《ぼん》（ブラフマン）と、自己の内奥にある純粋無垢《むく》の我（アートマン）とが融合する梵《ぼん》我《が》一如《いちによ》の境地を追求する思想が出現。（中略）一般の人々に対しては現象を動かす原理である梵を神とし、この神ブラフマーを唯一最高神とする信仰を説くこととなり、このような最高神として、ほかにシバ神やビシュヌ神崇拝が出現しのちのヒンドゥー教となった。
（『ブリタニカ国際大百科事典　小項目版　2016』　※傍線・傍点引用者）

こちらはかなり分かりやすい説明である。前節の最後にひいた『ニッポニカ』の解説と合わせて読んでいただければ、もやもやとしたイメージがかなり明確になってくるのではないかと思うが、ヒンドゥー教について箇条書きでまとめておくと、次のようになろうか。

①　ヒンドゥー教あるいはそれに先行したバラモン教という言葉自体、キリスト教やイスラム教の信徒が自ら信じている宗教をそう呼んでいるのとはまったく違い、欧米の学者が便宜上名付けたものであること。

②　征服者アーリヤ人が被征服者（先住民）を奴隷階級に落とすための思想的根拠とした、四層の身分制度（ヴァルナ制）を社会制度の基本とする。

③　当初は複数の神々への祭祀を根本とする宗教であったが、そのうちに「（自然）現象を動かす原理である梵を神とし、この神ブラフマーを唯一最高神とする信仰を説くこと」になった。つまり多神教から一神教的宗教へ変貌を遂げた。

①についてはもうお分かりだろう。バラモン教やヒンドゥー教については、こういう見方をすべきだということだ。

②については、この項目を理解するのに必要な宗教的前提がある。それは輪廻転生《りんねてんしょう》という考え方、いわゆる生まれ変わりの思想である。人間の肉体が滅んでも霊魂は不滅で、その霊魂は別の生物の肉体に宿って再びこの世に生まれ変わるとする考え方である。

つまり、人間（正確には霊魂）は永遠に不滅ということにもなる。これをインドでは「サンサーラ（saṃsāra）」と呼び、インダス文明の当時からあった考え方なのか、それともアーリヤ人が持ち込んだ考え方なのか、という点については確定していないが、その影響力の強さから見て、インダス文明の当時から基本的な宗教概念として信仰されてきたようだ。

この輪廻転生信仰は、バラモン教やヒンドゥー教、それに対抗する形で生まれた仏教やジャイナ教（Jainism）など、インドで生まれた主要な宗教すべてに共通する考え方である。

では、具体的に人間はどのようにして生まれ変わるのか？

ここに「因果応報」という考え方が加わると、話は複雑になる。要するに、前世で悪事を為《な》した人間は、人間社会に生まれる場合は下層階級だったり、身体などに障害を持って生まれる。人間に生まれ変わるのはまだマシな方で、動物や虫に生まれ変わることすらある。一方、王族などの高い身分に生まれた場合は、当然、前世で多くの善事を為した結果である、ということになる。

この輪廻転生信仰は二つの重大な結果を生じた。

第一に、社会に強固な身分差別を生んだことである。バラモン教の聖職者や王侯貴族に生まれた人間は前世の行動が良かったからそうなったのであり、それより低い階級に生まれた人間は「前世の報い」を受けたのだから、その事実を謙虚に受け止め、上流階級の人間には完全に服従せねばならず、いわんや反乱などは絶対に起こしてはならないことになる。

この信仰を社会制度の形で強化したのが、いわゆる「カースト（制度）」である。それ故、強固なカーストによって構成された国家は極めて安定することにもなる。人民が神の下の平等を唱え、そう信じるが故に革命を起こし、国王を死刑にしたフランス革命など起こりようがない。

第二に、これは意外なことかもしれないが、人間だけではなく、動物や昆虫などの生命をも重んじる文化になる。「虫は誰かの生まれ変わり」かもしれないからだ。いや、現世で悪行を為せば、来世は自分も動物に生まれ変わるかもしれない。だから、人間も動物も生命は平等になる。ただし、現代の科学では動物だけでなく植物も生命だが、輪廻転生信仰においては、植物は生命に入らない。

この文明圏で発達した仏教には「有情《うじょう》と無情《むじょう》」という言葉がある。

有情とはサンスクリット語のsattvaの訳で「感情や意識など、心の動きを有するもの。人間・鳥獣など。衆生」(『デジタル大辞泉』小学館刊)であり、無情とは「精神や感情などの心の働きのないこと。また、そのもの。草木・瓦石・国土など。非情」(引用同書)ということで、この文明圏では、植物は生物とは認められていなかった。だから今でもそうだが、カーストの最高位の人々はベジタリアンで、蚊の一匹も殺さないよう努力している。植物なら食べても良いが、虫はだめということなのである。

では、「ブラフマー、シバ、ビシュヌを最高実在原理とする『三神一体』の教理」(『ブリタニカ国際大百科事典 小項目版 2016』)とはいったい何だろうか? これを理解するためには、この三人(正式には神は「柱」で数える)の神を理解しなければなるまい。

まず「ブラフマー(Brahmā)」だが、その起源は紀元前6~5世紀頃だと伝えられる。形を持たない万物の造物主とされ、後世に人に近い姿を持つ神とされた。これが遂には宇宙の根本原理の権化《ごんげ》とされた。また仏教では、この世界の主であると共に、仏教の守護神として取り入れられ、「梵天（王）」と呼ばれた。また、妻は学問と音楽の神であり、あの河川の女神でもあるサラスヴァティーだ。仏教では「弁才天（弁財天）」として信仰されている。

「シヴァ（Śiva）」は破壊を司る荒々しい神だが、その破壊は再生のための破壊と受け取られている。新たな創造には古いものの破壊が必要だからだ。画像により手足の数は異なり、ガンジス川の守護神でもある。三《さん》叉《さ》鉾《ほこ》と火炎を武器として使う。仏教ではこれを「大自在天」として取り入れた。

ブラフマーが創造、シヴァが破壊で、その間、維持を受け持つのが「ヴィシュヌ（Viṣṇu）」だ。青い肌で四本の腕を持ち、世界がシヴァではなく悪の力によって破壊されようとした時に阻む役割を持っているとされる。

このブラフマー、シヴァ、ヴィシュヌの三神が、それぞれ創造、破壊、維持の役割を分担してこの世界を支配しているというのが、三神一体の教理である。

当初、バラモン教はこのような神をお祀りする儀

ヒンドゥー教の三神
（インド　アウランガーバード／エローラ石窟寺院群）
万物の創造主ブラフマー（左）、破壊を司るシヴァ（右）、維持を受け持つヴィシュヌ（中央）

式を重んじる、いわば祭祀中心の宗教であった。もっとも、キリスト教やイスラム教のような礼拝形式の統一はなく、どの神を一番重んじるかという点についても、宗派によるのではなく地方のグループやカーストによって違っていた。ヨーロッパ人はなぜ統一しないのかと不思議に思ったに違いない。それがバラモン教から始まりヒンドゥー教に受け継がれたインダス文明の本質なのだろう。

しかし、地域やカーストごとに祭祀形式に違いはあっても、基本的にはこの三神を信仰の対象にしていることは間違いない。そこはキリスト教やイスラム教とは明らかに違う、別の「大枠」がある。そこで百科事典の「ヒンドゥー教」の記述も「インド古来の民俗的な宗教を総括して西欧人が名づけたもので、明確な体系をもつ一宗教というよりはむしろ、儀軌、制度、風習の一切に対していう」(『ブリタニカ国際大百科事典 小項目版 2016』)と説明せざるを得なかったわけだ。

このような宗教でも、例えばキリスト教における伝道者パウロ(Paulus/生年不詳～AD60年以後)のように、教義の確立に大きく貢献した個人がまったく存在しなかったわけではない。

■古代インド人が願っていた「輪廻転生」のサイクルからの脱出

インドには歴史がない、と言う人もいる。それは決して侮辱しているのではなく、事実を語っているのだ。何年何月に何が起こったという年表は少なくとも古代史においてはない。歴史を直線的ではなく、まさに輪廻転生における人間の生涯のように何度も繰り返すと考えるからかもしれない。

時間にこだわらないから年月日にもこだわらない。祭りの期間は決まっているが、祝日は独立記念日のような近代のものが多い。それに、そもそもインダス文明については、いつ頃滅んだかについてもよく分からないのは、これまで述べた通りだ。

しかし、アーリヤ人がこの地に侵入し、先住民のドラヴィダ人を征服してから、少し歴史は前に進むようになった。先住民の信仰の中にも存在したのか、征服者アーリヤ人が新しく持ち込んだ信仰であったのかは、いま一つ判然としないが、輪廻転生とそれに基づくヴァルナ（varṇa）の思想が、バラモン教という名で集約される宗教を生んだ。

ヴァルナとは「色」で、征服者の白色人種と被征服者の有色人種を差別する言葉であった。のちに、これが人間を四つの身分、すなわち、バラモン（司祭者　brāhmaṇa）、クシャトリヤ（王族、貴族、武士　kṣatriya）、ヴァイシャ（庶民　vaiśya）、シュードラ（隷属民　śūdra）に分ける制度の思想基盤となった。

そのバラモン教（と呼ばれるもの）の聖典が『ヴェーダ』であり、のちにヒンドゥー教（と呼ばれるもの）にも継承された。

『ヴェーダ』は紀元前１２００年頃から数世紀にわたって集積された。当初の形態は口承、つまり口伝によるもので、書物の形は取っていなかった。書物にまとめられたのは、ずっと後のことだ。説話もあるが、基本的には神々の祭祀《さいし》に用いる文言（賛歌や呪言）が多い。

『ヴェーダ』には「リグ（Ṛg）」、「サーマ（Sāma）」、「ヤジュル（Yajur）」、「アタルヴァ（Atharva）」

の四種類の区別がある。それぞれの根幹の部分を「本集《ほんじゅう》（サンヒター　Saṃhitā）」と呼び、通常、『ヴェーダ』と言えばこの部分を指す。

また、「本集」に付随する文献として、「ブラーフマナ（Brāhmaṇa）」、「アーラニヤカ（Āraṇyaka）」、「ウパニシャッド（Upaniṣad）」などがある。

この四つの『ヴェーダ』のうち最も尊重されるのが『リグ・ヴェーダ』。サンスクリットの原型であるヴェーダ語で書かれており、全十巻で一千を超える神々への賛歌からなる。リグとは、神々への賛歌を意味する。もともとは古代インド人が嵐や雷そして晴天などのあらゆる自然現象を司《つかさど》る神へ捧《ささ》げた賛歌であり、断片的ながら宇宙創造に関わる伝承などもあり、これらを通して古代インドの思想・習慣・歴史などを読み取ることができる。

ただし、ユダヤ教の聖典『タナハ』（いわゆる『旧約聖書』）との際立った違いは、『タナハ』は時間が前に進むものとして年代記的に描かれるのに、『リグ・ヴェーダ』にはそういう配慮がまったくないことである。

『タナハ』と言えば「ノアの方舟《はこぶね》」の説話が有名だが、この『リグ・ヴェーダ』にも神々の怒りで大洪水が起こり、人類の始祖とされるマヌだけが辛うじて生き残ったという説話がある。しかし、マヌを救うのは方舟ならぬ巨大な魚（神の化身）であった。年代的には『タナハ』と『リグ・ヴェーダ』のどちらが古いかは確定できず、従って、どちらがどちらに影響を与えたのか、それとも双方とも独立していたのか、それも分からない。

こうした『ヴェーダ』に示された思想の中から、それを整理した形でバラモン教が生まれ、ヒンドゥー教に発展したわけだが、ここで注目すべきは、その精髄とも言える「ウパニシャッド哲学」であろう。

ウパニシャッドとは、サンスクリット語で「近くに座る」という意味だ。つまり、声高に演説するのではなく、師匠が弟子と額をすり合わせるようにして伝えた奥義ということだ。

そして『リグ・ヴェーダ』の思想がウパニシャッドという形で整理純化される過程で、初めて人間の哲学者の名前が出てくる。彼らは「リシ（Rishi）」と呼ばれた。中国ではこれを「仙人」と訳したが、この言葉は中国の民族宗教である道教の聖者にも使われるので、最近日本でリシは「聖賢」などと訳される。

道教の仙人は、俗世を離れて高山などに住み、何百年もの長寿を楽しむ穏やかな存在だが、インド神話においては、山林などで苦行を積んだ行者であり、その結果として神通力を得て、人間の悪業には怒りを爆発させる畏怖の対象でもある。日本における役行者《えんのぎょうじゃ》（7世紀後半の山岳修行者）のイメージに近い。

代表的なリシには「七聖賢」と呼ばれる七人がおり、その名については諸説あり、一般にはアンギラス（Angiras）、プラハ（Pulaha）、リトゥ（Kratu）などが知られている。彼らは人間といっても、むしろ人間離れした神々に近い存在である。

しかし、その後には「哲人」とも呼ぶべき人々が思想史の中に登場する。まずは紀元前8世紀のウッダーラカ・アールニ（Uddālaka Āruṇi／生没年不詳）である。

その思想は「太初、宇宙は〈有《う》 sat〉のみであったが、〈有〉は火・水・食物を創造し、その三者の中にアートマン（自我）として入りこみ、三者を混合して名称nāmaと形態rūpa（現象界）を開展したという。人が死ねば、この逆をたどって〈有〉に帰入する」（『世界大百科事典』「ウッダーラカ・アールニ」の項　平凡社刊）というものだ。要するに、「有」こそすべてであり、それ故、彼の言葉「おまえはそれ（有）である」が、おそらく人類史上初の存在に関する哲学的名言として今に伝えられているのだ。

その弟子とされているのがヤージュニャヴァルキヤ（Yājñavalkya／生没年不詳）であり、彼は「師」とされるウッダーラカ・アールニの思想を発展させた。

アートマン（我　ātman）の本質は何か、についてである。

例えば、ある人が路傍の花を見たとしよう。この場合、花は認識された客体（自分ではないもの）であり、それを認識したのは自分すなわちアートマンである。アートマンとは自我のことだからだ。

では、そのアートマンを、自分は路傍の花を見るように見られるだろうか、認識できるだろうか？　今初めて気がついた人もいるだろうが、人間は自分自身を、他の者を見るように見ることはできない。鏡に映った自分や自分を撮影したビデオ映像を見たとしても、それは一種の幻影であり、本体ではない。その状態を、ヤージュニャヴァルキヤは「ネーティ、ネーティ（neti neti）」と表現した。日本語では「非《あら》ず、非ず」などと訳される。アートマンは人間にとって「捉えることが不可能」な存在ということである。

ヤージュニャヴァルキヤ自身の表現では、「おまえは見るという作用の主体である『見る者（＝

自己)』を見ることはできない」となる。つまり、認識の主体であるアートマン（＝自己）は認識できないのである。

もしアートマンを「〜である」と表現したら、本来認識できないものを認識したと錯覚したことになるし、その瞬間、「認識の主体」であるはずのアートマンが客体つまり「認識されたもの」になってしまい、それを「〜である」と認識した主体はいったい何なのかという新しい問いが生まれる。

結局、合わせ鏡の映像が永遠に続いていくように、この問いは続く。捉えられないものを捉えようとしたからだ。だからこそ、アートマンとは何かと訊《き》かれたら「〜ではなく、〜ではない（もの）」と答えるしかないのである。

肉体はどうか？　誰でも分かるように、肉体を認識することは可能だ。身長がいくらで体重はいくら、肌の色はどうかなど、肉体はいくらでも客体として捉えられる。ということは、肉体は決してアートマンではなく、単なる器にすぎない。

ならば、アートマンとはいわゆる霊魂なのか？　それも違う。古代エジプト人をはじめとして、多くの民族は肉体とは別に霊魂が存在すると考えたが、アートマンは「捉えられないもの」なのだから、霊魂という形で認識されるはずがない。むしろ、そういう考え方は認識論としては誤りであるというのが、ヤージュニャヴァルキヤの基本的思想なのだ。

そして、ウパニシャッド哲学では、宇宙の根源について、それを「ブラフマン（brahman）」と呼ぶ思想が既にあった。ブラフマンは同時に知性でもあり、すべての事物に影響を与えている存在だ。ヒンドゥー教の神々もこのブラフマンの働きによって存在するもので、最高神の一人ブラフマーもその働きによって生まれた。これまで私はヒンドゥー教を多神教として扱ってきたが、現代のインド人の中にもヒンドゥー教は一神教と考える人がいて、その根拠はまさにここにある。ブラフマーこそ唯一絶対神だと考えるわけで、インドラやヴィシュヌなどは「神」という名で呼ぶから分かりにくくなるので、ブラフマンの働きの一環（大きな一環ではあるが）にすぎないと考えるわけだ。

ヤージュニャヴァルキヤもこのブラフマンが存在すること自体には何の疑念も抱いていない。そこが哲学ではなく「論理的、科学的には証明不可能なことを信じること」すなわち宗教なのだろう。

そして彼が論理的思考で辿り着いたアートマンは、当然、ブラフマンの影響を受けていると考えた。しかも、アートマンは他の事物とはまったく違って、認識することができないものである。ブラフマーやインドラやヴィシュヌですら認識できるというのに。

ここにおいて、ヤージュニャヴァルキヤは、ブラフマン（仏典では「梵《ぼん》」と訳す）はアートマン（仏典では「真我《しんが》」と訳す）と実は同じものであり、その「梵我一如《ぼんがいちによ》」に気がつくことこそ究極の悟りであり、あらゆる苦しみから人間を解放して自由にすると考えた。人間の苦しみや悲しみ、あるいは喜びですら、大宇宙と時空を支配する原理の前では幻のようなものだからだ。

この思想はのちのインド思想、とりわけ仏教に強い影響を与えている。

インド思想史において、ブラフマンのような証明不要の絶対的前提として「輪廻転生」の思想がある。不思議なことに、誰がそう決めたとか、誰が発見したという説明は一切なく、まったくの絶対の真理として語られているのだ。

これがユダヤ教の世界だったら「神は人間の魂を転生するように定められた」などという根拠が必ず語られているはずなのだが、古代インド思想における輪廻転生は、最初から真理として存在しているのである。

インド思想あるいは仏教に詳しい方はお気づきのように、このヤージュニャヴァルキヤの形成したバラモン教（ヒンドゥー教）の根本思想に対して、アンチテーゼとして登場したのが、ゴータマ・シッダールタつまりブッダ（釈迦）の仏教であった。

ただし、ブッダは本当にアートマンが存在するのかどうか疑問を抱いたが、輪廻転生に関しては疑ってみようともしなかった。他の宗教思想と比べて非常に不思議なのは、輪廻転生がなぜ絶対の前提になったか、そのことなのである。

この辺りは想像する他はないのだが、ひょっとしたらそれはなんとなく感じられた「事実」であったからかもしれない。現在、輪廻転生を否定している宗教の国でも、時々「私は前世の記憶がある」などと言う人間が出現することがある。そういう類いは頭からペテンやトリックだと決めつける人もいるが、話を聞いてみると実際に事実と合致した部分があったり、科学では完全に説明できないような状況があることも事実である。おそらく昔は今ほど疑われずに単純に事実とされ、輪廻転生は疑いない法則だと捉えられていたのではないだろうか。

あらゆるインド思想の大前提であり、インダス文明の当時から存在した可能性もある「輪廻転生」という思想について、さらに補足しておこう。

18世紀後半から19世紀にかけて、江戸時代の日本に、平田篤胤《ひらたあつたね》（1776〜1843年）という人物がいた。基本的には国学、つまり『古事記』『万葉集』など、8世紀に成立した日本の古典文献の研究者で、宗教者としては日本古来の民族宗教であり『古事記』を聖典とする神道の熱烈な信者であると同時に理論家でもあった。ただ、この平田篤胤がユニークなのは、明らかに神道の教義とは本質的に相容《あいい》れないはずの、いわゆる超常現象にも強い好奇心をもっていたことだ。

平田の時代の武蔵国多摩郡（現在の東京都八王子市）に小谷田勝五郎《こやたかつごろう》という人物がいた。農家の息子である。ところが、八歳になった頃、突然、家族に「自分は近くの程久保《ほどくぼ》村（現在の東京都日野市）で六歳の時に疱瘡《ほうそう》で亡くなった藤蔵《とうぞう》だった」と言いだし、あの世に行き生まれ変わるまでのことを詳細に語った。実際に程久保村には藤蔵という少年が実在していて、疱瘡で亡くなっていた。その村に行ったこともないはずの勝五郎の話には、藤蔵でなければ知り得ない情報も入っていた。大人ならともかく、子供が詐欺を働くとも思えないので、この話は大評判となって当時の事実上の首都江戸にも伝わった。

大いに興味を抱いた平田は翌年、勝五郎を江戸に呼び寄せ事情をつぶさに聞き、それを一冊の本にまとめた。『勝五郎再生記聞《かつごろうさいせいきぶん》』である。当時の上皇もこの記録を読んだという。また、明治になってこれを知った小泉八雲ことラフカディオ・ハーン（1850〜1904年／Lafcadio Hearn）は、随想集『仏の畠の落穂』にこの話を英文で書き世界に発信した。なお藤蔵の地元日野市郷土資料館では、現在もこの問題に関して研究が続けられている。この『勝五郎再生記聞』

は近代以前としては最も詳細な「輪廻転生」の記述である。

勝五郎のような体験談は今でも時々世界各地で発信されている。中には捏造もあるだろう。また、ひょっとしたら現代の大脳生理学ではまだ解明されていない脳の働きによるものかもしれないが、昔はそんな知識もない。輪廻転生に関する情報はすべて事実と受け止められたのだろう。

輪廻転生が事実なら、人間は永遠に死なないことになる。肉体は滅びても霊魂は不滅である、ということだ。

輪廻転生自体は否定するが、霊魂の不滅は古代エジプトでもキリスト教やイスラム教でも認められている。例えばキリスト教では、最後の審判に「合格」した死者の霊魂は、もとの肉体と共に永遠の生を与えられる。

ほとんどの宗教では「霊魂」と呼んでいる、肉体と分離した「人間の本体」について、そのような実体としての霊魂は存在せず、存在するのは宇宙の真理ブラフマンとそれと同一のアートマンだけである、としたのが、バラモン教からヒンドゥー教への発展の中で生まれたウパニシャッド哲学の奥義であった。それは、ブラフマンとアートマンが同じ（梵我一如）であると悟れば、人間は肉体や人間関係で生じる不幸、例えば病気や戦争の苦しみから解放され、本当の自由を獲得できる、というものだ。

インド思想の共通点として、その外側の人間が抱く疑問は、なぜインド人は輪廻転生つまり「アートマンの不滅」を大いなる喜びとはせず苦しみとするのか、ということだろう。彼らは輪廻転生を脱却すべき悪しきサイクルと捉えているのだ。

その理由を知るためには、バラモン教に対抗して起こったとも言える仏教の教えを知ることが近道かもしれない。

インド思想に関しては、もう一つ不思議なことがある。

輪廻転生があるとすれば、人間は不滅の生命を持っていることになる。キリスト教でも中国の道教でも、そのゴールにあるのは永遠の生である。その背景には、永遠の命は人間にとって限りない恩恵であるという思想がある。

しかし、古代インド人は決してそう考えなかった。むしろ永遠に生き続けることは限りない苦しみだと捉え、何とかこの輪廻転生のサイクルから脱出すること、言葉を換えれば、「完全なる死」を求めていたのである。

これはヒンドゥー教にも仏教にも共通する考え方で、輪廻転生のサイクルから脱出することを「解脱《げだつ》」と呼ぶ。これは救いなのである。

いったいなぜ、生を放棄し完全な死を求めることが、宗教の究極の目標になってしまったのか？ユダヤ教、キリスト教、イスラム教の観点からは理解に苦しむ発想だが、生きる苦しみから脱出することが、宗教者としてのブッダの出発点であった。彼の生涯をひもとくことによって、その問題を考えてみよう。

第二章

ブッダの生涯と仏教の変容

――なぜインドではなく中国と日本で発展したのか

第一話　ブッダが追求した「完全なる死」の境地

■苦行と瞑想の末に悟りを開いたブッダの選択

仏教の開祖いわゆるブッダ（釈迦《しやか》）は本名ゴータマ・シッダールタ（Gotama〈姓〉Siddhārtha〈名〉）で生没年不詳だが、紀元前463～前383年説と、前565～前485年説がある。釈迦（Shakya）というのは彼の属した部族名に由来し、シャカ族から出た聖者という意味の「釈迦牟尼《むに》」を略したもので、「釈尊《しやくそん》」とも呼ぶ。また、悟りを開いた者という意味で、「ブッダ（仏陀　Buddha）」と呼ばれることもある。ここでは彼のことを「ブッダ」と呼ぼう。

のちに時空を超越した存在として「釈迦如来《にょらい》」と呼ばれたが、この世に人間として生まれたブッダの出身地は、現在のネパール南部である。そこにシャカ族の国があり、カピラヴァストゥ（迦毘羅衛《かびらえ》　Kapilavastu）という都城にシャカ族の王のシュッドーダナ（浄飯王《じようぼん》　Śuddhodana／生没年不詳）がいて、ブッダはその長男として生まれた。母は隣国コーリヤ（Koliya）出身のマーヤー（摩耶《まや》または摩耶夫人《ぶにん》　Māyā／生没年不詳）であった。そのマーヤーがルンビニー

(Lumbinī　現在のネパールのタライ地方）という場所でブッダを産み、その七日後には亡くなった。誕生に際し、ブッダはマーヤーの脇の下から生まれ、生まれてすぐに七歩も歩いて立ち止まり、右手で天を左手で地を指し、「天上天下《てんじょうてんげ》唯我独尊《ゆいがどくそん》（あらゆる世界で私ほど優れた者はいない）」と唱えたと伝えられている。都城カピラヴァストゥで、ブッダはマーヤーの妹で、父に同時に嫁いでいたマハープラジャーパティー（摩訶波闍波提《まかはじゃはだい》　Mahā-prajāpatī／生没年不詳）によって育てられた。

ブッダは王国の後継者として養育され、立派に成人した。母方の従妹のヤショーダラー（耶輸《やしゅ》陀羅《だら》　Yasodharā／生没年不詳）と結婚し、長男のラーフラ（羅睺羅《らごら》　Rāhula／生没年不詳）も生まれた。つまり、家庭生活も含め、順風満帆であった。ところが、「すべてを手に入れた男」ブッダは、そんな人生に疑問を抱くようになった。

そのきっかけとなったと伝えられているのが、「四門出遊《しもんしゅつゆう》」というエピソードである。

ある時、ブッダが都の東門から出た時、初めて老人に会い「人は老いるもの」だと知った。次に南門より出た時、初めて病人を見て「人は病むもの」だと知った。そして西門を出た時、初めて死者を見て「人は必ず死ぬもの」だと知った。要するに、人間は「老、病、死」という三つの苦しみから逃れられないのだから、結局はそれを待つ状態の「生（生きること）」も苦しみであると知った。つまり、人間は「生、老、病、死」の四苦（四つの苦しみ）からは決して逃れられないことを悟ったのである。

日本語ではたいへんな苦労をすることを「四苦八苦」と言うが、実はこのブッダのエピソードが語源で、この四苦の他に、愛するものと別れる苦しみ（愛別離苦《あいべつりく》）、憎むものと出会う苦しみ（怨憎会苦《おんぞうえく》）、求めても望むものを得られない苦しみ（求不得苦《ぐふとくく》）、肉体や精神を持つことによって受ける苦しみ、例えば肉体的精神的な苦痛（五蘊盛苦《ごうんじょうく》）の四苦があり、合わせて四苦八苦（4＋8＝12ではなく4＋4＝8）があると、仏教は説くようになったのである。

そしてブッダは最後に北門から出た時、それらの苦を超越している修行者を見て、地位も名誉も財産も家族もすべて捨てて修行すること、つまり出家を志すようになった。

夜半に王宮を抜け出たブッダは、華美な着物や装身具をすべて捨てて、糞掃衣《ふんぞうえ》に着替えた。汚れて捨てられたボロ布で作った一重の衣である。

ちなみに古来、東アジアの中国、朝鮮、日本では、仏像を三尊形式で祀ることが多い。三尊形式というのは、中央に悟りを開いた如来（仏陀）を置き、両脇に人間から仏陀になる修行の途中である菩薩《ぼさつ》が配置されるのが基本だ。よく見ると、両脇の菩薩は長髪で髪を結い、ネックレス、ブレスレットなどの装身具を付けている。これに対して中央の如来は、一重の着物で、螺髪《らほつ》という特徴的な髪型に何の装身具も付けていない。そんな人工的な飾りは必要なく、如来の身体は金色に輝いているとされ、朝鮮半島やネパールやインドあるいは南アジアのタイなどでは、如来像には黄金色の色彩が施されることが多い。日本でも昔は「奈良の大仏」などに金メッキが施されていたが、日本人独特の美意識で金メッキでも金箔でも「ハゲたまま」にしているケースが多い。

さて、念願の出家を成し遂げたブッダは、いかにして苦悩に満ちた人生から脱却するか知ろうと、まず数人の先輩を訪問した。漢訳仏典には「仙人」と書かれているが、正確に言えば、バラモン教の「リシ」である。つまり最初はその「永遠の苦しみ」を解決したと考えられていたバラモン教に救いを求めたのだ。

前章の最後で提示しておいた重大な疑問を覚えておられるだろうか？

人間にとって「永遠の生」は大いなる喜びのはずである。それなのに、インド人はなぜそう考えないのか。ブッダについての分析で分かるように、古代インド人はそれを永遠の苦しみの連鎖と捉えたのである。輪廻転生の世界では、人間は決して「死なない」からだ。これはバラモン教やヒンドゥー教にも共通する考え方である。

最初に会ったリシは、輪廻転生から脱け出す、つまり解脱することは考えておらず、輪廻する世界の中では最上級の天界に転生することを最終目標としていた。

仏教ではのちに輪廻の世界を六種類すなわち「六道《ろくどう》（六趣）」に分類した。六道とは、天道《てんどう》（天界）、人間道《にんげんどう》、修羅道《しゅらどう》（戦いに明け暮れる世界）、畜生道《ちくしょうどう》（人間ではなく、動物に生まれかわる世界）、餓鬼道《がきどう》（飢えの苦しみに悩まされる世界）、地獄道《じごくどう》（生前に犯した罪の報いを受ける世界）である。

最初のリシが目指していた天道は、人間道に比べて寿命ははるかに長く苦しみも少ないのだが、それでもいずれ死は訪れ、転生の運命は避けられない。つまり、解脱を目指すブッダには物足りなかった。

次のリシは「空無辺処《くうむへんしょ》」という境地に達していた。物質的存在をまったく否定し、空間の無限性に身を委ねる「処《ところ》（境地）」である。それを彼は究極の悟りだと信じていたのだが、ブッダはやはり満足しなかった。

三番目に訪ねたリシは「非想非非想処」という境地に達していた。この境地に達した者はレベルの低い人間の欲望（煩悩《ぼんのう》）を想うことはないから、「非想」である。しかし、自分が「非想」だと想う感覚は残っているわけだから、完全な「非想」でもない。「非想」であると同時に「非非想」でもある。そういう「処」にいるということだ。これは「そう思う主体」、つまりアートマンを否定しないバラモン教の最高の境地「梵我一如」を仏教的に表現したと言えるかもしれない。しかし、ブッダはそれ以上の境地を求めたということだ。

そしてブッダは山に入って苦行をし、新たな境地を求めようとした。断食や身体を様々な形で酷使することによって修行する「苦行」は、インドでは一般的な修行方法である。父のシュッドーダナがブッダの身を案じて派遣してくれた五人の比丘《びく》（男性の仏教修行者）と共に、ブッダは六年間も苦行に励んだが、求める境地は得られなかった。骨と皮の状態となったブッダは、苦行では悟りを得られないと断食を中断した。これを見た五人の比丘は、ブッダが飢えに耐えられず修行を放棄したと考えたのだろう、ブッダのもとを去った。

そのブッダが苦行していた山が前正覚山《ぜんしょうがくさん》（正覚、つまり悟りを開く前の山の意）である。ここから麓の村に下りてきたやせ細ったブッダは、村の少女に供物として乳粥《ちちがゆ》を捧《ささ》げられ、それを食べて体力を回復した。少女の名前はスジャータ（Sujata）といい、現在はこの村の名前になっており、それを記念したストゥーパ（仏塔　stūpa）もある。

ブッダはスジャータ村から数キロ離れた、のちに「ボードガヤー（Bodhgaya　ブッダの町）」

と呼ばれる地に徒歩で行き、これものちに「菩提樹（悟りの木）」と呼ばれる大木の根方《ねかた》に座り込んで瞑想状態に入った。

その集中心を乱そうとマーラ（Māra　魔界の住人たち）が様々な姿で現れ、妨害した。魔王パーピーヤス（波旬《はじゅん》　Pāpīyas）は半裸の娘を遣わして誘惑し、あるいは魔界の軍勢を送り恐怖を与えようとした。しかし、ブッダは断固としてこれを退け、遂に悟りを開いた。つまり、求めていた宇宙の真理、真実の救いに到達したのである。

数日間、ブッダは菩提樹の下に座ったまま動かずに悟りの境地を確認したうえで、さらに考えたことは、この悟りの内容を現世で悩み苦しんでいる人々に教え彼らを導くかどうかであった。

熟考の末、ブッダが下した結論は、仏教に少しでも触れた経験のある人は別として、他の文化圏の人々にはまったく予測不可能ではあるまいか。

ブッダはこう考えたのである。「私の悟りの内容は一般の人々にとっては、極めて高度で難解だろうから、教えを説いても無駄だ。やめておこう」であった。

それだけではない。ブッダは「ただちに涅槃《ねはん》の世界に入ろうとした」と仏典は伝えている。要するに、目的は果たしたた

大菩提寺（インド　ボードガヤー）
ブッダが悟りを開いた菩提樹に隣接する高さ52mの大塔。内部には金色の仏像が祀られている

ので、もうこの世に生きる意味はないとブッダは考えたということだ。すなわち、この世を去ろうと思ったのだ。

■ブッダの伝道の旅と火葬にされた遺骨の所在

ところが、そこにブラフマー（梵天《ぼんてん》）が現れた。

ブラフマーはブッダに「あなたの得た悟り、それに基づく教えを一人のもので終わらせず、広く衆生《しゅじょう》に説くべきだ」と熱心に口説いた。これを「梵天勧請《かんじょう》」と呼ぶ。

ブッダはそれでもためらっていたが、三度にわたってブラフマーに「教えを説いて衆生を救うべきだ」と要請されたため、とうとう法（教え）を説くことを決意した。そこで、まずブッダはかつて一緒に修行した五人の仲間を求めて、悟りを開いた場所（ボードガヤー）から近くのサールナート（Sarnath　鹿野苑《ろくやおん》）に向かった。

五人の修行者は、ブッダが苦行を捨てたことを堕落と捉えていたため、ブッダを軽蔑していた。しかし、再び現れたブッダがあまりに神々しく自信に満ちているため、最初は反発しながらもその説法を聞いた。ブッダが初めて教えを説いたことから、これを「初転法輪《しょてんぼうりん》」と呼ぶ。この時代、サンスクリット語では教えを説くことを「法輪を転ずる」と言った。イディオムである。日本語の「口車に乗せる」と同じで、実際に「車が回っていた」わけではない。しかし、のちに仏教が伝播《でんぱ》した国々では、「法輪」をブッダの教えの象徴とし、実際に作った法輪を回す儀礼も行なわれるようになった。

初転法輪でブッダが説いた教えの内容は、「四諦《したい》」と「八正道《はっしょうどう》」であったとされる。

「諦」とは根本的な真理のことで、それを四段階に分けて認識することが悟りの第一歩である。

第一段階は「苦諦《くたい》」である。人生はすべて自己の思う通りにはならず、苦そのものであり、それを認識することである。

第二段階は「集諦《じったい》」だ。なぜ苦が生じるのか、それは人間には煩悩があり、多くの欲望に囚《とら》われているからだ。

第三段階は「滅諦《めったい》」で、そうした煩悩を滅することこそ、まさに輪廻からの解脱を可能にし、最終的な悟りの境地、つまり涅槃に導くものと悟ることである。

そして最終段階の「道諦《どうたい》」は、この悟りに導く八つの修行つまり八正道を実践すること、それこそが真の悟りへの道であると認識することである。

では、八正道とは何か？　「正見《しょうけん》」（物事を正しく見ること）、「正思《しょうし》」（物事を正しく考えること）、「正《しょう》語《ご》」（言葉を正しく使うこと）、「正業《しょうごう》」（物事を正しく行なうこと）、「正命《しょうみょう》」（正しく生活すること）、「正精《しょうしょう》進《じん》」（正しく努力すること）、「正念《しょうねん》」（正しく教えを憶え思うこと）、「正定《しょうじょう》」（正しく精神を統一すること）

ダメーク・ストゥーパ（インド　サールナート）
ブッダが初めて説法をした「初転法輪」の地サールナートに立つ仏塔。6世紀に造られた

である。

「正しく○○せよ」と言われても、その具体的な内容まで経典に明確に記されているわけではない。各々が出家しブッダの弟子となって、その言行を見習うしかないのだが、とにかくブッダはこの五人を最初の弟子とし、説法の旅に出ることになった。

まずブッダは当時の大国であったマガダ国（Magadha　現在のインドのビハール州）の首都ラージャグリハ（王舎城《おうしゃじょう》　Rājagrha　現在のラージギル）に向かった。ブッダがラージャグリハに行くと、マガダ国の王ビンビサーラ（頻婆娑羅《びんばしゃら》　Bimbisāra　／ＢＣ５５８頃～ＢＣ４９１年頃／在位ＢＣ５４３頃～ＢＣ４９１年頃）がその教えに帰依《きえ》したと伝えられる。

その頃、数千人規模に膨れあがっていたブッダの教団のために、王ビンビサーラは竹林に広大な精舎《しょうじゃ》（修行者の拠点）を建てて教団に寄進した。この竹林精舎がのちに「寺院」と呼ばれるようになる。ブッダが修行の本拠とした霊鷲山《りょうじゅせん》もラージギルにある。

また、ブッダの十大弟子の一人とされ、大乗仏典の根本経典である『般若心経《はんにゃしんぎょう》』にも登場するシャーリプトラ（舎利弗《しゃりほつ》または舎利子　Śāriputra　／生没年不詳）は、このマガダ国の出身で竹林精舎時代にブッダの弟子となった。その後、ブッダの十大弟子の一人で、実子でもあるラーフラを指導したのも、このシャーリプトラである。

同じく十大弟子の一人、アーナンダ（阿難《あなん》　Ānanda　／生没年不詳）もこの頃に弟子となった。アーナンダはブッダの従弟（母親が姉妹）で、アーナンダの兄はデーバダッタ（提婆達多《だいばだった》　Devadatta　／生没年不詳）である。当初は出家してブッダの弟子となったのだが、教義において対立し、多くの弟子を引き連れて独立した。このため仏典では異端者、極悪人として描かれる。教勢を確立するため、マガダ国の王子アジャータシャトル（阿闍世《あじゃせ》 Ajātaśatru／生没年不詳／在位BC491頃〜459年頃）を唆《そそのか》し、父王ビンビサーラを殺させ王位に就け、あまつさえブッダまで殺害しようとしたが失敗し、やがてその報いで死んだとされる。

古代インド全図

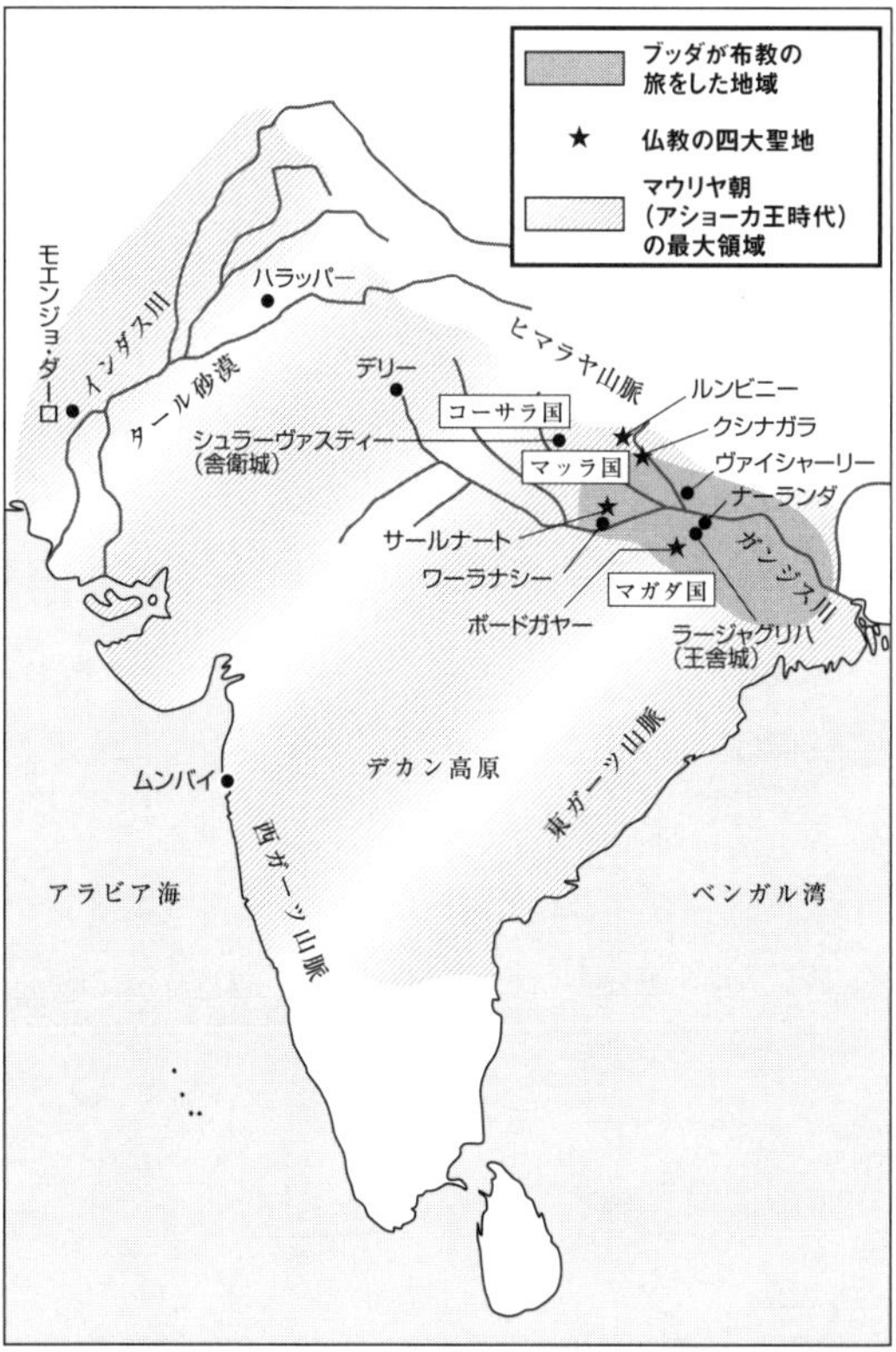

そのアジャータシャトルが父王ビンビサーラを幽閉し餓死に至らしめたのが、「七重の牢獄」である。デーバダッタの死後、アジャータシャトルはその罪を悔いて仏弟子となったという。この辺りは日本初の70ミリ映画『釈迦』（三隅研次監督／本郷功次郎主演）のクライマックス・シーンでもある。仏典では悪意をもって描かれているのでデーバダッタの教えの内容は明確ではないが、ブッダの教団より厳しい戒律の集団であったことは確かなようだ。

ブッダがその死まで教えを説いた地域を見ると、インド亜大陸全域ではなく、ガンジス川の中流域が活動範囲である。

マガダ国と並んで強盛な国家であったコーサラ国（Kosala　現在のインドのウッタル・プラデーシュ州）にはシュラーヴァスティー（舎衛城《しゃえいじょう》　Śrāvastī）があり、その郊外に『平家物語』の冒頭にも登場する祇園精舎《ぎおんしょうじゃ》があった。この名の由来は、托鉢《たくはつ》などの野外の修行が困難な雨季に、比丘《びく》が屋内で修行する拠点を求めていた仏教信者の長者（富豪）のスダッタ（須達《すだつ》　Sudatta）が、王族である太子ジェータ（祇陀《ぎだ》　Jeta）所有の森を買いたいと申し込んだところ、太子は土地すべてに黄金を敷きつめるなら売ってやろう、と言ったことに由来する。太子ジェータはそんなことはできないだろうと難題をふっかけたのであるが、長者が本当に黄金を敷きつめたのに驚き感動した太子は、森をブッダに寄進した。そこで「祇陀太子の園に築かれた精舎」つまり「祇園精舎」と呼ぶようになったのだ。

このコーサラ国とブッダの出身母体であるシャカ族との間に、とんでもない悲劇が生じた。コーサラ国の王プラセーナジット（波斯匿《はしのく》　Prasenajit／生没年不詳）もブッダに帰依し、王は本国を出てブッダに伝道を要請した。

その留守中、王プラセーナジットの王子ヴィルーダカ（毘流離《びるり》　Virūḍhaka／生没年不詳）が反乱を起こして王位を奪ったのである。そこで王プラセーナジットは、娘婿のマガダ国の王アジャータシャトルを頼ったが、旅の途中で死んでしまった。しかも、あろうことか新王ヴィルーダカは、ブッダの止めるのも聞かず、シャカ族の本拠カピラヴァストゥを征服し、自分のものにしてしまったのである。

ブッダの血縁であるシャカ族の王族がその後どうなったかはっきりしない。現在のネパールにはシャカ族の後裔《こうえい》を名乗るサキヤという一族がいるのは事実である。いずれにしてもブッダは同族の虐殺、故国の滅亡をその目で見たことになる。まさに諸行無常を実感したのではあるまいか。

ブッダは弟子と共にラージャグリハから伝道の旅に出た。結果的にはこれが最後の旅になるのだが、途中一度大病を患い、死にかけたが回復した。十大弟子の一人、アーナンダが「遺言をされずにお亡くなりになることはないと思っていました」と喜ぶと、ブッダは「何を期待しているのだ。伝えるべきことはすべて伝えた」とたしなめた。

バラモン教のように「奥義《おうぎ》」を期待していたアーナンダに、そんなものはないと諭したのである。

ところが、旅の途中で鍛冶屋のチュンダから受けた供養の食事で激しい腹痛を覚え、マッラ国（Malla）の首都クシナガラ（Kuśinagara　現在のインドのウッタル・プラデーシュ州）まで何とか辿《たど》り着いたが、そこで死んだ。仏教ではこのブッダの死を「入滅」と呼ぶ。直接の死因はキノコ中毒だとされるが、定かではない。

なお、仏教の四大聖地とは、生誕の地ルンビニー、悟りを開いたボードガヤー、最初に教えを説いたサールナート、そして入滅の地クシナガラである。

ブッダの遺体はインドの伝統に従って火葬された。

輪廻転生を根本原理とするバラモン教の世界では、人間の肉体はアートマンが宿る器にすぎない。だから死後はその抜け殻を燃やしてしまい、遺骨は川などへ散骨するのがしきたりである。しかし、ブッダは火葬に付されたが、遺骨は散骨されなかった。なぜなら解脱をした存在であるブッダは、永久不変の真理の体現者となったからである。

初期の仏教とは、このブッダの遺骨（これを「仏舎利《ぶつしやり》」と呼ぶ）を納めたブッダの墓塔を礼拝し、その教えを再認識することであった。

当初、仏舎利は仏教徒の多い八か国で分骨され、仏教が広まることによってさらに分骨された。この墓塔を現地では「ストゥーパ」と呼ぶ。日本で墓の供養に添える縁がギザギザの木板を卒塔婆《そとば》というのは、このストゥーパが転じたものである。本来は仏教寺院の中心は仏像を祀《まつ》った本堂ではなく、仏舎利を納めたストゥーパであった。これが日本では主に「五重塔」となり、ミャンマーでは「パゴダ」と呼ばれた。

のちに仏舎利信仰が盛んになったため、どうやら偽物も多数作られたように思われる。中には偽物を作ろうという悪意ではなく、ブッダではない仏教の聖者の遺骨を祀っていたのが、いつの間にか仏舎利だと伝えられたのかもしれない。私が昔ある人に聞いた冗談では、世界中にある仏舎利と称するものをすべて集めると、ブッダは身長数メートルの巨人になってしまうという。

しかし、紛れもない本物がないわけでもない。19世紀になって、イギリスの駐在官がマッラ国の遺跡を発掘したところ、明らかに当時のものと思われる骨壺《こつつぼ》と納められた仏舎利が発見された。これは結局、仏教国シャム（現在のタイ）に贈られ、そのシャム国から友好の印として日本にも分骨された。名古屋市にある日泰寺《にったいじ》がその安置場所である。

また、日本の寿司屋では白米のことを「シャリ」と呼ぶが、これもその形状が細かく分割された仏舎利に似ているからである。

ブッダの死後、その教えは口述による記憶で伝承されていたため、誤解や異説を排除するため、弟子たちが集まり教えの文書化が行なわれた。これを「結集《けつじゅう》」と言い、第一回の結集は、ブッダ入滅後の間もない時期にマガダ国の首都ラージャグリハ郊外に五百人の比丘すなわち「五百羅漢」が集まり、実施されたという。

この時は、十大弟子のマハーカーシャパ（摩訶迦《まかか》葉《しょう》 Mahā-kāśyapa／生没年不詳）、アーナンダらが中心となり、マガダ国の王アジャータシャトルが大檀《だいだん》越《おつ》（いわゆるスポンサー）としてサポートしたようだ。

AKG／PPS通信社

涅槃像（インド　クシナガラ）

ブッダ入滅の地にあるパリニッバーナ寺院に安置されている。５世紀頃に造られ全長は約６ｍ

そしてブッダの入滅から約二百年後、仏教はインド亜大陸全体に広まった。亜大陸をほぼ統一したマウリヤ朝（Maurya）の第三代の王アショーカ（Aśokaḥ　阿育《あいく》／生没年不詳／在位ＢＣ２６８頃～２３２年頃）が極めて熱心な仏教徒となり、インド全体に仏教を広めるべく様々な活動をしたからだ。

■大乗仏教が新たに創造した経典と悟りを開いた「如来」たち

仏教をインド亜大陸全体に広めたマウリヤ朝第三代の王アショーカは、どんな人物だったのか？

祖父チャンドラグプタ（Chandragupta／生没年不詳／在位ＢＣ３１７～ＢＣ２９７年頃）と父ビンドゥサーラ（Bindusara／生没年不詳／在位ＢＣ２９７頃～ＢＣ２６８年頃）が築いた領土を継承した王アショーカは、現在のインドの大部分とアフガニスタンの一部を支配し（65頁の地図参照）、古代インド史上最大の帝国を築き上げた。ガンジス川中流域の農業地帯にある都パータリプトラ（華子城《かしじょう》　Pāṭaliputra　現在のインドのビハール州パトナ）が帝国の中核であり、貿易や国内交易でも利益をあげていた。

ところが、カリンガ国（Kalinga　主に現在のインドのオリッサ州）を征服する際、地元民の抵抗に遭い、結果的に多くの人民を殺傷してしまった。深く悔いた王アショーカは仏教に救いを求め、武力による征服ではなく、仏教による国の統治を決意し、実行に移したのである。

具体的には、王も国民も等しく仏法に帰依し、その教えるところを実践することだ。個人は慈悲の心を保ち生き物を殺傷せず、国家も慈悲の心で国民を大切にし、そのために王国では道路を整備し、井戸を掘削し、病院を建設した。人類初の福祉行政を行なった国家だったかもしれない。

王アショーカが最も強調したのは、不殺生《ふせっしょう》（殺すなかれ）であった。その方針を徹底させるため、自ら領内を巡察し、仏跡を整備し、新たに石柱（アショーカ王石柱碑）も建てた。ブッダ（ゴータマ・シッダールタ）の生誕地ルンビニーの位置が明確に分かったのも、そこに石柱が建てられたからだ。

石柱には「仏法を広めよ」という王のメッセージと仏教の教えそのものが刻まれている。現在のインドではヒンドゥー教文化が主流だが、この石柱は仏教文化を代表する遺物として、インドの国章や公式通貨ルピー紙幣のデザインにも登場している。

このため仏教はインド全域ばかりか、周辺の土地にも伝播した。仏教徒は王アショーカを名君と讃《たた》え、様々な伝説が生まれた。

例えば、インド南方のスリランカ（Sri Lanka）に仏教を伝えたのは、王アショーカの王子マヒンダ（Mahinda／生没年不詳）で、当時、現在のスリランカにあったシンハラ王朝（Shinhala）の王デーワーナンピヤ・ティッサ（Devanampiya Tissa／ＢＣ３０７～

アショーカ王石柱碑（インド）

267年）を帰依させたところから始まった、と伝えられている。

ブッダの死後約百年経《た》って、弟子たちの集団が戒律に対する解釈の違いで二つのグループに分かれた。これを「根本分裂《こんぽんぶんれつ》」と呼ぶ。この分裂以後、仏教教団はそれまでの仏教を守っていこうとする上座部《じょうざぶ》（上座に座る長老を意味する）と革新的な大衆部《だいしゅぶ》に分かれた。

分裂の直接のきっかけについては、実は明確な定説はない。ただ、はっきりしているのは、信徒の守るべき戒律について、上座部が厳格さを貫こうとしたのに対し、大衆部が柔軟な対応をしようとしたことが根本原因だということだ。

そして、その大衆部から、教義の面でも、従来の仏教とはまったく違うものが誕生した。その新しい仏教を生み出した人々は、それを自ら「大乗仏教（Mahāyāna［Great Vehicle］Buddhism）」と呼んだ。

大乗とは、サンスクリット語のマハーヤーナ（Mahāyāna）の漢訳で、「（バスのように多くの乗客を目的地に連れて行ける）巨大な乗り物」という意味である。それまでの仏教は開祖ブッダのような出家修行者が自ら悟りを開くためのものだったが、我々の新しい仏教はすべての人々を救済に導くものだ、としたのである。

そこで彼らは、上座部の人々の唱える仏教を「小乗仏教（Hīnayāna［Lesser Vehicle］Buddhism）」と呼んで蔑んだ。「一人しか乗れない小さな乗り物」ということだ。

ヤハウェの救済対象がユダヤ民族のみだったのに対し、それがイエスによって全人類に拡大されたと確信したキリスト教徒が、ユダヤ教の聖書を『旧約（古い契約の）聖書』と呼び、イエスの教えを記録したものを『新約聖書』と呼んだことに似ている。

ただ、「小乗仏教」という呼び方は悪口であるため、現在はこの言葉は用語としては使用せず、代わりに「大乗以前」を継承する仏教を「上座部仏教（あるいは部派仏教）」と呼んでいる。

大乗仏教は当然ながら出家中心主義を改め、市井の民として結婚し、社会にとどまる在家《ざいけ》信者の救済を目的とした。

通常の仏教史では、この後、大乗仏教の理論家たちが、ブッダの教説をいかに哲学的に完成させたかに重きをおいて解説するのだが、私はその哲学的完成は大乗仏教の後世に与えた影響にはあまり関わりのないことだと考える。もちろん、この考え方自体、通説とは異なる私独自の考えなので、果たしてそれでいいのかどうか、この点は読者の皆さんに考えていただきたい。

判断の前提として、その「哲学的完成」の概略を述べておこう。

まずは「空《くう》」の理論である。サンスクリット語のシューンヤ（śūnya）の訳語で、「この世に独立した実体は何もない」ということだ。ユダヤ教、キリスト教、イスラム教の根本にある「神という絶対の実在からすべては始まった」とする考え方の対極にあることが分かるだろう。

バラモン教もブラフマン（宇宙の真理）とそれに一致するアートマン（自我）の存在は認めていたが、ブッダはそうした考えを「諸法無我《しょほうむが》」として否定した。

その「否定」を理論化したのが「空」で、インドの最大の仏教学者とされるナーガールジュナ（龍樹《りゅうじゅ》　Nāgārjuna／150～250年頃）によって完成された。

彼の著『中論《ちゅうろん》』によれば、事物や時間など、独立して存在するとされるすべてのものは、実際には互いの相関関係、相互依存の関係によって初めて成り立ち、絶対的な実在はない。これを「空」と呼ぶということだ。現代風に言えば、例えば天体としての太陽はそのほとんどが水素とヘリウムからなり、相互に連関して「太陽」を形作っている。それをばらばらに分解したとしても、その構成要素はやはり連関によって成立しているのであり、絶対的な実在は何一つない、すなわち空である、ということだ。

ちなみに、その相互依存の関係のことを「縁起《えんぎ》」と呼び、「空」の理論と並んで「縁起説」と呼ばれる。

しかし、このように考えてくると重大な問題が生じる。仏教の大前提として存在する輪廻転《りんねてん》生《しょう》において、すべてが「空」であり「我」も存在しないなら、輪廻転生するはずの「主体」はいったい何なのか、それも存在しないのか、という問題である。

この問題に明確な解答を与えたのが、4世紀後半から5世紀にかけて活躍したとされるアサンガ（無著《むじゃく》 Asaṅga／生没年不詳）とヴァスバンドゥ（世親《せしん》 Vasubandhu／400～480年頃または320～400年頃）の兄弟であった。彼らは「唯識論《ゆいしきろん》」を唱えた。

「空」の理論が示すように、この世に実在のものはない、すべては相互連関にすぎない。物体が確固として存在しているように見えても、それは相互連関の過渡期の一現象にすぎない。それを認識している「個人の中にある視覚や聴覚など」を「識」と呼び、唯《ただ》その「識」のみが実在している、とするのが唯識論だ。

これは、物体は実在せず認識する心のみが存在すると考える西洋の「唯心論」に似ているようだが、実はその「識」すらも実体を認識できない不確かな存在である、と大乗仏教は考える。

大乗仏教のエッセンスであると評される『般若波羅蜜多心経《はんにゃはらみったしんぎょう》（般若心経）』（Prajñāpāramitā-hṛdaya-sūtra）の冒頭の部分も、以上のような内容を頭に入れておくと、より深く理解できるだろう。

観自在菩薩　行深般若波羅蜜多時　照見五蘊皆空　度一切苦厄　舎利子　色不異空　空不異色　色即是空　空即是色　受想行識亦復如是　舎利子　是諸法空相　不生不滅　不垢不浄　不増不減（以下略）
（『日本大百科全書〈ニッポニカ〉』「般若心経／漢訳文」唐三蔵法師玄奘《げんじょう》訳　小学館刊）

これを書き下せば次のようになる。


観自在菩薩《かんじざいぼさつ》、深般若波羅蜜多《じんはんにゃはらみった》を行じし時、五蘊《ごうん》は皆空《かいくう》なりと照見《しょうけん》して、一切の苦厄《くやく》を度《ど》したまえり。

舎利子《しゃりし》、色《しき》は空《くう》に異ならず、空は色に異ならず、色は即《すなわ》ち是《こ》れ空、空は即ち是れ色なり。

受《じゅ》・想《そう》・行《ぎょう》・識《しき》も亦復《またまた》是《かく》の如《ごと》し。

舎利子、是の諸法は空《くう》なる相《そう》のものにして、生ぜず、滅せず、垢つかず、浄《きよ》からず、増さず、減らず。（以下略）

以下、現代語訳を紹介しよう。

求道者にして聖なる観音は、深遠な智慧《ちえ》の完成を実践していたときに、存在するものには五つの構成要素があると見きわめた。しかも、かれは、これらの構成要素が、その本性からいうと、実体のないものであると見抜いたのであった。

シャーリプトラよ、

この世においては、物質的現象には実体がないのであり、実体がないからこそ、物質的現象で（あり得るので）ある。

実体がないといっても、それは物質的現象を離れてはいない。また、物質的現象は、実体がないことを離れて物質的現象であるのではない。

（このようにして、）およそ物質的現象というものは、すべて、実体がないことである。およそ実体がないということは、物質的現象なのである。

これと同じように、感覚も、表象も、意志も、知識も、すべて実体がないのである。

シャーリプトラよ。

この世においては、すべての存在するものには実体がないという特性がある。

生じたということもなく、滅したということもなく、汚れたものでもなく、汚れを離れたものでもなく、減るということもなく、増すということもない。（以下略）

（『般若心経・金剛般若経』中村元・紀野一義訳註　岩波書店刊）

この経典が生み出された時点で、制作に関わった人々はまさに自分たちが「大乗」であり、これまでの仏教は「小乗」だと考えていた。だからこそ、「小乗」という言葉は直接使わなくても、その教えの内容（例えば生老病死の克服）を否定している。

彼らは、悟りを開く前のブッダを示す言葉「菩薩」（ボーディサットヴァ　bodhisattva　悟りを求める者の意）を重んじ、在家であれ出家であれ、これを一つの目標とした。故に、『般若心経』は、菩薩の中で最も優れた存在である観自在菩薩（観世音菩薩）が、「小乗仏教」では悟りを開いたアルハン（阿羅漢《あらかん》　arhan）の一人でもあり、ブッダの十大弟子のうち「智慧第一」とされたシャーリプトラ（舎利子）に、一から教えを説くという内容になっているのだ。

この大乗仏教の理論のうち、特に「空」は、数学の分野で、他のどの古代文明でもなし得なかった「0《ゼロ》」の概念の明確化に貢献した。サンスクリット語では、「空」も「0」も同じ「シューンヤ」を使う。しかし、そうした学術的な貢献あるいは宗教理論の完成よりも、大乗仏教にとって最も重要な目的は、出家のように修行に専念できない在家の人々を、どのように悟りに導き救済するかであった。

それを可能にするために、大乗仏教は大量の経典を新たに創造した。

それまでの仏典は歴史的実在であるブッダ（ゴータマ・シッダールタ）の言行録が基本だったが、大乗仏教はブッダを時空を超越した存在とし、ブッダ以外にも悟りを開いた「如来」が複数いたという立場を取った。そして、時空を超越したブッダ、つまり釈迦如来もそのグループに加え、まったく新しい教えを説くという形で発展していった。

■シルク・ロードはいかにして仏教を東アジアに定着・発展させたか

大乗仏教とはいかなるものか？

『ブリタニカ国際大百科事典 小項目版 2016』は次のように定義している。

大乗仏教（Mahāyāna Buddhism）

1世紀頃に興った仏教の二大流派の一つ。古来の仏陀《ぶつだ》の教えを拡大し新しい解釈を加えた教派で、自分ひとりの悟りのためではなく、多くの人々を理想世界である彼岸に運ぶ大きなすぐれた乗物という意味で、みずからの立場を大乗仏教と呼んだ。（中略）大乗仏教と（それ以前の　※引用者註）部派仏教では、仏陀の本質のとらえ方と、仏教徒として目指す理想が異なる。部派は古来より釈迦《しやか》すなわち仏陀を真実の師とするのに対し、大乗は仏陀を俗界を解脱《げだつ》した存在であるとして、釈迦はその超絶した天上の存在が地上に現れた仮の姿であると解釈する。大乗からみれば、部派の目指す羅漢は限られた己の目標にすぎず、すべての仏教徒が目指すべき理想は、菩薩《ぼさつ》すなわち己の悟りを開くのをおいても利他のために奉仕する姿である。

（一部省略して引用）

この部派仏教あるいは上座部仏教（大乗仏教では蔑視して「小乗」仏教と呼んだ）が大乗仏教に「発展」した過程を、実に辛辣《しんらつ》に分かりやすく表現したのが、日本の歴史文学の第一人者、司《し》馬遼太郎《ばりようたろう》（1923～1996年）である。

司馬は、もともと個人の解脱を求め阿羅漢になることを目指した部派仏教は、「何百万人に一人の天才」向けのものだと批判した上で、次のように述べた。

解脱はすばらしい。しかしただの人間にそれを望むべくもないとあれば、いっそ解脱した人を拝むことにすればどうか、ということが大乗仏教の出発だった。釈迦にとっていい面《つら》の皮だったろう。かれは死後〝神〟として拝まれるなど、思いもよらなかった。（中略）

本来の仏教は解脱が目的であって、救済の思想はなかった。（中略）

劇的なことに、大乗仏教が出るにおよんで、救済が入ったのである。

（『この国のかたち 二』文藝春秋社刊）

このエッセイのタイトルは「華厳《けごん》」だが、それは大乗仏教の根本経典の一つである『華厳経』と日本人の関わりをテーマにしているからだ。

『華厳経』は、悟りを開いたブッダ（釈迦）を「毘盧遮那仏《びるしやなぶつ》」（バイローチャナ Vairocana 原義は「光り輝く」）の姿だとし、全世界の根源は毘盧遮那仏を含む相関関係にある、と説く。つまり、毘盧遮那仏は「空《くう》」そのものであり、ブッダへの道である「利他」すなわち菩薩行《ぼさつぎょう》の象徴でもある。

この思想に感動した聖武《しょうむ》天皇（701～756年／在位724～749年）は、国内や家庭内の不安を鎮めるため、世界的にも極めてユニークな鋳造による金銅《こんどう》製の大仏建立を発願した。これが奈良市にある東大寺本尊の毘盧遮那仏、通称「奈良の大仏」である。座像で、当初の像高は約16メートル、749年に完成した。当時、東アジアの最先進国唐（中国）でも、鋳造による金銅製巨大仏は極めて珍しい。

大乗仏教の出現によって、このように仏像が造られるようになった。部派仏教の時代のブッダはゴータマ・シッダールタという歴史的に実在した人物であって、彼を慕う人々にとっては「誇るべき先輩」あるいは「恩師」であった。

それ故、その遺骨（舎利）を納めたストゥーパ（塔）が信仰の象徴であり、他に「ここにブッダが立っていると考えよ」と足跡だけを台座に刻んだ仏足石《ぶっそくせき》（写真参照）や、教えの象徴としての法輪があった。

そして大乗仏教は中国でさらなる進歩を遂げた。

4世紀後半、中国の強い影響下にあったシルク・ロード上の国家、亀茲国《きじこく》（現在の中華人民共和国新疆《しんきょう》ウイグル自治区クチャ）に生まれた仏僧クマーラジーバ（鳩摩羅什《くまらじゅう》 Kumārajīva／344～413年あるいは350～409年）は、語学の天才で、中国の後秦《こうしん》朝に招かれ、既に彼の時代に亀茲国辺りまでは伝わっていた多くの大乗仏典を漢訳（中国語訳）し、中国仏教の基礎を築いた。

人々はこの偉大な翻訳王を、仏典の三分野（三蔵）である経（教法）、律（戒律）、論（注釈）に精通している僧として「三蔵法師」と讃えた。

ところが、クマーラジーバを上回る翻訳王が後世出現する。唐朝（618〜907年）の玄《げん》奘《じょう》（Xuanzhuang／602〜664年）である。優秀な僧として中国仏教界で将来を嘱望されていたが、それに飽きたらず、二十代で国禁を犯してインドに向かい、苦難の末に辿り着くと、現地でサンスクリット語を学び、仏教を学び直し、許されて帰国した後は漢文への翻訳作業に没頭した。その翻訳点数は「計75部1335巻に及び、この分量は中国歴代翻訳総数の4分の1弱に相当」（『日本大百科全書〈ニッポニカ〉』「玄奘」の項 小学館刊）した。

今も中国西安の慈恩寺にあり、観光名所にもなっている大雁《だいがん》塔《とう》は、玄奘がインドから持ち帰った経典や仏像を納めるための収蔵庫であった。

また、玄奘はインドへの旅行記として『大唐西域記《だいとうさいいきき》』を口述して弟子に書き取らせている。7世紀のシルク・ロードやインドの風俗・地理等が分かる貴重な記録なのだが、この本をネタ

仏足石（インド ボードガヤー／大菩提寺）

元として三蔵法師玄奘のインドへの旅を面白おかしく講談・小説化したのが、中国で「四《し》大《だい》奇書」の一つとされる『西遊記』だ。作者は呉承恩《ごしょうおん》（1500頃〜1582年）といわれるが、昔は著作権がないので、最終的に彼以外の多くの作者が様々なエピソードを追加して成立したものらしい。実質的主人公である孫悟空は、今でもアジアのみならず全世界で人気のあるキャラクターである。

一般的に単に「三蔵法師」と言えば玄奘を指すが、中国史上他にも仏典の漢訳に貢献した僧はいる（例　東晋朝の法顕《ほっけん》〈生没年不詳〉）ので、区別する場合は、「法顕三蔵」、「玄奘三蔵」などと呼ぶのだが、これら訳経僧の活躍で、仏教は東アジアに定着した。朝鮮半島の国家も日本も、経典は基本的に自国語訳ではなく漢訳を用いた。東アジア社会では、漢語つまり古代中国語が、ヨーロッパ社会におけるギリシア語、ラテン語の役割を果たしていたのである。あえて比定するなら、サンスクリット語が「ギリシア語」で、漢語が「ラテン語」にあたる。

実は、玄奘の「西遊」の半世紀ほど前、クマーラジーバが訳出した大乗仏教の根本聖典の一つ『妙法蓮華経《みょうほうれんげきょう》（法華経《ほけきょう》）』が、中国仏教界に大きな変化をもたらしていた。主役は隋《ずい》朝の僧、智顗《ちぎ》（Zhì yǐ／538〜597年）である。智顗はあらゆる大乗仏典の中で『法華経』を最上位に置き、他の仏典は『法華経』に至る過程の産物と決定づけたのである。その教義をもとに、彼は天台宗を開創し、のちに「天台大師」と尊称されるようになるが、『法華経』の内容のどこが彼をして最上位の経典とさせたのか？

大乗仏教の信徒にとっては、これ以上ないほどの素晴らしい内容が書かれている。説明しよう。

この経典の主人公はブッダである。もっとも、それは実在のブッダつまりゴータマ・シッダールタではなく、時空を超越した理想的神格としての釈迦如来である。その釈迦如来が『法華経』の中で「人類にとって最高の教えが説かれるぞ」と予告する。しかし、約束はなかなか果たされない。長い長い繰り返しと「じらし」があった後、ようやく説かれることとは、それも明確な断言ではないのだが、どんな人間でも必ず仏性（仏になれる素質）を持つ、つまり人は必ず仏になれるということなのである。

例えば、『法華経』「如来神力品《にょらいじんりきほん》」には「この経を信じる者は釈迦が完全なる涅槃《ねはん》に入った後でも、この教えの意味を知ることができるだろう」と書かれてある。婉曲《えんきょく》な表現ながら、『法華経』を信じる者は悟りの境地に達することができるということである。

しかし、『法華経』には「信じろ」とは書いてあるが、いかにして悟りに至り仏となるか、具体的な方法論は書いていない。その方法論を探ることこそ、天台宗を受け継いだ「シルク・ロードの終着駅」日本仏教の最大の課題だった。

そして日本人が到達した大乗仏教の究極の形は、それまでの仏教者をして、これが仏教か、と言わしめるものであった。

玄奘像と大雁塔（中国　西安）

第二話　禅宗がもたらした日本型資本主義

■「シルク・ロードの終着駅」日本における新たな仏教の誕生

さて、インダス文明の精華の一つである仏教の「その後」を見て行くことにしよう。『妙法蓮華経《みょうほうれんげきょう》』（以下、『法華経《ほけきょう》』と略す）では「どんな不完全な人間でも仏陀《ぶつだ》になれる」ことを他ならぬブッダが保証している。

この『法華経』こそあらゆる仏典の中で最上と格付けしたのは、中国、隋《ずい》時代（581〜618年）の高僧智顗《ちぎ》であった。中国の天台山にこもって、天台宗の実質的開祖となった彼は、のちに「天台大師」と呼ばれた。

この中国天台宗を、「シルク・ロードの終着駅」日本から学びにやって来たのが最澄《さいちょう》（766あるいは767〜822年）である。帰国して天台法華宗を開創した最澄は、当時の首都京都（平安京）を見下ろす北東の山岳比叡《ひえい》山に延暦《えんりやく》寺を築き、その教育理念を「山家学生式《さんげがくしょうしき》」という規則にまとめた。そして、天皇家の庇護《ひご》のもとで後進の育成を始めた。

「山家学生式」には次のようにある。

国宝《こくほう》とは何物ぞ。宝とは道心なり。道心あるの人を名づけて国宝となす。故に古人言《いわ》く、「径寸十枚、これ国宝に非ず。照千一隅、これ則ち国宝なり」と。古哲また云く、「能《よ》く言ひて行ふこと能《あた》はざるは国の師なり。能く行ひて言ふこと能はざるは国の用《ゆう》なり。能く行ひ能く言ふは国の宝なり。（後略）

（『最澄　原典 日本仏教の思想2』岩波書店刊）

〈大意〉

国の宝とは何か？　宝とは悟りを求める心であり、その心を持つ人を国の宝と呼ぶべきだ。だから、昔の人は言った。宝石などは国宝ではない。社会の底辺にも光をあてる人こそ国宝だと。またこうも言っている。正しいことを主張するが実行できない人は国の師であり、主張はしないが正しいことを実行できる人は人材で

最澄像（兵庫／一乗寺）

ある。そして正しいことを主張し実行できる人こそ国の宝である（私はこのような人材を育成したい）。

最澄とその後継者たちはこの宣言通り、後進の育成に力を注いだ。最澄の生きた時代は日本史の時代区分では「平安（平安京に政権があった）時代」と呼ばれ、天皇と取り巻きの貴族（公家《くげ》）つまり朝廷勢力が日本を治めていたが、12世紀末になると、地方の開拓地で農場主として財力を持ち、自主的に武装することによって、統制力の衰えた中央政府に代わって軍事面でも日本の中核となる階級が新たに生まれた。

これが武士階級である。彼らは天皇の住む京都ではなく、それより約340キロメートル東に位置する鎌倉で軍事政権を立ち上げた。そのリーダーを征夷大将軍、略して「将軍」と呼んだ。将軍はもともと天皇に任命される、蝦夷《えみし》征討を目的とする軍団の長を意味した。貴族以外の武士出身ながら初めて将軍となった源頼朝（1147〜1199年）は、武士の第一人者として天皇に任命される将軍が、その権威に基づいて日本に軍政を敷き実質的に支配するという、新しい政権の形を作ったのである。その将軍が駐屯する本営が幕府であり、鎌倉幕府に政権があった時代を「鎌倉時代」と呼ぶ。

天皇の反撃にあって鎌倉幕府が滅亡するまでの約百五十年間（1185〜1333年）、日本は、それまで文化の担い手であった天皇・貴族に代わって、武士が主役となり、実利的な大衆文化の時代となった。それに合わせて仏教も、貴族文化の一環である平安仏教から鎌倉新仏教へと変化した。

その先達者が浄土宗の開祖法然《ほうねん》（1133〜1212年）である。

法然は比叡山延暦寺で天台教学を学び、その第一人者と見なされるほどの学者でもあったが、『法華経』には「如何《いか》にして仏陀になるか」の方法が説かれていないことに不満を覚え、大衆を救済するという大乗仏教本来の目的にかなう道を探求した結果、釈迦如来ではなく阿弥陀《あみだ》如来を「選択」した。そして、ひたすら阿弥陀如来を信仰することによって、死後に阿弥陀如来の住まう極楽浄土に往生（転生）することを目指した。極楽往生さえ成功すれば、どんな人間でも阿弥陀如来の指導のもとに仏陀となれるからだ。

それでは、阿弥陀如来とはどんな仏なのだろうか？　そもそも「如来」と呼ぶからには釈迦如来と同格であり、悟りを開いた存在つまり仏陀である。

大乗仏教では、歴史的実在であるブッダを、いくつも存在する多元的世界の中の一存在にすぎないと考える。仏教の世界観はSF小説の多元的宇宙論に似ていて、三千の世界が並行して存在していると考える。その中には当然、釈迦如来とは違った形で、救済の方法を明示している如来がいても不思議ではない。

写真提供／京都国立博物館

『法然上人御影』
（藤原隆信筆　京都／知恩院）

それが阿弥陀如来である。阿弥陀如来という概念もやはりインドかシルク・ロードのどこかで2世紀頃に突然誕生し、その教えは中国を経て日本にも伝えられた。

阿弥陀如来が他にも複数存在する如来たちとまったく違うところは、阿弥陀如来を念仏する者は自分が必ず極楽往生させてやると誓願を立てていることである。これを「阿弥陀の本願」と呼ぶ。

問題は、念仏とはいったいどんな行為を指すかということである。中国そして日本では、当初それは阿弥陀および極楽浄土を想像することだとされた。そのため、平安時代の貴族たちは阿弥陀如来像を祀《まつ》る寺を建立し、そこに極楽浄土の世界を堂宇や庭園として再現し、阿弥陀如来の世界を想像することに日々努めた。これを特に「観想念仏」と呼ぶ。

観想念仏は精緻な仏像、巧妙な建築・庭園、そして多くの絵画など、平安美術の質を高めるのに大いに貢献した。しかし、法然はそのような観想念仏は特権階級である貴族にしかできないことであり、それでは庶民は救われないと考えた。そもそも阿弥陀如来の本願は大乗仏教の本旨に基づくはずだから、阿弥陀如来はそのような特権階級にしかできないような念仏を要求していないと考えたのである。

そこで法然は「南無阿弥陀仏《なむあみだぶつ》（私は阿弥陀如来に帰依します）」と唱えること、つまり、「阿弥陀如来を信じます」と口頭で信仰告白することが一番大切だとした。

観想念仏に対して、それは「称名《しょうみょう》念仏」と呼ばれ、方法論としては既に中国辺りで確立され、平安時代の日本でも実践されていたが、正式な観想念仏に対する簡略形の扱いであった。

しかし、法然は逆に称名念仏こそ唯一の正しい道だと考えたのである。より多くの大衆を救済するという、大乗仏教の本旨に沿うものだからだ。

その道しかないと決めた法然は、『選択本願念仏集《せんちやくほんがんねんぶつしゆう》』というまさに自分の主張を世に問う書を著したが、印刷技術もなく識字率も低かった鎌倉時代に、その著書を読んでもらうことで世の中を変えようとしたわけではない。比叡山を出て多くの弟子を育成して、生涯を称名念仏の普及に努めた。

法然が人生の最期にあたって自分の一生と主張を見事に要約した文章がある。「一枚起請文《いちまいきしようもん》」と呼ばれるが、ある人はこれを日本人が生み出した最高の文章の一つではないかと言う。短い文章なので全文を紹介しよう。

唐土我朝《もろこしわがちよう》に、もろもろの智者達の、沙汰し申さるる観念の念にもあらず。また学問をして、念のこころを悟りて申す念仏にもあらず。

ただ往生極楽のためには、南無阿弥陀仏と申して、うたがいなく往生するぞと思い取りて申す外には別の仔細候《しさいそうら》わず。ただし三心四修《さんじんししゆ》と申すことの候《そうろ》うは、皆決定《けつじよう》して南無阿弥陀仏にて往生するぞと思ううちにこもり候うなり。この外に奥ふかき事を存ぜば、二尊のあわれみにはずれ、本願にもれ候《そうろ》うべし。念仏を信ぜん人は、たとい一代の法をよくよく学《がく》すとも、一文不知の愚鈍の身になして、尼入道《あまにゆうどう》の無智のともがらに同じうして、智者《ちしや》のふるまいをせずしてただ一向に念仏すべし。

証の為に両手印をもってす。

浄土宗の安心起行この一紙に至極せり。源空（法然の諱《いみな》 ※引用者註）が所存、この外に全く別義《べつぎ》を存ぜず、滅後《めつご》の邪義《じやぎ》をふせがんがために所存をしるし畢《おわ》んぬ。

（浄土宗公式ホームページ）

〈現代語訳（井沢試訳）〉

（私の言う念仏とは）中国や日本の賢者達が説いた理論的な念仏ではありませんし、また学問研究の結果、到達したような念仏でもありません。ただ（阿弥陀如来のいらっしゃる）極楽浄土へ行くには「なむあみだぶつ」と心から唱えさえすれば大丈夫とだと堅く信じて行なう念仏で、別に細かいことがあるわけではないのです。三心とか四修（細かい仏教儀礼）とかいう念仏者の作法も「なむあみだぶつ」と唱えれば往生するのだと信じることによって、ひとりでに心に入ってくるものです。この他に余分なことを考えるのは、釈迦如来、阿弥陀如来お二人のお心に反し、念仏を唱える人々をすべて救うという（阿弥陀如来の）本願にもれてしまいます。念仏を信じる人は、たとえどんなに深く仏法を研究したとしても、自分は無学の人と同じであると考え、知識をひけらかすようなことはせず、ただ一心に念仏しなさい。

これらのことを正しいと証明するために、私の両手の手形を押します。

浄土宗の信心と行動はこの一枚の紙に書いたことですべてです。私の教えにはこれ以外に付け加えることは何もありません。私の死後、誤った教えが出てくるのを防ぐために、自分の考えをしるしておきました。

後世の人間に、「高邁《こうまい》なはずの仏の教えが、ただひたすらに念仏を唱えればいいなどという簡単なものであるはずがない。きっと秘伝があるはずだ」という疑念を抱かれないように、法然はこの「一枚起請文」に教えの要諦を述べ、わざわざ自分の手形まで押したのだ。

ちなみに日本では、古くから個人の識別に手形つまり指紋および掌紋を利用していた。現在、指紋は世界中で犯罪捜査に広く使われているが、そもそも欧米で指紋が個人識別に使われるようになったきっかけは、日本にやって来たイギリス人宣教師のヘンリー・フォールズ（Henry Faulds／1843〜1930年）が、日本では印章やサインの代わりに親指の指紋を印（いわゆる拇印《ぼいん》）として使っていることに驚き、1880年にイギリスの科学雑誌『ネイチャー』に、指紋に関する研究論文を発表したことからなのである。

法然が自分の死後にそこまで異説が出てくることを心配したのは、その背景に、天台宗の開祖最澄と共に唐に渡り、天台宗とは異なる大乗仏教「密教」を日本に伝えた真言宗の開祖空海《くうかい》（774〜835年）の存在があったからかもしれない。

「密教」とは文字通り「秘密の教え」ということである。ちょうど大乗仏教を創始した人々がそれまでの仏教を「小乗」と呼んだように、密教の創始者たちはそれまでの仏教を「顕教《けんぎょう》」つまり「目の前に顕在している教え」と呼び、それ以外に「秘密の部分があり、それをカバーしているのが密教だ」としたのである。

具体的には、すべての教えを文字（経典）で伝えることは不可能で、仏の教えは師から弟子へ〝一子相伝《いっしそうでん》〟の形でのみ伝わってきた、それ故に必ず極意を受け継いでいる師に学ばねば真の教えは得られない、とするのが密教だ。

そういう意味で、密教は仏典を翻訳することにも懐疑的で、仏・菩薩の本願をサンスクリット語で唱え、これを「真言（真の仏の言葉）」と呼び、重んじる。このような宗派（「真言宗」と呼ばれた）も存在し、少なからず信徒を得ていたので、法然はより用心したのかもしれない。

そして法然の興した宗派はのちに「浄土宗」と呼ばれたが、その高弟であり、浄土真宗の開祖とされた親鸞《しんらん》（１１７３〜１２６２年）に至って究極の発展を遂げる。親鸞は、なんと仏教徒の基本である戒律を捨て、堂々と妻を娶《めと》った。妻帯したのである。

言うまでもなく、ブッダの仏教は、家庭を捨てて出家することが出発点であった。それをしなければ悟りの道に到達できないというのが、大乗仏教以前の上座部仏教の基本中の基本であった。いわばブッダは妻子を捨て出家することによって悟りを開いた。それ故、僧侶にとって女犯《にょぼん》（女性とのセックス）は殺人ほどではないにせよ、最大の罪の一つであった。

だが、親鸞は逆に妻帯することによって悟りの道を求めたのである。なぜそんなことが許されるのか？　それが「他力本願《たりきほんがん》」という教義のなせる業なのである。

■一神教的宗教戦争もあった「日本仏教」発展史

「シルク・ロードの終着駅」日本で、仏教僧で浄土真宗の開祖親鸞は「善人なおもて往生をとぐ、いわんや悪人をや」（『歎異抄《たんにしょう》』第三章）と説いた。現代語ならば「善人ですら極楽往生できるのだから、悪人は必ず極楽往生できる」ということになる（この言葉自体、法然の言葉であるとする説もある）。

極楽往生とは、人間が死後に阿弥陀如来の導きによって、その主宰する「極楽」と呼ばれる浄土（仏の住む理想世界）に生まれ変わることである。極楽に生まれ変われば、二度と輪廻転生《りんねてんしょう》の流れに飲み込まれることなく、阿弥陀如来という優れた師の指導を受けられるわけだから、『法華経』が保証しているように、人間は必ず悟りを開いて仏陀《ぶつだ》となれるわけだ。仏と成る、そのことを「成仏《じょうぶつ》する」という。

すなわち、（極楽）往生さえできれば、成仏は確定的であるとも言える。従って、この言葉を分かりやすく言い直すと、「善人でも仏と成れるのだから、悪人は必ず成れる」ということになる。まさに逆説である。普通ならば「悪人ですら成仏することがあるのだから、善人は必ず成仏できる」という言い方になるはずだろ

『親鸞聖人像（熊皮御影）』
（奈良国立博物館）

う。

親鸞はなぜ逆を言ったのか。

奇をてらったのではない。親鸞の説く「善人」とは、阿弥陀如来の力（これを「他力《たりき》」と呼ぶ）に頼らず、ブッダが出家して悟りの道を求めたように、俗世の縁を絶って厳しい修行生活に入った人々のことを指す。上座部仏教の信者のように、自力で修行して善行を積み、仏と成ることを目指す人々のことである。その姿を象徴的に表現した仏像が五百羅漢《ごひゃくらかん》像である。

それはたいへん立派なことではあるが、修行による悟りへの道は天才の道であり、作家司馬《しば》遼太郎《りょうたろう》が喝破したように、凡人どころか相当優秀な人間でも極めて困難な道のりである。成功率はまさに何億分の一以下である。

しかも、優秀な男子が出家して子孫を残さなくなるわけだから、民族や国家の劣化にも繋がる。このことは仏教の社会学的影響として極めて重要なので心に留めていただきたい。

大乗仏教にはこの点を改良しようという意図も込められていた。つまり、出家至上主義の否定である。

このような流れの中で、親鸞は自分を「悪人」つまり「善人ではない」と自覚している人々は次のように考えるはずだ、と見たのである。

「善人」ですら自力で修行して仏と成るのは難しいのに、自分たち「悪人」にはそんなことができるはずがない、絶対不可能である。その方法では絶対不可能であるのだから、「悪人」は必ず、それ以外の方法を探すはずだ。それ以外の方法とは、「他力」すなわち阿弥陀如来の本願を信じ、それに頼って仏と成る道を選ぶしかない。

極楽往生に関して、阿弥陀如来は何と言っているか？　自分を念仏する者は必ず往生させてやる、と保証しているのである。この保証は如来の誓願（本願）であるから絶対的なものだ。最初からこれを信じ、つまり「他力本願」で極楽往生を目指すならば、結果的に必ず人間は成仏できるということになる。「悪人」は最初から阿弥陀如来の本願を頼り、その本願は必ず履行されるから、何億分の一の確率でしか成仏できない「善人」に比べて、「悪人」は必ず成仏できることになる。

従って、「善人なおもて往生をとぐ、いわんや悪人をや」という言い方が成立するのである。だが、この方法は仏教の開祖ブッダの目指した道、つまり俗世を捨てて出家し修行するという方法の徹底的な否定にもなる。

親鸞の師である法然がこの境地に達したのは、老年になってからだった。それまで法然は自力修行の道を目指していた。だから当然出家主義で、結婚もしなかったし、子供もいない。しかし、自力修行を改め、他力本願の道を徹底するなら、人間に出家・在家の区別はない。阿弥陀如来という偉大な仏の前では、すべての人間は平等である。それ故、僧侶が「結婚しない」という戒律を守る必要はなくなる。

日本仏教では、在家信者の死後に「戒名《かいみょう》」を授ける。昔は本名ではなく、それが墓碑銘として刻まれた。男性なら「居士《こじ》」、女性なら「大姉《だいし》」などと、完全に仏弟子になったことを示す称号を付ける。なぜ、そうするかと言えば、死後に完全に仏弟子となったことにより、厳しい戒律を授かったと解釈するからである。

阿弥陀如来の信者にとって、戒律は必要ない。戒律とは、本来は出家信者の守るルールであるからだ。そこで親鸞の開創した浄土真宗では、死後に信者に授ける名前を、戒名ではなく「法名《ほうみょう》」と呼ぶ。戒名の場合は、生前の身分によって「大居士」などが付けられることもあるが、法名はすべて平等である。

そして親鸞は、私の知る限り、世界仏教史上初めて公式に妻を娶《めと》り子を成した僧侶である。聖職者の妻帯が禁じられている世界の様々な宗教でも「隠し妻」「隠し子」はいたし、日本仏教もその例外ではないのだが、親鸞はまさに教義の変更を行ない、自分だけでなく、同門の僧侶すべてにも結婚を認め、奨励した。かくして、親鸞の創建した浄土真宗の「総本山」本願寺も、親鸞の直系子孫によって世襲され、現在に至っている。

それにしても、親鸞の浄土真宗を「仏教」と呼んでもいいのか、戸惑う人々は昔もいたし、今もいる。

タイ、ミャンマーなどの東南アジアの国々では、中国、朝鮮半島、日本の大乗仏教とは違ったルートで上座部仏教が伝わった。当然ながら、これらの国々では僧侶が女性とセックスすること自体重大な戒律違反であり、僧侶の資格を奪われかねない。そうした上座部仏教の国々の人々の中には、現代の日本では浄土真宗に限らず、すべての仏教宗派で僧侶の妻帯が認められていることを知って驚く人も少なくない。

もちろん、当初からそうだったのではない。13世紀初頭、親鸞が仏教史上初めて公然と妻帯に踏み切った時は、他宗派は親鸞を破戒僧として激しく非難したし、それ以前に天皇を頂点とする朝廷（政府）は親鸞が僧侶のセックスを認める邪教の徒だとして流刑に処していた。しかし、親鸞はそうした逆境においても自己の信念を曲げずに布教に努めた。

元来、大乗仏教の教えは、「すべての人間は成仏できる」ことを保証している。しかも、そう考えるが故に、「出家しなくとも在家で充分に悟りの道に至れる」という考えも示されている。

前者は『法華経』に、後者は、在家信者の維摩居士《ゆいまこじ》（ヴィマラキールティ　Vimalakīrti）が在家の身であるにもかかわらず、智恵にすぐれた文殊菩薩《もんじゅぼさつ》をやりこめる、という筋の『維摩経《ゆいまぎょう》』に語られている。『維摩経』も『法華経』に勝るとも劣らないほど重要な経典と考えられていた。

日本に仏教が伝来した当初、その最も良き理解者であったと伝えられる厩戸皇子《うまやどのみこ》（聖徳太子《しょうとくたいし》 574～622年）は、数ある大乗仏教の経典の中から特に三つを選んで『三経義疏《さんぎょうぎしょ》』という解説書を著したと伝えられるが、その二つは、もうお分かりだろう、『法華経』と『維摩経』なのである。あと一つは『勝鬘経《しょうまんぎょう》』だが、この経典は、女性が主人公であり、上座部仏教では否定的だった「女人成仏（女性が仏陀になること）」に肯定的な見解を述べているところに特色がある。

この大前提のうえに『大無量寿経《だいむりょうじゅきょう》』に説かれている阿弥陀如来の本願を重ねると、親鸞の境地は大乗仏教の究極の発展形と言えないこともない。

その後の日本仏教の発展について述べておこう。

それまで通常の仏教では、特に出家するならともかく、在家のままでは救済不可能と考えられていた人々、つまり殺生を業とする武士、漁師、あるいは教育を受けられず経典を読めない人々、殺人など大きな罪を犯した人々、そして女性等々も、阿弥陀如来は等しく救済すると浄土真宗は説いたので、親鸞の創始した浄土真宗は教団として大発展した。

もっとも、親鸞は教団の育成に否定的だったが、彼の子孫に布教と組織づくりの天才蓮如《れんによ》（1415～1499年）が出て、教団を大発展させた。蓮如はキリスト教におけるパウロ（Paulus／生年不詳～AD60年以後）のような存在だったといえば、少しはキリスト教徒の読者の理解が進むだろうか。

そして、本願寺を拠点とする教団は武装戦闘集団へと発展していった。これが日本仏教の非常に大きな特徴かもしれない。

仏教は本来教義面においても相争うことをしない平和的な宗教であった。

その証拠に、従来の仏教から大乗仏教が独立した時も、カトリックとプロテスタントの信者が殺し合った神聖ローマ帝国（Holy Roman Empire）の三十年戦争（Thirty Years' War／1618～1648年、ドイツを舞台にして行なわれた最大級の宗教戦争）のような事態は一度も起こらなかった。

唯一神しか認めない一神教の世界では、たとえ信仰の対象が同じキリストという神であっても信仰の方法論などを巡って殺し合いになる。同じように、イスラム教でも、スンナ派（Sunna）とシーア派（Shī'a）の根深い対立があることを見ても、それは容易に納得していただけるだろう。

しかし、仏教は多神教の一種で、釈迦如来は唯一絶対神ではないので、異説が出てきても弾圧の対象にはならないのである。

ところが日本においては、仏教が日本に伝えられた時、日本人の伝統的な民族宗教である「神道」の信徒たちは武力で駆逐しようとしたので、仏教側も武装して「聖戦」を行なわねばならなかった。厩戸皇子も最大の決戦に出陣し武功を挙げている。

それがきっかけだったのかもしれないが、以後、日本の僧侶の中には、武器を所持し武芸に熟達し、自己の所属する寺院あるいは教団のために戦闘行為もいとわない人々が出現した。これを「僧兵」と呼ぶ。

「奈良の大仏」で有名な東大寺（華厳宗《けごん》）も、そのライバルであった興福寺（法相宗《ほっそう》）も、中世においては強力な僧兵集団を維持していた。

これら旧都奈良を拠点とする南都六宗《なんとろくしゅう》（奈良仏教の六宗派）に対抗して、8世紀末に日本の首都となった京都にも、僧兵集団が出現した。先鞭《せんべん》をつけたのは、あの最澄が創始した比叡山延暦寺《ひえいざんえんりゃくじ》の後継者たちで、僧兵を持っていたことで宗教上の理念の違いを武力で解決しようという、とんでもない考えが生まれた。すなわち宗教戦争である。

実は、日本の歴史学界には、中世以前の日本が宗教戦争のような状態であったことを認識している人はほとんどいないのだが、これは紛れもない事実である。

戦争を生業《なりわい》にしている武士たちにとっても、平和を説くべき僧侶が武力闘争に明け暮れることは許しがたいことであった。

17世紀にまとめられたとされる、軍記物語『太平記』の注釈書『太平記評判秘伝理尽鈔《しよう》』には、次のような武士（?）と僧兵の問答が記載されている。

現代語訳すると——。

武士 （僧兵たちよ、君たちの殺人行為は）「殺してはならぬ」という仏の教えに背くものではないか。
僧兵 これは邪悪を封じることである、仏も人々を救うために人を殺すことがある（それと同じだ）。

つまり、自分たちの信じる教えが絶対正しいのだから、相手の教えは完全に間違っている。従って、相手は邪教を信奉する「悪魔」であり、殺しても構わないという論理である。一神教社会では珍しくない展開だが、これが多神教世界であるはずの日本仏教の近代以前の一つの実態であった。

そして、そうした従来の仏教に対抗するため、鎌倉時代以後に新しく発生した浄土真宗などの鎌倉新仏教も武装せざるを得なかった。そうしなければ、旧仏教側に殺されてしまうからである。誇張ではない。１５３６（天文５）年には、他ならぬ比叡山延暦寺の僧兵が、鎌倉新仏教の一派であった日蓮宗《にちれん》（法華宗）の二十一本山を急襲し、僧侶信者ら数千人を虐殺する事件が起こっている（天文法華の乱）。

これに対し、鎌倉新仏教系の教団は、僧兵という専門職ではなく、信徒が義勇兵として部隊に参加する形で強力な武装集団となった。これを当時の他の武装集団と同様、「一揆（集団）」と呼ぶ。そして、当初は自衛が目的だったものが、自分たちの「正義」を広めることに目覚め、武力をもって教勢を拡大しようと考えるようになった。

その最大の団体こそ本願寺であった。そもそも浄土真宗は一神教に近い体質を持っていたからである。

■「信教の自由」を確立した織田信長の世界史的評価

阿弥陀如来《あみだにょらい》という「一神」を信仰する信徒集団の中でも最大の規模を誇るのが、本願寺であった。

本願寺はそもそも浄土真宗の開祖である親鸞《しんらん》を祀《まつ》る廟がもととなった寺で、親鸞がその時点でも千七百年に及ぶ仏教史上初めて公式に妻帯に踏み切り子をなしたことから、日本いや世界でも唯一であろう「開祖の直系子孫」が運営する仏教寺院であった。ただし、阿弥陀如来を信仰する信徒集団の中で、当初、本願寺は最大の団体ではなかった。阿弥陀如来を「一神」として信仰し、その下にはすべての信徒が平等であると考えるなら、特別な家系はまったく必要ないからだ。親鸞の子孫だからといって特別に重んじられることはなかった。本願寺は衰微し、廃寺寸前まで追い込まれた。

この流れを変えたのは、本願寺八世の宗主にして浄土真宗全体の統率者であった、蓮如である。蓮如はエネルギッシュな人物であった。浄土真宗は当初から一夫一婦制で側室などを持つことは許されていないのだが、この制約の中で、蓮如は男子十三人、女子十四人の計二十七人の子をもうけた。正妻たちとは四度死別し、五番目の正妻は五十歳年下だったが、五男二女を産んだ。蓮如は彼らを全国に派遣し、布教活動を拡大した。

蓮如は信徒からの信仰上の疑問にいちいち手紙で誠実に分かりやすく答え、その写しを広く信徒に配布した。これを「御文《おふみ》」という。

また、寺のないところでは、信徒同士が定期的に集会を開き信仰を語ったり、生活を助け合ったりすることを可能にする組織を作った。これを「講」という。

この二大システムの採用によって本願寺の教勢は拡大し、推定数百万の信徒を擁する巨大宗教団体に成長した。

日本という国は、古来天皇が支配する国であった。その根拠は、天皇が天照大神《アマテラスオオミカミ》という太陽の女神の血をひく直系の子孫である、という伝承に基づいている。従って、日本では中国やヨーロッパのように、皇帝や国王と何の血縁関係もない者が、その地位を奪って自ら皇帝や国王になることは政治的に不可能であった。

しかし、天皇に日本の統治権を委任されたという形をとれば、天皇家との血縁がなくても日本を実質的に支配することができる。これが12世紀末に天皇の政府である「朝廷」に代わって、日本を支配することになった武士の政権「幕府」であった。そのトップが将軍である。

注意すべきは、幕府成立後も朝廷は廃止されたのではなく存続した、ということだ。形式ではあるが、将軍はあくまで天皇に任命されるからだ。実質的には武力で、中国やヨーロッパのようにライバルを押しのけた者が、最終的に天皇から将軍に任命され、幕府を設立して国の運営にあたる。将軍の地位は初代将軍の直系の子孫が世襲するが、ちょうど中国の王朝のように、何代も続くと腐敗堕落し、別の家系に取って代わられることがある。まさに王朝交代のようなものだ。

日本には歴史上三つの幕府が存在した。成立順に鎌倉幕府、室町幕府、江戸幕府（鎌倉、江戸は都市名、室町は京都の町名で、いずれも政権の本拠が置かれた場所を示す）だが、二番目の室町幕府の末期（16世紀後半）に、日本は大戦乱の時代に突入した。外国で言えば「州」にあたる、日本の六十余州を分けあって統治していた武士軍団の長「大名」が、将軍を無視して勝手に領土拡張戦争を始め、混乱の収拾がつかなくなった。

そこで、この時代を特に「戦国時代」と呼ぶのだが、浄土真宗の信徒は本願寺の命令一下、戦争も辞さない強力な武装集団と化した。これを特に「一向一揆《いっこういっき》（あるいは一向宗）」と呼ぶ。

戦闘集団と化したのはやむを得ない事情があった。東大寺（華厳宗）、興福寺（法相宗）のような旧来の仏教団体は、僧兵というプロの兵士を多数擁していたからである。僧兵は寺々の利権を守るため幕府とも戦い、教勢を拡大するためには他の宗派の拠点を攻めたり信徒を殺したりすることもあったので、自衛のために武装せざるを得なかったのである。

ただし、僧兵は寺院に属する正規兵だが、本願寺の兵士はほとんど信徒からなる義勇兵であった。逆に言えば、ゲリラ的強さを発揮した。いや、信仰のためには死を恐れぬ彼らは、戦国最強の軍団だったかもしれない。現に彼らは大名である富樫《とがし》氏を倒して加賀国を本願寺の支配下に置いた。ボランティアが武士に勝ったということだ。彼らの拠点は、当時、日本有数の大都市である大坂の一地区（「石山」と呼ばれていた）にあったが、その石山本願寺は「摂津第一の名城」と呼ばれた。

本願寺のトップであった顕如《けんにょ》（1543〜1592年）は、こうして教勢を拡大し、最終的には日本全体を「本願寺国」にしようと考えていたのかもしれない。直接の史料は残されていないのだが、「一神教」浄土真宗とキリスト教の最大の違いは、ローマ帝国では皇帝がキリスト教に入信し国教としたのに対し、日本の天皇は浄土真宗に入信はしなかった、ということだ。天皇は「神の子孫」であるから、あらゆる仏教宗派の上に君臨し、それを保護するという立場を伝統的にとっていたのである。

天皇は華厳宗や法相宗も保護したし、本願寺（浄土真宗）も保護した。

また、華厳宗などに比べれば新しい仏教である浄土真宗には、ほぼ同時期に生まれた日蓮宗という有力なライバルもいた。日蓮宗は開祖日蓮（1222〜1282年）が独特の「啓示」を受けて始めた宗派であり、阿弥陀如来信仰などは大乗仏教の本義からいえば無用有害で、根本経典である『法華経《ほけきよう》（妙法蓮華経《みようほうれんげきよう》）』への信仰こそ、唯一絶対と考える。

具体的には「南無阿弥陀仏」という念仏ではなく、「南無妙法蓮華経」つまり「法華経に帰依します」という唱題（題目〈「法華経」というタイトル〉を唱える）ことが最も重要だとするのである。これは「ナンミョーホーレンゲーキョー」と聞こえる。この日蓮宗の流れをくむのが、現代日本の巨大宗教団体「創価学会」である。

日蓮は浄土真宗を「念仏無間《むけん》」、つまり念仏など信じていると地獄に落ちるぞ（「無間」とは無間地獄のこと）と批判した。浄土真宗の信徒は怒り、「取り消せ」と言った。もちろん宗祖の言葉は取り消せないから、結局は戦争で決着をつけようということになる。双方とも武装しているからである。

また、東大寺や興福寺や延暦寺（天台宗）も、ヨーロッパにおいてカトリック教徒がプロテスタント教徒を迫害したように、浄土真宗や日蓮宗の拠点を攻撃し、多くの信徒を虐殺した。

結局、16世紀後半の日本は、ヨーロッパの三十年戦争のように、宗教団体が血で血を洗う抗争を展開した。違いは、ヨーロッパは「カトリック対プロテスタント」だが、日本は各宗派入り乱れての宗教戦争だったことだ。

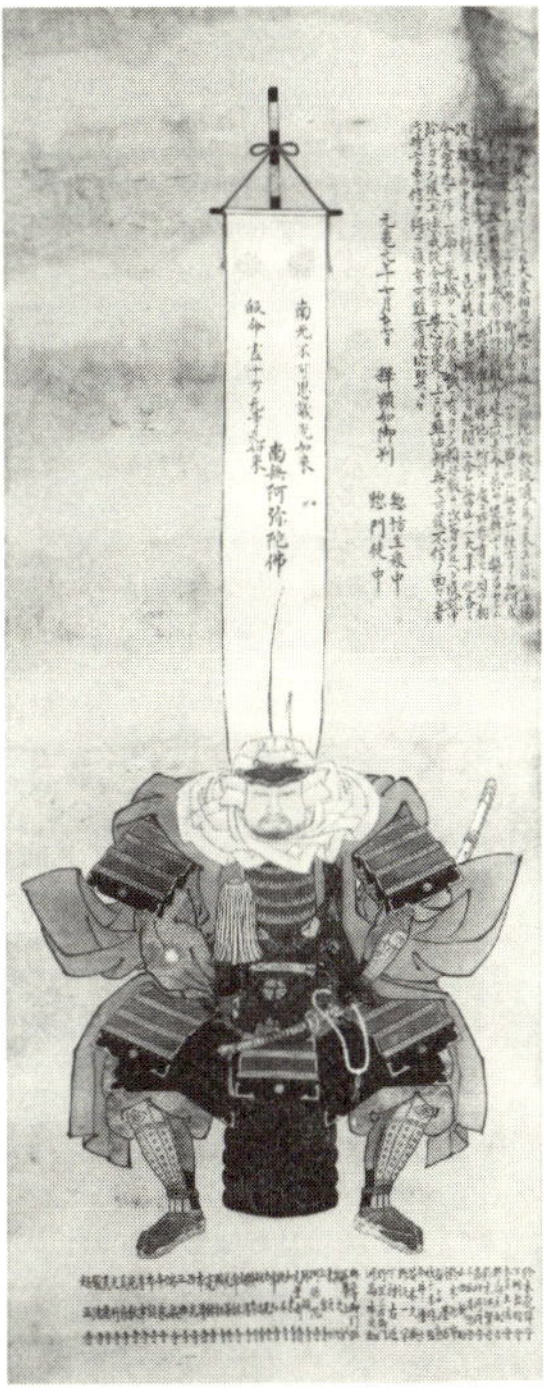

『顕如画像』
（石川県立歴史博物館）

日蓮像『波木井の御影』
（山梨／身延山久遠寺）

この状況を解消し、日本に恒久的な平和をもたらそうと考えたのが、大名の織田信長（1534～1582年）であった。

大名としては非常に低い立場にいた信長は、その理想である武力による天下統一を目指すために、ライバルの大名と激烈な死闘を繰り広げる一方で、すべての武装した宗教団体とも対立した。その最大の敵は、顕如の率いる本願寺一向一揆であった。信長と本願寺の戦いは十年に及び、この間、信長は本願寺の信徒数万人を殺した。このことをもって信長を最大の宗教弾圧者と考え、日本人の中には信長をまったく評価しない人間もいる。しかし、私は違う。

信長の目指していたのは、当時そういう言葉はなかったが、明らかに宗教団体の武装解除を基本とする「信教の自由」の確立であった。

信長が何万人もの本願寺の信徒を殺したことを理由に、まるで毛沢東（Mao Zedong／1893～1976年）やカンボジアのポル・ポト（Pol Pot／1925～1998年）のように、大虐殺者と批判する論者もいるが、本願寺がとうとう信長の軍門に降《くだ》り武装解除に応じた時、信長が与えたのは血判（自分の血で捺《お》した拇印《ぼいん》）入りの保証書であった。

そこには何と書かれていたか？　これまでの戦闘行為は一切罪に問わないと書かれていたのである。信長は本願寺との戦争の渦中で、最愛の弟や寵愛《ちょうあい》する家臣を何人も殺されている。しかもその中には、本願寺側の一方的な平和条約破棄によって犠牲となった人々もいた。

しかし、そうした「戦争犯罪人」の首を差し出せとは一言も言わず、本願寺が摂津最強の城である石山本願寺を信長に明け渡し、事実上の武装解除に応じた時に、すべての罪は問わないとしたばかりか、これからは布教の自由を認めると宣言した。

　この血判入りの文書は現在も本願寺に保存されている。これを見れば明らかなように、信長は、宗教の教えを振りかざして、他宗の人々を虐殺してはならない、ということを徹底させたかった。その当然の前提として、宗教集団の武装を解除する政策を実行したにすぎないのである。

　この『逆説の世界史』は言うまでもなく日本史ではない。しかし、それでも日本人の織田信長を紹介するのは、世界史全体から見て価値がある人物あるいは事象については公平に取り上げるというのが、基本コンセプトであるからだ。

　信長は世界に先駆けて、「宗教は平和を求めるものであり、宗教上の意見の違う人を虐殺してはならない」という、現代社会では当たり前の、しかし現在ですら完全には実現していない理念を追求した人間である。認識すべきは、その理念が達成される前まで、「邪教の徒」は絶対に許すべきではないと考える人々が大勢いて、彼らをかなりの人数殺さなければ、この理念は実現できなかった、という冷厳なる事実である。

　信長は世界宗教史上極めてユニークな人物であったので、この他にも紹介しておこう。

　信長はその晩年、神になることを目指した。自己神格化計画である。これには切実な理由があった。日本では神の子孫である天皇がこの国の正統な支配者である、というルールが存在しており、誰もこのルールを超えることができなかった。だから武力においては朝廷を圧倒した武士たちも、そのトップである将軍は天皇に任命されることによって権威をもつ、という形を取らざるを得なかった。

では、この天皇の権威を超えるにはどうしたらいいのか?

日本は多神教の国であり、ユニークなのは人が神になれる国だということである。天皇家の血縁でなくても、歴史上大きな業績をなしたと考えられる人間を、死後に神として祀ることは、信長以前にも行なわれていた。

しかし、信長は生前自ら宣言することにより神になるという、「人が神になれる国」日本でも極めて異例な前代未聞の試みを行なった。このことについては、当時、ローマ教皇庁の命令で日本にキリスト教を布教するためにやって来ていた、イエズス会のポルトガル人宣教師ルイス・フロイス(Luís Fróis/1532~1597年)が詳細な報告書を残しているが、それによると、信長は本拠地の城の近くに寺を建て、自分の誕生日を聖日《せいじつ》として、この日に礼拝するよう領民に強制したという。

フロイスが嘲笑《ちょうしょう》的に記しているように、この試みはうまくいかなかった。最大の問題は、信長自身が家臣の反乱にあって殺されてしまったことである。殺されてしまっては神になれない。

その失敗を横目で見ていたのが、信長の弟分で、のちに三つ目の江戸幕府の初代将軍となる徳川家康(1542~1616年/在職1603~1605年)である。かつてアメリカの作家ジェームズ・クラベル(James Clavell/1924~1994年)が書いた『将軍(Shōgun)』という小説のモデルもこの人物であるが、この「ミスター将軍」とも呼ぶべき人物は、信長の計画を受け継ぎ、しかも自己神格化に成功した。

信長が失敗したのに家康が成功したのは、天下を統一し、天寿をまっとうし、畳の上で死んだことにもよるが、最大の理由は、神学の形成であろう。天台僧天海《てんかい》（1536～1643年）に命じて、家康は次のような神話を作らせた。

「家康はもともと天界にいた神の一員だったが、下界で戦乱が長きにわたって続き、多くの民が苦しんでいるのを見かねて下界に降りてきた。そして人間と交わり、散々苦労して、平和をもたらした後、この世の寿命を終えてまた天界に帰っていった」

これなら庶民にも理解できるし、江戸幕府を経営する徳川将軍家は神の子孫だということにもなる。

ちなみに、日本を訪れる外国人観光客にも人気の高い日光東照宮は、家康を神として祀った神社である。世界宗教史上極めてユニークな神殿と言えよう。個人を死後に神として祀るのは多神教社会では珍しくないが、家康は生前から自分を「神」にすることを計画し、成功している。「ユニーク」と言うのはそういう意味である。

「シルク・ロードの終着点」日本において、仏教が与えた大きな影響はもう一つある。それは日本的資本主義精神の形成である。第2巻「一神教のタブーと民族差別」でも述べたように、資本主義の精神は、プロテスタントの禁欲的信仰から生まれたとするのが、マックス・ヴェーバー（Max Weber／1864～1920年）の指摘であった。イスラム教社会や中国のような儒教社会には、禁欲信仰がないから真の資本主義が発達し得ないことにもなる。

ヴェーバー理論が正しいならば、キリスト教国ではない日本にも資本主義はまったく発達しないはずである。しかし、現実には欧米に肩を並べるような巨大な資本主義社会が成立し、しかも機能している。これはいったいどういうわけか？
その謎が日本での仏教の展開に含まれているのである。

■S・ジョブズの愛読書『弓と禅』と日本型資本主義の真髄

中世に当時の中国（宋《そう》）に留学して日本に禅をもたらした日本曹洞宗の開祖道元《どうげん》（1200～1253年）が、初めて中国に渡った時のエピソードが、『典座教訓《てんぞきょうくん》』という本に書かれている。ちなみに「典座」とは寺院の食事担当の僧である。

道元の船が宋の港に到着し、まだ下船の許可が下りず船内で待機していたところ、日本からの貿易船が入港したと聞きつけた、ある禅宗寺院の老典座が、「倭椹（シイタケ？）」を買い付けにやって来た。禅を学びに来た道元は喜んで、老僧を引き留めいろいろと質問しようとした。ところが老僧は「食事の支度があるからすぐに帰らなければならない」と言う。そこで道元は「食事の支度など別の僧にやらせ、あなたは高齢なのだから雑事はやめて坐禅などの修行に励めばいい」と言ったところ、老僧に大笑いされた。そして老僧は言った。「お若いの、あなたは修行とは何か、まるで分かっておられぬな」と。そのまま老僧は帰ってしまった。

唖然《あぜん》としたであろう道元の表情が目に浮かぶ。それが道元にとって大きなカルチャーショックであったことは、彼がこのエピソードを一つのきっかけに『典座教訓』という一冊の著作をものしたことでも分かる。道元はこの『典座教訓』の中で、この老典座のおかげで禅の本質に目覚めたと回想している。

それにしても『典座教訓』は表面的には「料理本」である。料理と宗教、一見何の関係もないものが結びつくのが禅なのだが、いったいどういうことなのだろうか?
改めて禅の定義を述べれば——。

「禅」の原義は、(天子が)神を祀《まつ》る、(位を)譲る、などで、これを仏教がかりたのである。姿勢を正して坐して心を一つに集中する宗教的修行法の一つ。インドでは古くから行われていたが、仏教の基本的修行法に取入れられて中国に伝わり、禅宗として一宗派を形成した。宗祖はインド僧菩提達磨《ぼだいだるま》とされるが、宗派として成立したのは6祖慧能《えのう》からで、その跡を継ぎ中国禅宗五家が成立。このうち宋代には臨済、雲門の2宗が栄え、臨済宗は公案を手段とする看話禅《かんなぜん》を鼓舞し、雲門の系統をひく曹洞《そうとう》宗は正身端坐の坐禅を重視する黙照禅を説いた。

(『ブリタニカ国際大百科事典　小項目版』より一部抜粋)


この説明にもある通り、「禅」という修行法あるいは「禅宗」という大乗仏教の宗派は、中国で確立されたものであり(慧能〈638~713年〉は中国唐代の僧)、だからこそ日本曹洞宗の始祖である道元は宋に留学して禅を学んだのだ。

ところが、現代の中国では禅宗はほとんど滅んだと言ってもいいだろう。少なくとも元代以降、禅宗は中国人の思想や行動あるいは文化に影響を与えていない。

だが、日本文化に与えた影響は極めて甚大であった。その証拠に『ブリタニカ国際大百科事典』

の英語版でも、「禅」は中国語の「Chan」ではなく、日本語の「Zen」の項目に載せられている。つまり中国では、禅宗は民族宗教である儒教や道教に敗北したが、日本ではしぶとく生き残り、日本文化の核の一つになったのだ。

では、具体的にはどのような形で、どのような影響を与えたのか？

その疑問を解くカギが道元のカルチャーショックにある。要するに、禅宗の僧侶にとっては、日常生活の行住坐臥《ぎようじゆうざが》がすべて修行なのだ。

例えば掃除。ヒンドゥー教や儒教の世界では、それは身分の低い人間の仕事で、エリートは絶対にやらない。ところが禅宗では、たとえ俗世間で王侯貴族であった人間でも、出家して僧になればまずトイレ掃除当番をやらされる。人間生きていくうえでは食事と共にトイレは欠かせないからだ。布団の上げ下ろしや洗濯など、昔は身分の低い人間（あるいは女性）にやらせていたことも、全部自分でやらなければならない。そんなこともできない人間がいくら坐禅をしたとしても悟りへの道は到底開けない、と考えるからである。

道元は基本的には出家主義で、ブッダと同じように地位も身分も財産も妻子も捨てて出家し、修行に励むのが正しい道だと考えていた。しかし、男子全員が出家すれば社会は崩壊してしまう。そこで道元の弟子たちは、在家そして女性の信者も重視するようになった。この曹洞宗の方向性を確立したのが、瑩山《けいざん》（１２６４または１２６８〜１３２５年）である。また、臨済宗もその方向に進んだ。

日常生活の行住坐臥がすべて修行であるならば、在家の信者が生きるために励む仕事も、すべて賤業《せんぎょう》であるはずもなく、それに集中して励むことは仏道修行になる。

例えば仏教では、死者の前に花を供え香を焚《た》くという習慣（香華をたむける）がある。おそらく仏教発祥の地インドでは猛烈な暑さで遺体の腐敗が急速に進んだからだろう。つまり、この習慣には悪臭を防ぐという実用的な目的があった。

ところが日本では、その「花の生け方」が技術として独立したばかりか、絵画や彫刻と並ぶ芸術の一分野として確立した。これを「生け花」また「華道」とも言う。

茶とは、まずい水をうまく飲む工夫だ。イギリス人もモンゴル人もそのために中国茶を欲した。しかし、日本は軟水の宝庫である。地形と気候の絶妙なバランスの賜物《たまもの》で、茶を必要としなかった。だから8世紀頃に初めて中国から茶が伝来したが、それを飲む習慣は根付かなかった。

ところが、日本臨済宗の始祖栄西《えいさい》（1141〜1215年）が、茶のカフェインによる覚醒作用に注目し、修行を助け、健康にもいい飲料として大いに推奨したため、茶の飲用が習慣として根付いたばかりか、茶の飲用自体を禅的な世界への導入の儀式とする「茶の湯」つまり「茶道」も生まれた。

「道」とは、「禅」と同じく本来は漢語であり、通路の意味だったが、転じて「人の通るべき場所」であると同時に、道徳あるいは美の根元への道を示す言葉となった。そして日本では禅宗の影響で「花を生けること」「茶を飲むこと」が華道および茶道へと繋がった。

同じく禅宗の影響で、日本では他国に例がない独特の作庭術が発展した。世界文化遺産となった京都西芳寺《さいほうじ》の庭は、通常の庭園では邪魔者扱いされていた苔《こけ》を主役としたユニークな庭園であり、同じく世界文化遺産である京都龍安寺《りょうあんじ》の庭は、水を一切使わず、砂と石によって水に満ちた世界を表現した、これまたユニークな庭園である。

この両寺院は共に臨済宗に属する。こうした作庭を行なう人間は、多くの国々では名もない技術者である。しかし日本では高僧や名のある武士が設計者であることが珍しくない。臨済宗の高僧夢窓疎石《むそうそせき》（1275〜1351年）、大名の小堀遠州《こぼりえんしゅう》（1579〜1647年）がその代表的人物である。そして実際に作庭にあたる職人たちも「一芸に秀でる者」として社会的に尊敬された。

儒教世界では身分秩序である「士農工商」のうち、作庭職人は「賤業」に従事する者とされた。エリートである「士」は彼らを蔑視し、彼らの作品を文化として評価することは一切ないが、日本はその正反対であった。これが、禅が儒教に負けた世界と、勝ったか少なくとも共存にこぎつけた世界との違いを生み出した。

また、歌舞音曲など、本来は娯楽であるものも、それを仏道修行の一環として捉える「芸道」という考え方が生まれた。

日本の伝統芸能であり世界有数の歴史を持つ仮面劇「能」は、14世紀の天才的能役者にして作者でもある世阿弥《ぜあみ》（1363頃〜1443年頃）によって大成されたのだが、彼はその時代に本格的で哲学的な演劇論『風姿花伝』を著している。これも歌舞音曲を「芸道」（世阿弥自身はこの言葉を使っていない）として捉えるもので、禅宗の影響抜きには考えられない。

そして極め付きは、剣術、すなわち殺人の凶器である日本刀を操る技術ですら、仏道修行になり得るという考え方であろう。

臨済宗の僧沢庵《たくあん》（１５７３〜１６４５年）は『不動智神妙録《ふどうちしんみょうろく》』を著し、殺人の技術であったはずの剣術ですら「修行」であるという思想を展開した。それを受けて剣豪柳生宗矩《やぎゅうむねのり》（１５７１〜１６４６年）は、一心不乱にこれに励めば「殺人剣」も「活人剣《かつじん》」になり、仏の道にかなうとした。これは「剣禅一如の境地」と呼ばれている。そもそも沢庵は江戸幕府三代将軍徳川家光つまり「武家の棟梁《とうりょう》」の諮問に答えるという形でこの思想を開陳したのであり、まとめられた『不動智神妙録』は当時、将軍家兵法指南役であった柳生宗矩に贈られた。柳生家では代々これを伝え、武士の心構えとして重んじた。この宗矩の長男が、剣豪として有名な柳生十兵衛（三厳《みつよし》）である。

一方、同時代に官途に就いた柳生宗矩とは対照的に、生涯野人として剣術を極めた宮本武蔵《みやもとむさし》（１５８４頃〜１６４５年）は、『ブリタニカ国際大百科事典』英語版にも「famous Japanese soldier-artist of the early Edo（Tokugawa）period」として紹介されているほど著名だが、彼も哲学的な剣術論『五輪書《ごりんのしょ》』を著し、画家、彫刻家、工芸家としても超一流であった。彼の代表作『枯木鳴鵙図《こぼくめいげきず》』は、枯れ枝にとまりあたりを睥睨《へいげい》するモズ（彼自身の象徴的自画像かもしれない）を描いたものであり、国の重要文化財に指定されている。

作家吉川英治《よしかわえいじ》（１８９２〜１９６２年）が書いた小説『宮本武蔵』には、武蔵の若い頃からの「心の師」として沢庵が登場する。二人は同時代の人間だが、交流したという記録は存在しない。しかし、そうであっても、この小説には何の不思議もない。武蔵の生涯は剣だけでなく、絵画や彫刻も修行の一環であるという哲学によって貫かれているからだ。

現在は剣道、柔道、弓道というが、近代以前は、剣を操る技術としての剣術、柔《やわら》という格闘技術としての柔術、弓の射法という技術としての弓術という呼び名が一般的だった。それがすべて「道」になったのも禅の影響と言えるだろう。

この関係に注目したドイツの哲学者オイゲン・ヘリゲル（Eugen Herrigel／1884～1955年）が日本滞在中の弓道修行をもとに著したのが『弓と禅』で、アップルの創業者スティーブ・ジョブズ（Steven Paul Jobs／1955～2011年）が愛読していたことでも知られる。日本文化の真髄を極めようとしたヘリゲルは、「的は狙うな」と常々口にしていた日本人の師が何の照明もない暗闇で矢を的に次々に命中させるという神技を目の当たりにして仰天する。そして、弓道も極めれば仏教の悟りの境地に至るという、禅がもたらした考えを理解するのである。

■日本型資本主義のルーツは禅宗か浄土真宗か

さて、なぜこのような事例を次々に紹介したか、慧眼《けいがん》な読者にはもうお分かりかもしれない。資本主義は、あらゆる労働は尊く結果として生まれた利潤は正当なものとして認める、プロテスタントの信仰から生まれた。このことは天才的社会学者マックス・ヴェーバーが『プロテスタンティズムの倫理と資本主義の精神（Die protestantische Ethik und der Geist des Kapitalismus）』で主張したところである。

その理論の正しさは、中国などの儒教世界やイスラム世界で現在も真の資本主義がうまく育っていないことで証明された形になっている。

しかし、この主張が完全に正しいなら、伝統的にキリスト教徒の国民全体に占める割合が少なく、現在でも全人口の2パーセント弱しかいない日本では、儒教世界である中国やイスラム教世界と同じく、資本主義はうまく育たないはずだ。

だが、現実には日本は世界有数の経済大国である。それはなぜか？

この点に早くから注目したアメリカの宗教社会学者ロバート・ニーリー・ベラー（Robert Neelly Bellah／1927〜2013年）は、それを18世紀前半に活躍した哲学者にして教育家の石田梅岩《ばいがん》（1685〜1744年）の功績によるものとした。

梅岩は「心学《しんがく》」という新しい哲学にして道徳を始めたのだが、その教えの中には、まじめに家業に励んだ結果、例えば裕福な商人になることは天の意思に沿う生き方である、というものがある。これをベラーはプロテスタンティズムの倫理に通じるものと捉え、この精神が日本型資本主義を育成発展させたと考えたのである。この見解は正しいだろう。

ただ問題は、18世紀前半の思想家である梅岩が独力でその境地に到達したか、である。

そうではない。梅岩以前に、この日本的資本主義の精神を実質的に完成させた人物がいた。これも禅僧で、

石田梅岩座像（大阪／心学明誠舎）

その名を正三《しようさん》という。

正三とはいったい何者か？　一般に僧侶は出家して俗姓は捨てるので、栄西、道元のように呼ぶのが通常だが、彼は仏教思想家ではあるが、俗人として著作活動をした期間と正式に僧侶として活動した期間の両方があるので、俗姓の鈴木をつけて「鈴木正三」と呼ぶのが一般的である。

１５７９（天正７）年、三河国（愛知県）で武士の家に生まれた正三は、長じて徳川家康に仕えた。武士としては優秀で、関ケ原の戦いや大坂の陣にも出陣し武功をたてた。ところが、世の中に平和が訪れた１６１９（元和５）年、四十一歳になって突然、出家してしまった。

諸国行脚の旅に出て、とりわけ１６３７（寛永14）年に起こった島原の乱の後、現地に赴いてキリシタン廃絶のための宗教活動を展開した。１６５５（明暦元）年、正三は当時としては長寿の七十七歳で死ぬが、生涯にわたり分かりやすい仮名書きで民衆教化の著作を著し、独自の教えを説いた。

主著は『万民徳用』だが、日本を代表する仏教学者中村元（１９１２～１９９９年）は、「かれは従来の仏教の隠遁的な傾向に反対し、あらゆる職業が仏のはたらきを具現しているものであると主張した。世俗的な職業生活に努力することのうちに仏道修行が実現されるといい、『何の事業も、皆仏行なり。人々の所作の上においで成仏したまうべし』と教えた」（『国史大辞典』「鈴木正三」の項　吉川弘文館刊）。また中村によれば、正三は職業倫理のうちに仏教の中核があると説いたのは、自分が日本で最初であると自負しているという。

西洋社会における資本主義を生み出したのはカルヴィニズムである、とマックス・ヴェーバーは述べた。これに対して、私と同じ在野の歴史研究家山本七平（1921〜1991年）は、鈴木正三こそ日本の資本主義精神の生みの親であると主張した。

その主張は山本の主著『【新装版】山本七平の日本資本主義の精神』（ビジネス社刊）で展開されている。

まず基本知識として、正三の生きた江戸時代は、もともと中国の「宗教」である朱子学が武士の基本教養として採用されていた。長く続いた戦乱の戦国時代、その時代は裏切りや闇討ちなど背徳行為が当たり前であったが、その時代を終息させた覇者徳川家康は、平和な国づくりのための統治理念とモラルを確立するために朱子学を導入したのである。

朱子学は『逆説の世界史』シリーズ第1巻「古代エジプトと中華帝国の興廃」でも述べた通り、人間を「士農工商」という四つの身分に分けるという厳格な制度を規定している。なぜそうするかと言えば、近代以前、それも朱子学が科挙に導入されて以降の中国では、朱子学を身につけた人間こそ、民衆を導くエリートと考えられていたからだ。具体的には、学者だけでなく、朱子学を受験科目とする国家公務員採用試験（科挙）に合格した官僚も含まれる。つまり皇帝は、個人を修養する哲学でもあり政治学でもある朱子学を、いかに身につけているかで人間を区別したわけだ。

そして日本も平和になるに従って朱子学が定着し、支配階級の武士は「士」であるから（中国人は「士」ではなく「兵」ではないかと嘲笑したが）、それ以外の「農工商」つまり農民、職人、商人よりも身分が高く、その行ないも尊いとするのが、江戸時代の常識となりつつあった。

しかし、正三はそんなエリート意識、「農工商」に対する差別意識とはまったく無縁の人間だった。

農人（農民　※引用者註）が質問して言う。「後生一大事《ごしょういちだいじ》を疎《おろそ》かにしてはいけないと言いますが、農人の為すべき仕事は季節ごとに有り、暇がありません。あさましい世渡《よわた》りの勤めを為し、この世を虚《むな》しく過ごして、来世に苦を受けるであろう事が無念でなりません。どうすれば仏果《ぶっか》（悟り）に至る事ができるでしょうか。」

答えて言う。「農人の為すべき仕事が、そのまま仏道修行である。心得《こころえ》が悪い時は賤《いや》しい業《わざ》であり、信心が堅い時は菩薩《ぼさつ》の修行である。［仕事が］暇《ひま》な時に後生《ごしょう》［の成仏］を願おうというのは間違いである。必ず成仏を遂げたいと思う人は身心《しんしん》を責めよ。（後略）」

（『鈴木正三著作集 Ⅰ』鈴木正三著　加藤みち子編訳　中央公論新社刊）

あらゆる職業は世のためと人のためになっている。これこそ仏の本来のお考えであり、人間は本来持っている仏性（仏になり得る性質）を己の仕事に励むことによって発揮できる。

また、「商人が自由の源」という考えについて、山本七平は次のように述べている。

われわれは、自由という言葉をさまざまに使うが、少なくともその基本的な「不自由でない」という状態は、流通によって支えられていることに、案外気づかない。一切の流通がとまれば、人はあらゆる面で拘束をうける。現代なら、石油の流通がとまり食糧の流通がとまったら、日本人の全員が動くに動けない状態となり、「自由」を論ずる自由さえ失ってしまうであろう。

そして、この流通の基本をなすのが「売買の作業」であり、これを担当するものはまさに「国中の自由をなさしむ」べく、天道から命じられた役人なのである。

（『【新装版】山本七平の日本資本主義の精神』ビジネス社刊）

ただ武士と商人の決定的な違いは、武士はいくら剣の道に励んでも利益や利潤を生み出さないが、商人はそれらを生み出してしまうことである。そうした「金儲け」に悩んだ商人もいた。ある時、正三のもとにやって来た商人は、商売をやっているとついつい利益を得ることばかりに集中してしまう。これでは仏道修行などできない。これはどうすべきかと問うた。この問いに対する正三の答えは、次のようなものであった。

売買《ばいばい》をする人は、先ず利益《りやく》を益《ま》すような心遣《こころづか》いについて修行すべきである、その心遣いというのは他でもない。身体と生命を天道《てんとう》に投げ出して、一筋に正直の道を学ぶことである。正直の人には天の恵みも深く、仏や神の加護もあって、災難を除き、自然に福を増し、諸々の人々からの親愛や敬意も深くなり、万事が思うように運ぶはずである。

（『鈴木正三著作集 I』中央公論新社刊）

そして山本はここで、現代のある日本の経営者の理念を紹介する。それは自分の経営は利益を求めない。では何を目指すかと言えば、水道の水のように商品を供給することだ。道端に水道の蛇口があり、行きずりの人がそれを捻《ひね》って存分に水を飲んだとしても、多くの人は盗みだと言って咎《とが》めない。それはなぜか。水が豊富にありコストがタダ同然だからだ。

つまり生産者の使命は、社会が求めている商品を安価な水道の水のごとく提供することであり利益を求めることではない、と言うのだ。

山本はこの経営者の名前を挙げていないが、この理念については多くの日本人が常識として知っている。パナソニックの創始者松下幸之助《まつしたこうのすけ》（1894～1989年）の「水道哲学」である。松下は一時「経営の神様」ともてはやされ人気があったが、この水道哲学ももとをただせば「正三の哲学」いや「正三教」である。だから鈴木正三は「日本型資本主義の精神」の生みの親である、というのが山本の結論である。

マックス・ヴェーバーは、カルヴィニズムが「結果としての利潤」を認めたことが資本主義の誕生に繋がったとした。カルヴィニズムは言うまでもなくキリスト教の一派だが、それとはまるで無縁の日本（正三の時代、日本はスペイン、ポルトガルの侵略を防ぐ目的でキリスト教を禁止していた。従って公式には日本にキリスト教信者は一人もいなかった）で、仏教の教えを改変した正三によって日本型資本主義が誕生し、それを仏教と切り離し、一般人の道徳として完成したのが、「心学」という新しい哲学の完成者にして教育家の石田梅岩である、と山本は主張している。

その結論は前出の宗教社会学者ロバート・ニーリー・ベラーと同じなのだが、ベラーとの大きな違いは、山本は梅岩の思想の基礎となったのが浄土真宗ではなく、禅宗だった、としていることである。

かつては首都だった京都の近くに「近江《おうみ》」と呼ばれた地方がある。現在の滋賀県だが、ここに「近江商人」という独特のモラルを持つ、優秀かつ富裕な商人集団があった。

彼らの活躍は江戸時代だけにとどまらず、日本が近代化した明治時代になっても続いた。日本発祥のビジネスモデルに「総合商社」というものがあるが、この原型を作ったのが近江商人の初代伊藤忠兵衛《いとうちゅうべえ》（１８４２〜１９０３年）である。江戸末期の生まれだが、明治時代に入ると水を得た魚のように経済活動を始め、現在も続いている伊藤忠商事と丸紅という二つの総合商社を創業した。

代々、浄土真宗の熱心な信徒であった忠兵衛の座右の銘は、「商売は菩薩《ぼさつ》の業、商売道の尊さは、売り買い何れをも益《えき》し、世の不足をうずめ、御仏の心にかなうもの。利真於勤（利は勤むるに於いて真なり）」だったという。

浄土真宗の開祖親鸞は「自利利他円満《じりりたえんまん》」が大切だと信者に説いていた。13世紀に親鸞が説いた時点では、それは「阿弥陀仏の、みずからも仏となり、衆生をも仏として往生させるという願いが、完全に成就したこと」（『仏教語大辞典』小学館刊）という意味であったが、次第に自分も満足し、他人も満足する社会的行為を指すようになり、商業こそそれだとする考え方に発展していく。

つまり、商業こそ菩薩行だという思想である。その浄土真宗の思想を、ベラーは梅岩の思想の基礎になったものと考えたのだ。それはのちに次のような形でまとめられたと、ベラーは『幻々要集』という史料をひく。次の部分である。

商業は、生産せる物品を需用者に供給し、以《もっ》て其《その》報酬を受くるを云《い》ひ、工業は物品を生産して、需用者に供給し、以て其報酬を受くるを云ふ、世俗此《この》報酬を呼びて利益と称す、而《しこう》して其利益を受くる所以《ゆえん》のものは、即《すなわ》ち是れ他を利するに由《よ》る、故に商業と云ひ、工業と云ふ、共に是れ、他を利するの心行のみ。他を利するの心行に由《より》て、自ら利するの功徳を受く、之を自利々他円満の功徳と云ふ、（中略）利他心は即ち菩提《ぼだい》心なり、菩提心を発して、一切衆生を済度する、之を菩薩行と云ふ、故に菩薩行は即ち是れ商工業なり、商工業は、即ち是れ菩薩行なり、凡《およ》そ商工業の秘訣《ひけつ》は、菩薩行に依て信用を得るに在り（後略）

（『幻々要集』中村環著　福田社刊行部刊　※旧字は新字に改めた）

さて、日本型資本主義の基礎になった考えはどちらが「先」なのだろうか？　禅宗か浄土真宗か？　私は禅宗つまり正三が先だと思う。浄土真宗のライバルの禅宗が、先に世俗の職業を修行と捉えたからこそ、梅岩は宗教性を切り離すことができた。浄土真宗の信者たちは正三の思想に接しても改宗するわけにはいかず、むしろ彼らの側から教義の修正を求めたのではないだろうか。

そう考えるのは、もし浄土真宗が先だとすると、梅岩は浄土真宗から宗教性を切り離したことになるが、そうした作業に対し、熱心な阿弥陀《あみだ》如来の信者であった彼らが何の抗議行動も起こさないのは不自然に思えるからだ。

しかし、これも現時点の感想であって、今後研究が進み、新しい史料でも発見されて結論が逆になる可能性はまだまだある、と言わざるを得ない。

■なぜ日本で「キリスト教なき資本主義」が生まれたのか

ここに至って古代インドから時間的にも空間的にも遠く離れた日本の歴史を語っていることに、違和感を持つ読者もいるかもしれない。ここで一言お断りしておこう。これは『逆説の世界史』全体のコンセプトに関わるからだ。

世界史という形で歴史が語られるようになったのは、人類の長い歴史全体から見ればごく最近である。古代最高の文明の一つであったエジプト文明から見ても、オリエントの覇者となったアレクサンドロス大王の時代も、人類は「世界は一つ」という感覚は持っていなかった。

スペインとポルトガルが世界を股に掛けて大海洋帝国を築いた16世紀頃から、そうした感覚が生まれた。それ以前はどうだったかと言えば、人々の地理的感覚は自分たちが暮らすごく狭い範囲に限られているのが普通だったのであり、8世紀頃から成立していたイスラム帝国と、それに対抗するキリスト教勢力つまりヨーロッパ諸国の発展があって、ようやく、世界というものが様々な民族の坩堝《るつぼ》であり、それぞれの宗教および歴史を持っているという感覚が生まれてきた。しかし、中国を中心とした東洋社会と西洋社会との交流は極めて少なく、まだまだ西洋史と東洋史は書けても、世界史というまとまった歴史を書くような状況ではなかった。史上初の「世界史」とされるラシードゥッディーン（Rashīd al-Dīn　１２４９頃～１３１８年）の編纂した『集史』もユーラシア大陸の歴史にすぎない。

その後、ヨーロッパを中心とした白人キリスト教国家（のちにアメリカ合衆国も加わる）が科学と資本主義の発展によって、北アフリカから東南アジアまで広がっていたイスラム帝国、そして東洋の覇者であった中国を制圧したことで、ようやく「世界は一つ」になり、世界史が書けるような状況にはなった。

だが、その世界史とは勝者である白人キリスト教徒によって書かれたものだ。当然、彼らの優越感に基づく不公平さがあることも否めない。第2巻「一神教のタブーと民族差別」で述べたように、数学や哲学などの優れたギリシア文化、ヘレニズム文化は、中世ヨーロッパではキリスト教に反するものだとして弾圧されていた。それらを保存および改良して後世に伝えたのはイスラム帝国であったが、その最後の代表であったオスマン帝国がキリスト教勢力の攻勢で没落すると共に、その事実は忘れ去られた。「1、2、3」がローマ数字でもなくヘブライ数字でもなくアラビア数字であるのに、白人キリスト教徒がその由来をよく知らないのは決して偶然ではない。「勝者の歴史」による意図的な情報操作である。

また、現在の中国は決して欧米型の先進国ではないが、中世においてはヨーロッパよりはるかに進歩した、世界の最先進国であったという事実が忘れ去られているのも決して偶然ではない。

そうした勝者の視点を排して、もっと公平で客観的な世界史を構築しようというのが、この『逆説の世界史』の目的である。実はその姿勢が最も鮮明に理解しやすいのが、今まさに述べている日本史の部分なのである。

現代は資本主義の時代と言っていいだろう。資本主義を選択しなかったソヴィエト社会主義共和国連邦（Union of Soviet Socialist Republics）は崩壊し、中華人民共和国も資本主義の要素を取り入れざるを得なくなっている。その資本主義が人類史上初めて生まれたのがイギリスであり、それを受け継いで最も発展させたのがアメリカ合衆国であることも、多くの人々の常識だろう。そして、イスラム教世界でもなく儒教世界でもなく、キリスト教世界だけで、なぜ近代資本主義が誕生し発展したのか、その疑問に答えたのがマックス・ヴェーバーの『プロテスタンティズムの倫理と資本主義の精神』であることも、常識とまでは言えないにしても、多くの人の納得する通説であることは間違いないだろう。

ここで一つ質問をしよう。

資本主義のシステムの中に先物市場というものがある。先物市場とは、文字通り先物取引（futures contract）を行なう市場で、価格や生産量が常に変動する農作物や石油あるいは有価証券などの未来の売買を前提に、決められた価格での取引を保証し、将来の極端な値上がりや値下がりに対するリスクヘッジを役割とする。要するに、極めて高度な資本主義のシステムの一環である。

この先物市場、世界で最初に始めたのはどこの国か？　資本主義発祥の地イギリスか、それとも資本主義が最大に発展したアメリカか？　それともフランス？　ドイツ？　どれも正解ではない。ここで正解を、アメリカの経済学者でノーベル経済学賞受賞者でもあるマートン・ミラー（Merton Howard Miller／１９２３～２０００年）に答えてもらおう。

先物市場は日本で発明されたのです。米の先物市場が大坂の真ん中の島で始まりました。それは現代的な取引制度を持った最初の先物市場でした。それは現代の先物市場がもっているすべてを完備した先物市場でした。

（『マネー革命 ２ 金融工学の旗手たち』相田洋著　日本放送出版協会刊）

ちなみに、実際に先物市場が日本で展開していた年代だが、ミラーは「１７３０年くらいに始まったと思う」と述べている。

また、これはミラーの説ではないが、のちにアメリカのシカゴの先物市場で使われた「手信号」も、似たようなものが既に日本で使われていたので、これを実見したオランダ商館員（当時、ヨーロッパ人として唯一日本国内を見聞できた）がヨーロッパに伝え、最終的にアメリカに伝わったのではないかとする説もある。明確な記録は残っていないのだが、決してあり得ない話ではない。

問題はマックス・ヴェーバーの『プロテスタンティズムの倫理と資本主義の精神』だ。

ここで展開された理論、つまり「キリスト教、特にプロテスタントが資本主義誕生の母胎となった」とする理論について異を唱えるつもりはない。だが、18世紀の日本は、16世紀頃に盛んであったスペイン、ポルトガルなどのカトリック勢力による侵略を警戒するため、キリスト教が厳禁され、公式には一人の信者もいなかった。実際にはオスマン帝国占領下のギリシャのキリスト教徒のように、日本にも少数の隠れ信者はいた。しかし、公式の場で活動することは一切なく、社会に何の影響も与えることはできなかった。そういう状況の中で、先物市場がイギリスやアメリカに先駆けて生まれていたことをヴェーバーは見逃していた。

つまり、これが「勝者の歴史」の持つ欠点なのである。もちろん、ヴェーバーは儒教や道教、それにヒンドゥー教と仏教までも視野に入れて研究していた。彼がもっと長生きしていたら、極東の島国で世界初の先物市場が生まれたという衝撃の事実に気がつき、これを基に理論に修正を加えたかもしれない。

しかし、理論の修正は結局行なわれなかった。行なわれなかったからこそ、誰かがそれを引継がねばならない。具体的には、キリスト教とはまったく無縁の文明でも資本主義は誕生しうる、ということを実証することだ。その実例が日本である。

私は日本人だからといって必要以上に日本史を取り上げようという気は毛頭ない。この『逆説の世界史』の中で日本史の一部分を取り上げるのは、それが世界史つまり人類の歴史の中で検討に値する事象だと考える場合のみである。ヴェーバーが研究テーマとして掲げているように、確かに資本主義はイスラム教世界、儒教世界では発展できない。だからこそ、18世紀以降、イスラム帝国、中華帝国は没落し、欧米キリスト教国家が世界をリードするようになった。が、今でも多くの欧米キリスト教国家のインテリたちが信じているように、「資本主義はキリスト教という土壌からしか生まれない」と考えたら間違いなのである。言うまでもなく、日本という例外があるからだ。

では、なぜイスラム教や儒教の土壌に咲かなかった資本主義という「花」が、日本という土壌では咲いたのか？　比喩的に言うなら、キリスト教の土壌と日本という土壌には共通する成分があり、イスラム教や儒教の土壌にはなかったということになるだろう。その成分を追究することで文明の形が明確に見えてくるのではないか。

この目的を実現するためには、通常の世界史のように「世界四大文明（あるいはラテンアメリカも入れて五大文明）」「ギリシアとローマ」「キリスト教の発生」「中華文明の成長」「十字軍」「ルネサンス」「産業革命と帝国主義」などと、時系列的に時代時代のトピックに焦点を当てていく、という叙述法では不可能なのである。

逆にこう考えていく。

なぜ18世紀の、キリスト教の影響がまったくなかった日本で、資本主義の最先端ともいうべき先物市場が生まれたのか？　当然、それを可能ならしめる、キリスト教とは別の宗教あるいは思想があったはずだ。

では、具体的にはどこから来たものか？

これまでお読みになった方はお分かりのように、日本にキリスト教由来ではない日本型の資本主義が発達したのは、禅宗の教えによって労働の倫理が生まれ、その聖なる労働によって得られた利益が正当化されたからである。日本の学界にも、禅僧鈴木正三が日本型資本主義の源流であることに否定的な意見もあるが、彼らの意見を認めれば、「日本に人類初の先物市場がなぜ生まれたのか」「儒教では蔑視する商業に従事することもなぜ正当化されたのか」の説明がつかなくなる。

しかし、禅宗は仏教の一派で、仏教は日本で誕生したものではない。そもそも禅宗も中国発祥であり、日本オリジナルではない。だとしたら、シルク・ロードを辿《たど》って古代インド史まで遡《さかのぼ》り、仏教誕生の頃から、いや仏教はバラモン教に対するアンチテーゼとして生まれたと考えるならば、古代インダス文明に遡って、なぜこのような変容が生まれたのかを考察する必要がある。

ただし実際の叙述では、いきなり18世紀の日本から遡るという形をとらず、まずインダス文明、バラモン教、仏教の基本を述べたうえで、それがどのような変遷を経て「キリスト教なき資本主義」に繋がったのかを辿っていくことになる。

アマゾン川のような地球最大の大河でも源流は小さい。そこから下流に行けば行くほど巨大な大河になり、本流と無数の支流に分かれる。この『逆説の世界史』は、本流の動きはもちろんだが、その無数の支流の中から人類の歴史を考察するのに最もふさわしい事例を一つ二つ選んで語る形になる。それがこの章の第二話ではたまたま18世紀の日本になったわけだ。

取り上げるべき「支流」が中国や朝鮮、あるいはタイやカンボジアやチベットであったなら、当然そちらの方を考察するということだ。

さて、日本において「キリスト教なき資本主義」が生まれたのは、17世紀前半である。では、18世紀前半に先物市場が誕生するまでの約百年間に、何か特筆すべき事象があったのだろうか？

一つある。それは「正価主義」と呼ぶべきものである。

商売は人間の屑《くず》のやることだと、かつて人類の多くは考えていた。近代以前の中国ではそうした偏見が最も強かった。同じ人民でも、農民や職人は「ものを作る」ことで社会に貢献しているが、商人は人が汗水たらして作ったものを右から左に動かして利ザヤを稼ぐ横着な連中だ、という偏見である。この偏見が宗教的信念として固定化されたのが、のちに国教とも言うべき地位に昇った儒教であり朱子学だ。

だから中国は、15～16世紀にはスペイン、ポルトガル、18世紀にはイギリスが実行した貿易拡大による海外発展、つまり海洋帝国としての大発展の道を、近代に至るまで一度も選択しなかった。大艦隊をつくる能力はあった。しかし、そんな貿易つまり海外との商売などの反道徳的行為を、神聖なる国家が推進するのは許されないという感覚である。

一般的に商取引というのは、ちょうどギャング団の麻薬の売買のように、カネと品物は同時に交換するものであった。そうしないと危険だからである。

では、都市の中、場合によっては警察も駆けつけてくる明るい太陽の下の市場（バザール）なら、そんな心配はないかといえば、やはりカネを先に出すのは危険だ。カネを受け取った人間が店の奥に消えてしまい、店の人間がそんな人は知らないと言えば、それまでの話だからである。

こんなユダヤジョークがある。

古代ローマ帝国の時代、自分は極めて頭がいいと思っているローマ人が、ユダヤ人の召使いに

「バカ者のリスト」を作れと命じた。召使いはローマ世界で有名だった人間を次々に書き連ねたリストを持って来たので、主人のローマ人は喜んでいたが、最後に顔をしかめた。そこには自分の名前が載っていたからである。召使いに文句を言うと、彼はこう答えた。

「私もこの間まで御主人様は賢者だと思っていました。ところが御主人様はエジプトの商人に品物を送ってくれるようカネを先渡しいたしました。私はあの商人が品物など送ってこないと思います。もし送ってきたら、御主人様の名前を外してエジプトの商人の名前を入れましょう」

ユダヤジョークだから（現代では）イスラム教徒の多いエジプト人が悪役になっているが、とにかくこれが人類の商売あるいは商人に対する常識だった。商人は「騙《だま》す」もので、信用できないということである。

だから、「値切る」ことも常識だった。商人は詐欺師も同然だから、商人が提示する商品の値段は「掛け値」である。つまり「商人が最初提示した価格は正当な利益を大幅に超えた不当な利益を含むものであるから、値切ることが消費者の正当な権利を守るためにも必要だ」というのが人類の常識だった。現代社会でも「商品価格は値切るものだ」という常識は、欧米にも、中国にも、イスラム教世界にも当然のように存在している。

実は、その常識を否定した文化があった。

17世紀の日本に、三井高利《みついたかとし》（１６２２～１６９４年）という商人がいた。当時、「江戸」と呼ばれた実質的な首都で「越後屋」の屋号で呉服店を開業した。「現金（取引）掛け値なし」の新商法を始めたのである。消費者による値切り交渉は一切認めないし、顧客であってもツケ払いも認めない。そのため、商品である着物類には「適正な価格」を記した紙製のタグを付けた。これを「正札《しょうふだ》」と呼ぶ。

それがなぜ適正な価格だと言えるのか、と疑問を感じる読者もいるかもしれない。確かにこれは商人側の一方的な提示である。しかし、越後屋のこの商法は、江戸の消費者に熱狂的に受け入れられ、店は大繁盛した。越後屋の商品が適正な価格であることを消費者も認めたということだ。もし消費者が「騙された」、別の言葉で言えば「品質の割には高すぎる」と感じたなら、他に「値切れる」ライバル業者が多数存在する中で、越後屋だけが繁盛するはずがないからである。のちに両替商も営業するようになった三井家は、近代になって日本有数の百貨店三越（三井の越後屋の略）を創設し、あるいは現在の三井住友銀行（ＳＭＢＣ）の源流である三井銀行を興すまでになった。

日本という国は、古代から発展してきた京都と大阪を中心とした西の地区と、17世紀以降に発展した東京を中心とした東の地区の二つに大きく分かれているのだが、越後屋で正札商法が始められてから、東を中心とした地区ではこれが当たり前となり、日本全国に広がった。古代からの意識を残している西の地区では、まだ「値切る文化」が残っているが、首都が京都から東京に移転したこともあり、現在はこの「正札文化」が日本人の基本的姿勢になっている。

この『逆説の世界史』の読者なら、なぜ日本にこのような「正札文化」が世界に先駆けて発達したか理解できるだろう。商売は決して「詐欺」ではなく「菩薩行」だからである。そこには倫理がなければならない。適正な利潤は、生きていくために上乗せしなければならないが、決して暴利を貪ってはならない。まさに値段に見合うような高い品質の優良な商品を消費者に提供することが、商人の使命なのである。こうした伝統が先に紹介したパナソニックの創業者松下幸之助の「水道哲学」にも繋がっている。

もっとも当時、徳川将軍家は、国家運営のために中国の朱子学を導入していたので、政治を担当した武士は商業や商人を蔑視した。だから、すべてが資本主義化されたわけではない。だが、朱子学以前に日本に導入された仏教の影響により、日本型資本主義が形成され、のちの国家近代化つまり明治維新に大きく貢献したことも紛れもない事実なのである。

第三話　仏教はなぜ発祥の地インドでは衰退したのか

■発掘されたアショーカ王石柱碑が証明したブッダの歴史的実在

さて、仏教という「大河」を、その「源流」ネパール、そして「本流」インドを経て、シルク・ロードから日本という「河口近くの支流」まで辿《たど》ってきた。このようにすると、仏教あるいは宗教が文明全体にどのような影響を与えるかがより理解しやすくなる、と私は信じているからだが、ここでもう一度古代に戻り、仏教に関する最も大きな世界史的疑問の解答を探る必要があるだろう。

それは「仏教はなぜ発祥の地インドでは衰退したのか？」という疑問である。

キリスト教は、発祥の地は古代イスラエル王国だが、その古代イスラエル王国を植民地化していたローマ帝国に広がり国教となった。その後もラテンアメリカ、アジア、オーストラリア、アフリカに広がり、今でも教勢を拡大している。イスラム教も発祥の地アラビア半島から中東全域、そしてアフリカからアジアに広がり、こちらも教勢を拡大している。

これに対して仏教は、発祥の地インドでは一度は完全に滅亡した。現代インドでは再興の兆しはあるにはあるが、ほぼ一千年にわたって仏教はインドに存在しなかった。

紀元前3世紀にインド亜大陸をほぼ統一した王アショーカは、仏教を保護奨励し、仏教に国教的な地位を与えた。その保護政策がいかに手厚いものだったかは、インド史有数の貴重な文化財であるアショーカ王石柱碑が証明している。

それほどの力量を持つ文化、そして国家の主であった王アショーカが仏教を保護したにもかかわらず、仏教はその後インドに定着しなかった。むしろ一度は仏教によって圧倒された形のバラモン教の復活を許し、結局はヒンドゥー教やのちにインドに入って来たイスラム教に圧倒されて、インドがかつては「仏教国」であったことなどまったく忘れ去られてしまった。

アショーカ王石柱碑も長い間土に埋もれ、顧みられなかった。発祥の地インドで仏教の痕跡が次々と消されていくうちに、ブッダ（ゴータマ・シッダールタ）などは歴史上に実在しなかったのではないか、などと囁かれるようになった。皮肉なことに、その歴史的実在が確定したのは、ネパールのブッダ生誕の地でアショーカ王石柱碑が発掘された後のことである。

イスラエルにおける歴史的実在としてのイエス・キリストの痕跡、あるいはメッカなどの聖地における歴史的実在としての預言者ムハンマドの痕跡に比べれば、この歴史的実在としてのブッダの痕跡が、いかに冷遇されていたかが分かるだろう。

インド人（正確にはかつてインド亜大陸に住んでいた人々）による仏教の排除はいったいなぜ起こったのか？

原因として考えられるのは、とりあえず次の二つである。

一つは、仏教がヒンドゥー教に席巻されてしまうほどの大きな弱点を抱えていたか、もう一つは、逆にヒンドゥー教が仏教を圧倒するほどの強烈な魅力を持っていたか、である。

宗教とは、最終的に信仰の問題である。例えば、初期のローマ帝国はキリスト教を邪教視し徹底的に弾圧したが、結局はキリスト教を国教とした。これはキリスト教に、それまでローマで信じられていた多神教を超える強烈な魅力があったからだろう。単純に要約するなら「死後の復活」と「神の下の平等」だろうが、イスラム教世界でも同じことが言える。

しかし、仏教もヒンドゥー教に比べて強烈な魅力を持っていた。単純に要約すれば「死への恐怖の克服」と「万人平等」であろう。

それに引き替えヒンドゥー教は、カースト制度があり、現世の平等を明確に否定している。一方でキリスト教やイスラム教は平等を説くことによって世界に広がり、仏教もインド以外の地域ではまさに平等を説くことによって大きく広がっていった。では、万人平等を否定するカースト制度を認めるインドのヒンドゥー教は、むしろ仏教に席巻されて跡形もなくなってしまう方向に進む、と考えるのが論理的なのか？　いや、必ずしもそうは言えない。なぜなら、中国においてはやはり「万人平等」を否定する儒教が一神教の影響を排除して生き残ったではないか。

そうすると、「人間は平等ではない」と考えることがむしろ人類の常識であり、これを変革したキリスト教社会など、いくつかの例を「例外」と考えるべきなのか？

キリスト教やイスラム教の発祥以前にローマ帝国や中東で信じられていた宗教は、今はどうなっているのか。

　ローマでキリスト教以前に信じられていた多神教の痕跡は、太陽系の惑星の名前（ジュピター〈木星〉、ビーナス〈金星〉など）として残るぐらいで、信仰としてはまったく残っていない。中東でイスラム教以前に最も有力な宗教であったゾロアスター教（Zoroastrianism）も、同じく信仰としてはほとんど残っていないと言っていいだろう。ところが、実際の歴史においてインドで起こったことは、ヨーロッパや中東で起こったのとは逆方向の出来事だった。

　世界宗教と民族宗教という分類がある。世界宗教は民族を超えて世界の人々に信仰される宗教。これに対して民族宗教は原則としてその一民族だけが信仰する宗教である。

　そもそもヒンドゥー教は、インダス文明を築いたドラヴィダ人の土地に、後から侵入したアーリヤ人が整備し布教したバラモン教に由来する民族宗教である。明らかにそこにはアーリヤ人の支配を正当化する目的がある。ヒンドゥー教の信者にとっては、そんなことを言うのは冒瀆《ぼうとく》的で、もともとあった神の教えを体系化したにすぎないと反論するかもしれない。

　その主張を認めるにしても、少なくともヒンドゥー教が、身分を固定し、為政者にとって国民を統治しやすくするという特性を持つ宗教であることは事実である。そして、こうした類いの宗教は人間を超越した絶対者の前での平等を説く宗教の魅力には勝てない、というのがこれまでの人類の歴史の常識だった。

　ところが、インドにはこの常識が当てはまらないのである。

　先にインド人が仏教を排除した原因が二通り考えられると述べたが、民族宗教であるヒンドゥー教の魅力が仏教に勝っていることなど通常はあり得ない。もしもそうなら、ヒンドゥー教はインドの枠を超えて世界に広まっているはずだ。

では、どうしてインド人には、この人類の常識が当てはまらなかったのだろうか？

それはやはり輪廻転生が絶対とされる世界だったからだろう。この世界では、宇宙を創造した創造神は絶対神ではなく、人は前世の因果によって生まれてくる。王族に生まれた者は前世「善人」であったわけで、平民に生まれた前世の「悪人」と平等ということはあり得ないのだ。

■インドにおける「一神教イスラム教vs多神教」の攻防

ナーランダー（Nālandā）にある「仏教大学」の遺跡に行って来た。ゴータマ・シッダールタつまりブッダが悟りを開いたとされる、ボードガヤーの北東に位置し、現在のインドの北東部、行政区ではビハール州にある。

ここに紀元5世紀頃に既に存在が確認できる、古代世界における最大の仏教「大学」があった。学生一万人以上、教師も千人を超えたと伝えられている。石造りのビルディングのような高層の建物が「本部」で、他に複数の寺院、僧院が付属し、図書館の蔵書は五百万冊に及んだようだ。インドに限らず世界レベルで見ても、最大の教育施設だっただろう。

中国唐代の僧で、膨大な大乗仏典をサンスクリット語から漢訳した「世界最大の翻訳王」玄《げん》奘《じょう》も、630年にこの地に辿り着いたが、当時はヴァルダナ朝（Vardhana）の領域であった。玄奘はこのナーランダー「大学」に入り、サンスクリット語を学び、仏典を学び直した。そして

645年（643年説も）に帰国して膨大な翻訳事業を成し遂げた。

この大学はイスラム教徒のインド侵入および征服によって13世紀初頭に破壊された。よく「完全に破壊された」などと事典や文献に書かれているが、建物の外郭はかなり残っている。仏龕《ぶつがん》に浮き彫りにされていたと思われる仏像は念入りに削り取られているが、これは偶像崇拝を厳しく禁じたイスラム教徒が侵入者だったからだろう。図書館の本もすべて焼かれたらしい。しかし、爆薬がない当時、極めて堅牢《けんろう》に造られた石造建築物を徹底的に破壊して更地にすることは、技術的に困難だったようだ。

改めて、インドにおける宗教の歴史をまとめれば、まずインダス文明が衰退した紀元前15世紀頃、インドに侵入したアーリヤ人によりバラモン教を土台にした新しいインド文明が生まれた。そしてシヴァやヴィシュヌなど複数の神々への賛歌である『ヴェーダ』が語られ、数百年を経てそれが「ウパニシャッド」という教義になり、「ブラフマン（梵《ぼん》）」や「アートマン（我）」などの、宇宙あるいは人間の根本的理念が生まれた。それらについてはこの章の第一話で詳しく解説したところだ。

また、数百年の時を経て、インド亜大陸全体の生産性が

「仏教大学」遺跡（インド　ナーランダー）

向上し、農業のみならず商工業も発達するようになると、そうした経済的余裕や人的交流の中から、ヴァルナ制度で身分を固定するバラモン教に飽き足らず、新しい社会にふさわしい思想を求める思想家が次々と生まれて来た。紀元前6世紀から5世紀にかけてのことで、ジャイナ教（Jainism）の創始者マハーヴィーラ（Mahāvīra／生没年不詳）や仏教の創始者ブッダらがいた。その中で最も後世に大きな影響を与えたのがブッダの創始した仏教であった。ブッダをリーダーとした出家僧の集団サンガ（sangha）が生まれ、その教えに帰依する在家信者も多数出現した。

紀元前5世紀末にブッダが入滅（逝去）すると、弟子たちがブッダの教えを確認し合うために集まり（結集《けつじゅう》）、のちに口誦《こうしょう》によって伝承されていた教えが文字資料としてまとめられるようになった。これが仏典の始まりである。

しかし、入滅後、わずか百年足らずで、ブッダの教え通り個人の解脱を目指すことこそ仏教の本道だとする保守派と、そこから一歩踏み込んで大衆の救済を目指すべきだと考える革新派の意見が、調整できないほど対立するようになり、遂に両派は分裂した。既に述べたように、これを「根本分裂《こんぽんぶんれつ》」と呼ぶ。

長老が上座に着座することから保守派を「上座部《じょうざぶ》」と呼び、革新派を「大衆部《だいしゅぶ》」と呼ぶのが一般的になった。

大衆部はそれまでの仏教では想定されていなかった大衆の救済を目指し、「大乗仏教」を発展させた。大乗とは「大きな乗り物」転じて「多くの大衆を救う教え」という意味であって、大乗仏教を自称した人たちが、従来の個人の解脱を目指す仏教を「一人しか乗れない小さな乗り物＝

救済対象の小さい劣った仏教」として蔑んだ言葉が「小乗仏教」である。20世紀の半ば、この言葉は仏教徒同士の国際的合意によって使うことが禁止されるようになった。結果、大乗仏教側から「小乗仏教」と呼ばれていたものは「上座部仏教（部派仏教）」と呼ばれるようになった。

紀元前3世紀頃になると、インド亜大陸をほぼ制覇したマウリヤ朝の王アショーカが、自ら信者となり仏教を大いに奨励したため、仏教は国教的地位を得た。そして、大乗仏教は東へと広がってチベットや東アジアの中国に伝わり、朝鮮半島経由で「シルク・ロードの終着駅」日本まで伝播《でんぱ》した。

また、上座部仏教はスリランカから海上ルートを伝ってタイ、カンボジア、ミャンマーなど、東南アジアの国々に伝播した。

それ以後、仏教はチベット、中国、朝鮮、日本、タイ、カンボジア、ミャンマーでは、いずれも国教か国教に準じる地位を獲得し大いに広まったにもかかわらず、「原産地」のインドでは12世紀末頃のイスラム教徒の侵入および征服によって、近代に至るまでほぼ壊滅状態となってしまったのである。

仏教がインドで衰退したのは、イスラム教徒の侵入および征服が決定的な原因なのだろうか？　一見そのように思われる。特に仏教が盛んになった東南アジアの大陸部の国々には、その後も基本的にはイスラム教徒の侵入および征服という決定的な仏教への破壊行為がなかった。一方のインドはまさにイスラム教徒の標的となった。第2巻「一神教のタブーと民族差別」で述べたように、ユダヤ教、キリスト教、イスラム教などの「神を一つしか認めない宗教」である一神教は、いわゆる「多神教」の存在を許さないし、「神は一つ」であるが故に、別の一神教の存在も許さない。

そもそも「多神教」という言葉は一神教の世界の辞書にはない。「神は一つ」であるからだ。従って、イスラム教徒から見れば、ヒンドゥー教や仏教のように複数の神あるいは絶対者の存在を認める宗教は、「神でないものを神だと崇《あが》めるニセモノ」であり、抹殺するのが正義ということになる。だからこそ、インドに侵入したイスラム教徒はナーランダー「大学」をはじめとする仏教の施設を徹底的に破壊した。

この辺りの出来事は、かつて存在したソヴィエト連邦という共産主義、つまり無神論を国是とする国家が、キリスト教の教会や文化遺跡を徹底的に破壊しようとしたのと、表面上はよく似た現象である。ソヴィエト連邦にとって「宗教はアヘン」つまり民衆を惑わす毒であった。当然、教会は「アヘン製造工場」、神父や牧師は「アヘン密売人」ということになる。だから根絶やしにするのが正しいのであって、例外は認めてはいけない。

13世紀初頭のナーランダーでも、イスラム教徒は「五百万冊の蔵書の中には文化的価値のあるものが存在するかもしれない」などと考えてはいけなかったのだ。つまり「アヘン製造および密売に関する知識」だからすべて焼却するのが正しいのである。

また、中世ヨーロッパでは、キリスト教徒によってギリシアやローマの遺産が無視された。そして彼らがアメリカという新大陸を発見した後、そこに住んでいた先住民たちを征服し同化した。インカ帝国やマヤ文明の影響を受けた先住民が「多神教」という邪教、一神教の立場から言うならば「幻想」に惑わされていた、と考えたからである。だから逆らう者は殺し、キリスト教と彼らの文化を押し付けた。

16世紀前半、現在の南米ペルーにあったインカ帝国（Inca）の皇帝アタワルパ（Atahuallpa／生年不詳～1533年／在位1532～1533年）は、カトリック教会と手を組んだスペイン人フランシスコ・ピサロ（Francisco Pizarro／1478頃～1541年）たちに拉致され、キリスト教への改宗を強要された。そしてインカ帝国が身代金として大量の金銀を提供したにもかかわらず、ピサロは皇帝アタワルパを処刑してしまった。一事が万事このようなやり方で彼らは「正義」を遂行し、その結果、現在では中南米のほとんどの住民はスペイン語（ブラジルはポルトガル語）を話すキリスト教徒になった。

また、近代になってアメリカ合衆国の五十番目の州となったハワイも、もともとはアメリカとは何の関係もない独立王国で、独自の文化と宗教を持っていた。いわゆるフラダンスはそうした独自の宗教の痕跡である。しかし、ハワイを含めた南太平洋の島々にキリスト教が上陸した時、各地で行なわれていた先住民の多神教は、ほとんどが一神教であるキリスト教に滅ぼされた。一神教のパワーはそれほど強いのだ。

こうした事実を踏まえて考えると、確かに「強い一神教」イスラム教がインドに侵入したため「弱い多神教」の仏教は滅んでしまったが、東南アジアの大陸部にはそのような大規模な侵入がなかったために仏教は温存された、とする仮説が成り立つように見える。

しかし、この仮説と根本的に対立する大きな歴史的事実がある。

12世紀のイスラム教徒の侵入以降、確かに一時期はほぼインド全土をイスラム教徒が支配した。特に1526年に成立したイスラム帝国であるムガル帝国（Mughal／1526〜1540、1555〜1858年）は、南インドのほんの一部を除いてインド亜大陸をほぼ支配した。インドを代表する世界遺産として有名なタージ・マハル（Tāj Mahal）は、このムガル帝国の最盛期の皇帝とされるシャー・ジャハーン（Shāh Jahān／1592〜1666年／在位1628〜1658年）が愛妃ムムターズ・マハル（Mumtāz Mahal／1595〜1631年）の墓廟《ぼびょう》として建造したものである（1653年頃完成）。

皇帝シャー・ジャハーンは白大理石で造られたタージ・マハルと対をなす形で、ヤムナー川（Yamuna）を挟んだ対岸に黒大理石でできた自身の廟を建造する計画であったが、これは実現しなかった。頂点に上りつめたムガル帝国は、その頃から衰退に向かっていたのである。

しかし、インドには多数の信徒を擁する宗教としては、仏教およびヒンドゥー教しかない。ジャイナ教などは信徒数の面で力不足である。その仏教もヒンドゥー教も多神教であり、「強い一神教」イスラム教には対抗できないはずだ。現に仏教は衰退してしまった。

19世紀になって、他のイスラム帝国と同じように、近代化に成功したヨーロッパ列強の圧力を受けてムガル帝国は衰退し、その結果、インドはイギリスに植民地化されてしまった。だが、そのインドが長い雌伏の期間を経て20世紀に独立を果たした時、国民の圧倒的多数を占めたのはイスラム教徒ではなくヒンドゥー教徒であった。彼らがインド独立の主導権を握ったため、イスラム教徒は新しい国パキスタン（正式名称はパキスタン・イスラム共和国　Islamic Republic of

Pakistan）を建国せざるを得なかった（独立した当時のインド連邦に残った者もいた）。

つまり、インドでは最終的に多神教のヒンドゥー教が一神教のイスラム教に勝利を収めたのである。「多神教は一神教に勝てない」とする仮説は誤りであることが、歴史的に証明されているということだ。

では、なぜヒンドゥー教はイスラム教に勝つことができたのか？

ムガル帝国の創始者バーブル（Bābur／1483〜1530年／在位1526〜1530年）は、中央アジアにあったティムール帝国（Tīmūr／1370〜1507年）の数多い皇族の一人として生まれた。そして帝国の一部の太守《たいしゅ》となるが、のちにウズベク人に圧迫され、インドに侵攻して征服者となった。ティムール帝国はモンゴル系イスラム帝国であり、バーブルの築いた新しい帝国「ムガル」の名はチンギス・カン（Chinggis Khan／1162頃〜1227年／在位1206〜1227年）の「モンゴル」帝国に由来する。しかし、配下には中央アジア出身のトルコ系も多く、モンゴル系はむし

タージ・マハル（インド　アーグラ）

ろ少数派であったようだ。

だが、インドで圧倒的多数を占めるアーリヤ人、あるいは底辺を支えるドラヴィダ人のどちらから見ても、異民族支配には変わりない。

当然のように、イスラム教に改宗する者は優遇されヒンドゥー教徒は弾圧されたから、このような状況の中では、イスラム教徒が圧倒的多数を占めるようになっていくはずである。

同じイスラム帝国であるオスマン帝国に支配されたギリシアには、キリスト教（ギリシア正教）という「強い一神教」があったから、オスマン帝国解体後、ギリシアはキリスト教国に戻った。

しかし、ムガル帝国崩壊後、「インド人」の絶対的多数が支持したのは、本来は弱いはずの「多神教」ヒンドゥー教だった。

その理由はどこにあるのだろうか？

■「強い一神教」に負けなかった「強い多神教」とは？

インドにおいては紀元前、王アショーカの時代に全土に広まった仏教は衰退し、その仏教を圧倒した「強い一神教」イスラム教も滅びはしなかったが、インドの伝統的民族宗教であった「弱い多神教」ヒンドゥー教に圧倒された。現在のインドはヒンドゥー教徒が八割を占める。つまり、「強い一神教」「弱い多神教」という前提条件が間違っていたと考える他はない。

では、どこをどのように修正すべきなのか。

宗教の問題は他の歴史上の問題と違って、史料をもとに実証的に検証することは不可能に近い。

あくまで仮説に基づく推論を展開するしかないのだが、まず解明のヒントになるのは、ヒンドゥー教は信仰する複数の神々の中にブッダ（釈迦《しやか》）つまり仏教の「主神」を取り入れていることだ。現代の多くのインド人にとって、ブッダはヒンドゥー教世界の中の神の一員にすぎない。

これに対して一神教は、神を一つしか認めない。だからアッラーがイエスを「使徒（人間　※引用者註）に過ぎぬ」（『コーラン』「五　食卓」の章第79節　井筒俊彦訳　岩波書店刊）と断言したように、「自分以外は神と称するニセモノである」と主張する。

しかし、多神教はそもそも複数の神の存在を認めているから、他の宗教の神を自分たちの「神々クラブ」に入れることは問題がない。ただし、一つだけ「会員となる条件」がある。それは「自分だけが神だと主張しない」ことである。「神々クラブ」は複数の神が同時並行で存在することを認める団体なのだから、この最低条件は絶対である。

一神教を信じる人々にとっては冒瀆《ぼうとく》的に聞こえるかもしれないが、だからこそアッラーやイエス・キリストはこのクラブに入れない。

ブッダは別だ。大乗仏教が典型的だが、仏教は複数の仏陀の存在を認めるので「神々クラブ」への入会条件を満たしている。そしてクラブへの加入が認められるということは、同時にそのクラブの基本方針つまり教義に取り込まれる危険性も生じる。

つまり、仏教はインドにおいて滅びたのではない。「多神教であるヒンドゥー教に取り込まれた」と考えるべきなのだ。だから当然「イスラム教徒が衰退させた」とする見解も間違いだということになる。

宗教とは、施設の破壊や信徒の虐殺などの物理的手段によって本当に滅ぼすことができるものだろうか？　初期のローマ帝国でも、例えば皇帝ネロ（Lucius Domitius Ahenobarbus Nero Claudius Caesar Augustus Germanicus／37〜68年／在位54〜68年）によって多くのキリスト教徒が虐殺されたが、キリスト教はしぶとく生き残り、のちにローマ帝国の国教に指定された。それが宗教というものの強さにして恐ろしさだと思う。

17世紀の日本は、スペイン、ポルトガルの二大海洋帝国がキリスト教を布教することによって中南米などを植民地化したことに脅威を感じ、江戸幕府がキリスト教信者は見つけ次第死刑にし、厳しく取り締まった。その結果、江戸幕府は日本国内からキリスト教徒を撲滅したと信じ、記念碑まで建てた。しかし、実際には「潜伏キリシタン」と呼ばれる信徒が数多く存在し（明確な数は確定していない）、表向きは仏教徒として振る舞うなどして信仰を守り続けていた。

ここで日本の例を挙げるのは、日本にもヒンドゥー教に勝るとも劣らないほど「強い多神教」である民族宗教があり、それが現在も生きているからだ。その民族宗教を「神道」と呼ぶ。ここで、その神道がのちに入って来た仏教、そしてキリスト教にどのように対応したかを述べよう。それをヒンドゥー教と仏教の関係と比較することによって、それぞれの宗教の特質がより明確に浮かび上がると考えるからだ。

神道の概略について説明しておくと、まるでギリシア神話の神々がオリュンポス山にいたように、日本の神々は原則として「高天原《たかまがはら》」と呼ばれる俗世とは離れた聖地にいる。神々は複数で、これもギリシア神話の神々のように担当分野を持っている。火を司《つかさど》る神や食物を司る神だが、その中に太陽の女神がいる。これが天照大神《アマテラスオオミカミ》（アマテラス）という最高神で、女性であることが最大の特徴かもしれない。

　この子孫が、現在も「日本国および日本国民統合の象徴」と憲法で定められている天皇家の祖先ということになっている。当然、古代から日本を統治してきた天皇はこの神道の信徒であった。ところが、6世紀に中国を経て朝鮮半島から仏教がもたらされた。当初日本ではこれを宗教として受け入れるかどうかを巡り、国粋的な保守派と海外文明を積極的に受け入れるべきだという革新派との戦争に発展し、結局、革新派が勝利を収めた。その結果、天皇家自体も熱心に仏教を信仰するようになった。

　8世紀には、当時の世界の最先進国の一つでもあった中国にも存在しない、像高約16メートルの金銅製の鋳造仏（「奈良の大仏」）を建立した。これは現代の国家でたとえれば、何のロケット技術もなかった国がいきなり有人宇宙船を打ち上げるような大プロジェクトである。費用も天文学的だった。しかし、そんな巨大な仏像を天皇が先頭に立って建立するほど、日本は仏教に入れあげた。日本と交流のあった中国などアジアの国家は、日本は仏教国に変わった、と見たに違いない。つまり、仏教によって神道は滅ぼされたということだ。

　実情はまったく違っていた。仏教は確かに篤く信仰されたが、日本古来の神道も民族宗教としてしぶとく生き続けた。仏教の陰に隠れてではない。寺院の傍らに神道の神殿である神社が破壊されることもなく運営され、天皇は神社を礼拝していた。それどころか、その後中世の早い時期に、「神仏習合」、つまり神道の神と仏教の仏を一体化した言葉が使われるようになり、日本の神と仏教の仏は根源的に同じものだということになった。

ヒンドゥー教と違うのは、ヒンドゥー教があくまでブッダを神の一員として遇したのに対し、中世の日本では複数存在する神がそれぞれ複数存在する仏陀と同体（例　阿弥陀如来《あみだにょらい》＝熊野権現、釈迦如来＝八幡神など）ということになった。この違いが生まれた理由も推理するしかないが、ヒンドゥー教がバラモン教時代からの思考の蓄積によって明確な宗教理論を持っていたことに注目すべきだろう。

第一章で述べたように、「アートマンとは何か？」という問い、あるいは「梵我一如《ぼんがいちによ》」という考え方である。これを「無我（我は存在しない）」という形で否定したブッダを最高神の化身とするわけにはいかない。それはヒンドゥー教への否定につながる。しかし、一つの組織「神々クラブ」の中の少数意見の象徴として捉えるならば、その反論（無我）によって正当なる理論（梵我一如）がより鮮明になるという効果が上がる。つまり、トリックスターとしての効用である。

これに対して、日本の神道の神々はヒンドゥー教のような精密な理論は持っていなかった。そんな理論を形成するような時間もなく、体系化の必要自体もなかった。従って、その不備を補う形でそれぞれの神々がそれぞれの仏たちと同体であるということになったのだろう。

最大の不備は、日本の神々は現世で利益を与えることはあっても、死後の運命に対して何の救済も示していなかったことである。この点、大乗仏教は人間の死後について明確なビジョンを持ち、代表的な大乗仏教の仏陀である阿弥陀如来は、願うものすべてを「極楽」（キリスト教徒なら「天国」と呼ぶ）という仏の世界に導いてくれる。だからこそ受け入れられた。

仏教が日本に入って来たのが6世紀、そして土着の宗教である神道と仏教が合体したのが8世紀から9世紀にかけて。その後、近代になって政府の力によって強制的に神道と仏教が分離させられるまでの約千年間、こういう「仏教と神道との合体」時代が続いた。「仏教と神道との合体」とは言ったが、私は実質的には神道が仏教に取り込まれたと考えている。だからこそ、19世紀に神道を再び分離独立させることができたのである。

そして重要なのは、この「合体」時代の16世紀に、スペインやポルトガルなどを通して日本にキリスト教が伝わったのだが、結局、日本人は神道という「神々クラブ」にイエス・キリストを受け入れなかった。理由はお分かりだろう。最低限の入会条件を満たさなかったからである。

一神教はなぜ「強い」のか？　この世のものは生きとし生けるものもすべての物質も、その唯一の神によって創造されたと考えるからだ。だから、初めは王子としてこの世に生まれたゴータマ・シッダールタは、いかに仏陀になろうと、神によって創られたもの（被造物）であるということになり、信仰の対象ではないことになる。スペイン人やポルトガル人が訪れる前に古くからラテンアメリカに存在した神々、あるいは近年までハワイ王国に存在した神々も、キリスト教という一神教の教義によって否定された。

一方、これに対して一神教に負けなかった「強い多神教」もある。

ヒンドゥー教、そして神道だ。この二つの宗教はそれぞれの民族の精神風土の中から生まれてきたものであり、いわば上手なデザイナーが作った、体にぴったりフィットする服のようなものである。体に合わず見たこともないような服を「これしか着てはならない」と強制するデザイナーは受け入れがたいだろう。しかし、「これも着てくださいよ」と他の服の着用も認めるデザイナーなら受け入れられる。そういうデザイナーが仏教であり、だからこそヒンドゥー教、神道の世界に受け入れられた。

もちろん、インドと日本の受け入れ方は、大いに違う。インドにおいてはまるで仏教が消滅したように見えるし、日本においては仏教が神道を圧倒したように見える。しかし、前者においては、ヒンドゥー教の中でブッダの存在が否定されていないのだから仏教の消滅とは言えないし、後者においては、神道の分離独立が可能だったのだから仏教が神道を圧倒したとは言えない。

考えてみれば、仏教ほど興味深い宗教もないかもしれない。上座部仏教（小乗仏教）と大乗仏教の教えは、天と地ほど違うのに、同じ「仏教」という名前で呼ばれている。

あえて仏教の本質的特徴を抽出すれば、「民族宗教との習合に適した、フレキシブルな世界宗教」と言うべきかもしれない。そもそも「この世の中に絶対というものはない」というのがブッダの教えだった。「神という唯一絶対なものがある」とする一神教とはまるで違う。

仏教は「水」かもしれない。民族宗教という川に流れ込み、水の流れの中でいつの間にか一体化してしまう。これに対して、キリスト教やイスラム教は「火」だろう。対立するすべてのものを焼き尽くし、炎という形で一体化してしまう。

火と水がぶつかりあったらどうなるだろう？

火を水が消し止める場合もある。それがインドや日本で起こったことだ。

さて読者の頭は少し混乱しているかもしれないから、ここでまとめをしておこう。

まずインドの思想においては、輪廻転生が疑う余地のない大前提であることが最も重要である。また輪廻転生が絶対の事実である以上、人間は永遠に死なないことになる。

そしてここからがインド思想の最大の特徴かもしれないが、多くの宗教が目標としている永遠の生命（あるいは自我の不滅）が、インド思想においては既に達成されたものであり、同時に克服すべきものであるということだ。なぜなら彼らはブッダが喝破したように「生きることは苦しみ」であると捉えるからだ。永遠の生命とは、喜びではなく苦しみなのである。人間は生きている以上、必ずブッダが指摘したような「生老病死」あるいは「愛別離苦」のような耐え難い苦しみに出会う。人生の快楽なるものはほんの一瞬の幻にすぎず、永遠には続かない。輪廻の世界の中では、最も寿命に恵まれ苦しみの少ない天界ですら「四苦八苦」は免れない。

仏教以前のバラモン教では、この「生きることの苦しみ」を、宇宙の原理であるブラフマンと究極の自我ともいえるアートマンは一致すると認識すること、すなわち梵我一如の境地に達すれば克服できると考えた。例えば、生きていれば必ず遭遇する、愛する者を失うという深い悲しみも、自分（アートマン）が所属する宇宙の原理（ブラフマン）と一体化した境地から見れば、些細な出来事にすぎないからである。こうした輪廻のサイクルに影響されない境地を「解脱」という。この考え方はヒンドゥー教にも継承された。

一方、バラモン教の世界に生まれたブッダは、その教義に疑問を抱いた。むしろ、すべては「空」であり、アートマンも実在しない（無我）。そのことを悟ることこそ本当の解脱だと考えた。宇宙の原理と一体化するのではなく、むしろそうしたものは実在せず、永遠に不滅でもないのだから、それに執着することは愚かであり、執着することがすべての苦しみの根源であると悟るべきである。なぜ死を恐れるのか、それは生に執着するからである。こう悟った境地こそ本当の解脱だと考えたのだ。

このブッダの批判に対して、従来のバラモン教がその教義をより精密化したのがヒンドゥー教と言えるかもしれない。しかし既に述べたように、「バラモン教」も「ヒンドゥー教」も外部の人間が便宜的に付けた名称にすぎず、実際は「混沌」そのものである。それでもブッダ以前のインドにおける伝統的宗教を「バラモン教」と呼び、それ以降を「ヒンドゥー教」と呼べば、少しは理解が深まるのでそういう形にしているのである。

では、なぜ仏教はヒンドゥー教に「敗れた」のか？　あくまで私見だが、結局、大前提である輪廻転生を仏教は否定する形になったからだろう。すべてが「空」なら、突き詰めれば輪廻転生もないということになる。これがインド人には受け入れられなかったのではないか。

来世を説く宗教はある、むしろインドを一歩出ればそちらの方が有力である。典型的なのはキリスト教やイスラム教だ。

しかし、そうした宗教でも「神に面会した者」はいるが、「来世をつぶさに見てきた者」はいない。ダンテ・アリギエリ（Dante Alighieri　1265～1321年）の『神曲』はあくまでフィクションであって、預言者の「来世報告」はキリスト教にもイスラム教にも存在しない。儒教の信者たちが最も批判したのもここで、端的に言えば、「来世があると言うなら証明してみろ」という態度を彼らはとった。

そうした人間でも否定しきれないのが輪廻である。輪廻転生があると信じざるを得ないような「超常現象」は世界中のどこにでもある。これがキリスト教世界やイスラム教世界における預言者の言動のように、輪廻に対する信仰を強化し、結果的にそれを否定する形となった仏教を排除することになったのではないか。

もっとも排除といっても、それは一神教的な排除ではない。むしろ開祖ブッダを神の一員としてヒンドゥー教の中に取り込んでしまうというやり方だ。だからこそ、ヒンドゥー教は多神教でありながら一神教に負けない強さを持っているのである。

では、初めは多神教の国であったギリシアではいったいどうだったのだろうか？

それを考察するにあたって興味深い事実がある。古代インドで王アショーカと並び称される仏教の庇護《ひご》者がいる。紀元前後に西北インドを統一したクシャーン朝（Kushān）の王カニシカ（Kaniṣka／生没年不詳／在位2世紀頃）である。クシャーン朝の支配は、ギリシア文化との交流が深かったガンダーラ（Gandhāra）地方（現在のアフガニスタン東部からパキスタン北西部）に及んでいた。

そのガンダーラ地方にはかつてメナンドロス（Menandros または Milinda／生没年不詳／在位BC155〜BC130年頃）というギリシア系の王が君臨していたが、その王メナンドロスの質問に、部派仏教の聖者ナーガセーナ（Nāgasena）が、「空」とは何か、「縁起」とは何かを分かりやすく説いたのが、『ミリンダ王の問い（ミリンダパンハー　Milindapañha）』というお経つまり仏典である。だが、これは仏典というより、まるでプラトンの『対話篇』を想わせると

シルク・ロードの主な交通路

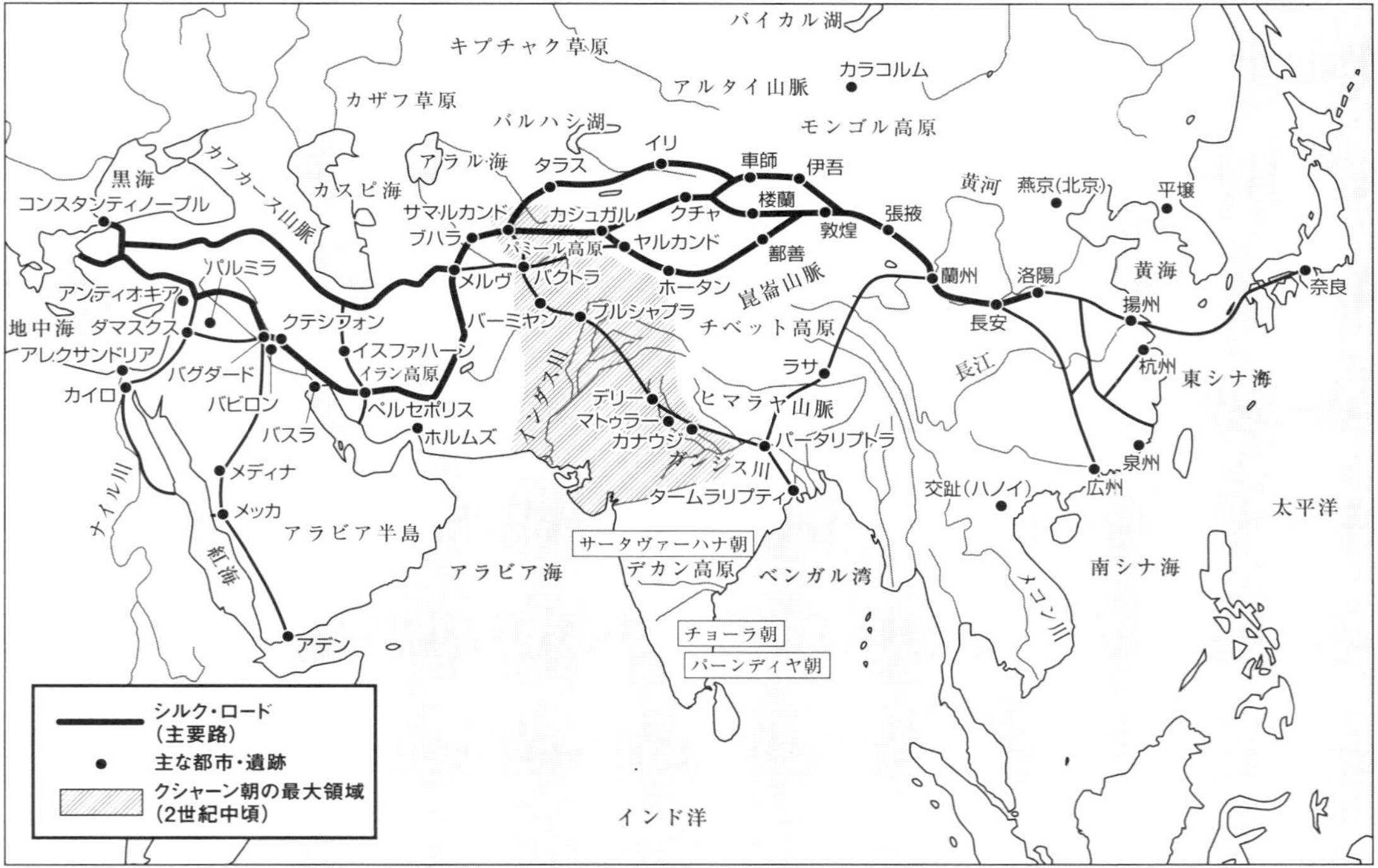

ジャパンナレッジ『日本大百科全書(ニッポニカ)』をもとに作成

いう評があり、私もまったく同感だ。実際、仏典に含めるべきでないという意見もある。一部、内容を紹介しよう。

『大王よ、たとえば搾出された牛乳がしばらくすると酪に転じ、酪から生酥《しょうそ》に転じ、生酥から醍醐《だいご》に転ずるでありましょうが、大王よ、もしも「牛乳とは酪と同一であり、生酥と同一であり、醍醐と同一である」とかくのごとく語る人があるならば、大王よ、その人は、はたして正しいことを語っているのでしょうか？』

『尊者よ、そうではありません。それに依存して、〈他のものが〉生じたのです』

『大王よ、事象の連続はそれと同様に継続するのです。生ずるものと滅びるものとは別のものではあるが、〈一方が他方よりも〉前のものではないかのごとく、また後のものでもないかのごとくに〈いわば同時のものとして〉継続しているのです。こういうわけで、それは同ならず異ならざるものとして最後の意識に摂せられるに至るのです』

『もっともです、尊者ナーガセーナよ』

（『ミリンダ王の問い（1）インドとギリシアの対決』中村元・早島鏡正訳　平凡社刊　※引用者註　酪、酥、醍醐は牛乳から精製されるコンデンスミルク、チーズなどを指す）

ガンダーラ地方はインドだけでなく、このプラトンの『対話篇』を思わせるようなギリシア哲学の影響も強く受けており、なおかつヨーロッパと中国を結ぶシルク・ロード（地図参照）の途上にあることで、インドと中国の交流の架け橋ともなった。

　そして特筆すべきは、このガンダーラ地方でギリシア彫刻の影響を受け、極めて早い段階で仏像が造られるようになったことである。

　ガンダーラ地方がクシャーン朝の傘下に入った頃は、既に大乗仏教の時代、つまり「ブッダを拝む」時代に入っていたからだ。仏像は当初ギリシア彫刻と同じように石を材料にして造られていて、その姿も断食苦行時代のブッダをモデルにした「小乗的」であったが、次第に「神」としての円満で荘厳な姿を表現するようになった。

　仏像自体も、仏教がシルク・ロード経由で中国大陸から朝鮮半島、そして日本に伝わるに従って、銅や木など様々な材料で造仏されるようになった。ちなみに日本に仏教が伝わったのが５３８年（仏教公伝　５２２年説もある）、そして前述の７４９年に大仏の完成で最初のピークを迎えたのだ。

　ところで、大乗仏教はそもそも仏教教団の根本分裂によって誕生した。では、それが形を整えたのはどこかという問題だが、完全な解答は未だにない。ただ、インドではないことは確実視さ

Bridgeman Images／PPS通信社

ガンダーラ仏像『如来立像』（東京国立博物館）
ギリシア彫刻の影響を受け造られ始めたごく初期の仏像。西洋風の容貌や衣の皺が特徴的

れており、おそらくシルク・ロードのどこかだというのが、多くの研究者が一致して認めるところである。

　ガンダーラ地方はその有力候補だと私は考えている。なぜなら、この地方は「神を拝む」というギリシア多神教の地であったからだ。王メナンドロスも仏教徒ではなかった。だから仏教に興味を持ち、聖者ナーガセーナを質問攻めにしたのである。

　ガンダーラ地方において古代ギリシアの文化と仏教というインド文化が合体したのは、単に仏像（ガンダーラ仏）という物質面だけでなく、宗教面でも一種の合体が行なわれたと推察されるのである。

　次にヒンドゥー教のような「強い多神教」つまり一神教に抵抗可能だった多神教に比べて、「弱い多神教」の代表である古代ギリシアの多神教を見てみよう。

■インドの宗教興亡史略年表

西暦	主な出来事
BC 2500頃	インダス川流域にハラッパー、モエンジョ・ダーロを代表とする都市文明が栄える。南下して、グジャラート地方にまで影響が及んだ(～BC1800頃)
BC 1500頃	アーリヤ人、イラン高原からインダス川流域に侵入
BC 15世紀頃	バラモン教を土台にした新しいインド文明が生まれる
BC 12～10世紀頃	聖典『リグ・ヴェーダ』成立
BC 8世紀以降	ブラーフマナ文献成立、ウパニシャッド哲学が興る ウッダーラカ・アールニ、ヤージュニャヴァルキヤらの哲人が出て、「梵我一如」の思想を説く
BC 6世紀頃	ガンジス川流域を中心に部族国家が分立(マガダ国、コーサラ国など十六大国)。
BC 5～4世紀頃	ブッダ(ゴータマ・シッダールタ)仏教を開く マハーヴィーラ、ジャイナ教を開く
BC 4～3世紀頃	ヒンドゥー教(ヒンドゥーイズム)の成立
BC 3世紀頃	(釈迦滅後百年)仏教集団が上座部と大衆部に分かれる(根本分裂)
BC 268	マウリヤ朝第三代王アショーカ即位(～BC232頃) インド亜大陸の大部分を支配、北インド各地に石柱法勅を建て仏教を広める
紀元前後頃	大衆部から大乗仏教が生まれる
2世紀中頃	クシャーン朝で王カニシカが即位 ガンダーラ、マトゥラーに仏教美術が栄える

2〜3世紀頃	ナーガールジュナ「空」の理論完成（大乗仏教：中観派）
4〜5世紀頃	アサンガとヴァスバンドゥ兄弟「唯識論」を唱える（大乗仏教：唯識派）
320頃	北インドにグプタ朝、興る（〜550頃）
380頃	グプタ朝チャンドラグプタ2世即位（〜415頃）。北インド全域を支配
	この頃、古典サンスクリット文学隆盛
399	東晋の僧法顕が、インド、セイロンに遊学（〜412）。帰国後、『仏国記』を著す
5世紀頃	ナーランダー僧院（大学）創建
629	唐の僧玄奘がインドに遊学（〜645）。帰国後、『大唐西域記』を口述
1100頃	アフガニスタンにゴール朝（イスラム王朝）勃興（〜1215）
13世紀初頭	ゴール朝が北インドを征服。ナーランダー僧院が破壊される
14世紀初頭	ムスリムの支配が南インドに及ぶ
1526	ティムール帝国の王族バーブルが、アグラを首都にムガル帝国を創始（〜1858）
1556	ムガル帝国三代皇帝アクバル即位（〜1605）
	ヒンドゥー教をはじめ諸宗教に寛容な政策が取られる
1653頃	タージ・マハル廟完成
1757	イギリスがベンガル地方の支配権を掌握（プラッシーの戦い）
1857	インド大反乱（かつては「セポイの乱」）
1858	ムガル帝国滅亡、イギリス国王のインド直接統治始まる
1947	インドとパキスタンが分離独立

■仏教の変容と主な宗派

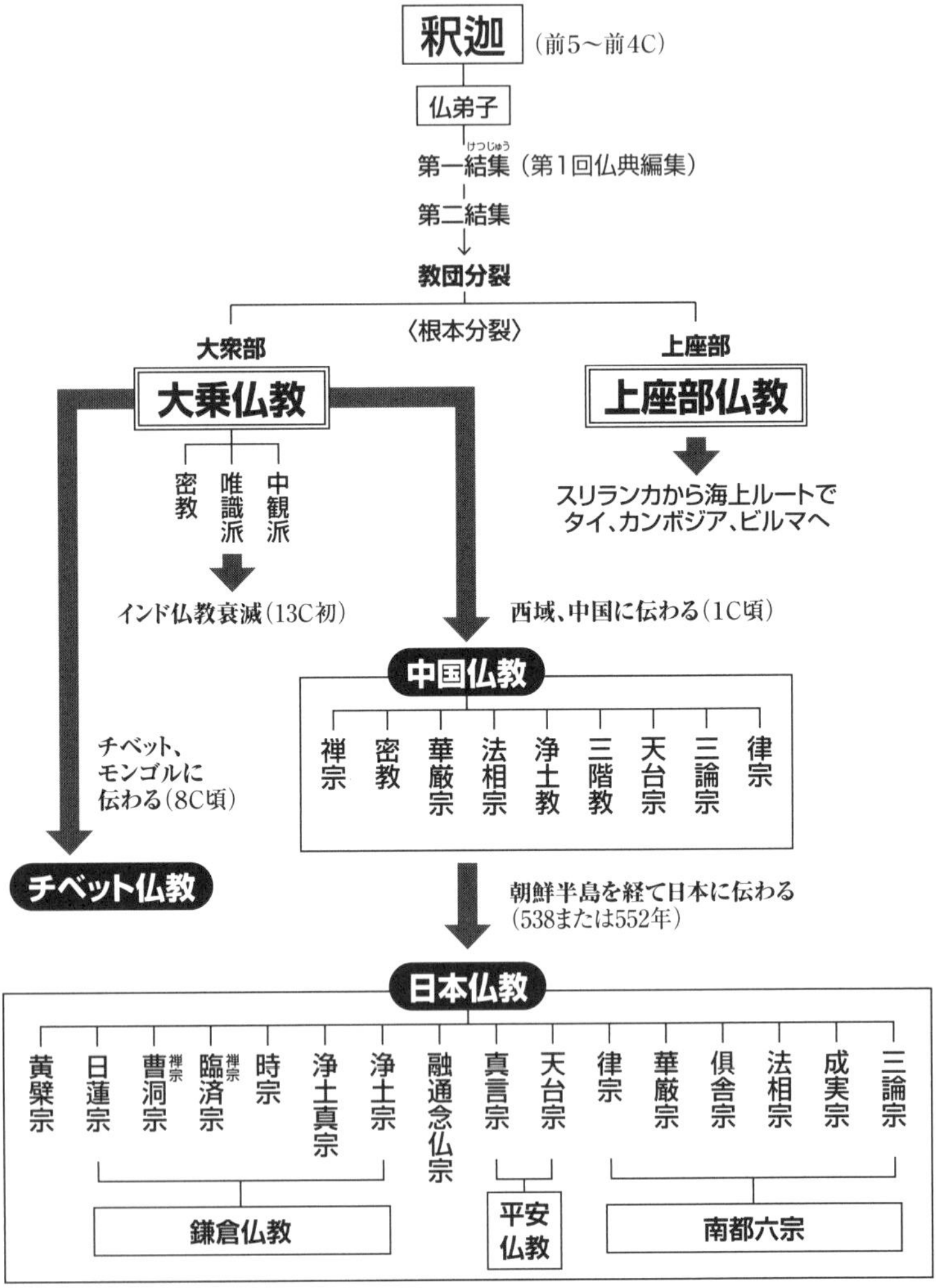

『日本大百科全書（ニッポニカ）』（小学館刊）をもとに作成

第三章

オリュンポスの神々とギリシア文明の遺産

――ポリス（都市国家）の連合体が確立した平和

第一話　キリスト教に敗北したギリシア神話の世界

■現代のギリシャ人に忘れられたギリシア神話の神々

哲学・数学などの学問、文学・演劇・彫刻などの芸術、そして政治に至るまで、ギリシア発祥あるいはギリシアで発達したものは多い。キリスト教の影響下にあるものを除けば、ほとんどの西欧文明がギリシア文明の後継者とすら言える。

さて、ギリシアの位置をご存じだろうか？　世界地図では地中海に面したイタリア半島（ちょうど長靴のように見える）の「かかと」の東南方向である。現在のギリシャ共和国（Hellenic Republic）はバルカン半島の南端に位置し、北はアルバニア、北マケドニア、ブルガリアなどの国々と国境を接している。つまり、地中海に向かって南に突き出した形となっており、東のトルコとの間の海はエーゲ海（Aegean Sea）と呼ばれ、西のイタリアとの間の海はイオニア海（Ionian Sea）である。ギリシアを代表する古都であり、現在のギリシャ共和国の首都であるアテネ（Athens）は半島南端の海沿いにあり、古くから文化が栄えたクレタ島（Creta）やロドス島

(Rhodos)もギリシャ共和国の領土であり、ギリシア文明圏ということになる。

なお、現代のギリシャ共和国は古代ギリシアとは領域も文化もまるで別の国である。特に宗教は多神教から一神教（キリスト教）へと大転換を遂げているので、この『逆説の世界史』では、古代ギリシアと区別するために、現国名の場合は「ギリシャ」と表記することにしよう。

また、日本語の「ギリシア」という名称は、ラテン語の「Graecia（グラエキア）」がポルトガル語で「Grécia（グレーシア）」となり、これが戦国時代にキリスト教の宣教師などによって日本に伝わった時、ギリシアになったようだ。ちなみに英語では「Greece（グリース）」という。ギリシア語では「Ellada（エラダ）」であるからずいぶん違うものである。

この地域ではギリシア本土ではなくエーゲ

現代ギリシャ地図

海の島々から青銅器文明が始まった。紀元前3000年頃から非アーリヤ系民族による、オリエント文明の強い影響を受けたクレタ文明（ミノア文明）がクレタ島を中心として栄え、のちに北方から侵入したアーリヤ系民族のアカイア人（Achaeans）がペロポネソス半島（Peloponnesos）に定住し、彼らの創始した同じく青銅器を基調とするミケーネ文明が主流となった。

このミケーネ文明は、のちの紀元前9世紀から8世紀にかけて、アテネ、スパルタなどのポリス（都市国家）を基点として発達したギリシア文化のプロトタイプと言うべき文明である。

アテネやスパルタの最盛期は、マラトン（Marathon）の戦いでポリス連合がペルシア帝国（Persia）に勝利した紀元前5世紀頃であり、その後、北方に勃興したマケドニア王国（Macedonia）のアレクサンドロス3世（大王　Alexandros IIIまたはAlexander the Great／BC356～BC323年／在位BC336～BC323年）によってアテネなどのポリスは併合されていくことになる。そしてアレクサンドロス大王はエジプトも征服し、アケメネス朝ペルシアを滅亡させ、史上初とも言うべき世界帝国を築き上げた。その首都が現在ギリシャ共和国領の中にあるペラ（Pella／現在のテッサロニキ付近、ローディアス川畔）である。

このアレクサンドロス大王の東方遠征によって東方地域に伝わったギリシア文化が、オリエント文化と融合して誕生した文化を「ヘレニズム（Hellenism）文化」と呼ぶ。

とりあえずここでは、クレタ文化やミケーネ文化を消化吸収して発達したギリシア文化（文明）の盛衰について分析考察してみたい。

実は私はギリシャに行った経験がなかった。『逆説の世界史』を書き始めた以上、一度は取材しておくべきだと思い、当地を訪ねた。時系列的にはまずクレタ島を訪ねるべきだったかもしれないが、東京からトルコ経由でギリシャに入ったので、まず降り立ったのはアテネの地であった。

ポリスが乱立した時代のアテネで、ギリシア文明は最盛期を迎えるわけだが、その象徴とも言えるのが、海抜約156メートルの岩山に築かれたアクロポリス（akropolis）である。アクロポリスとは「高い丘の上の都市」という意味で、オリュンポス（Olympos）の神々を祀《まつ》った神域だが、古い時代はここに城塞もあったらしい。

そのアクロポリスの中心がパルテノン神殿（Parthenon）である。アテネの守護神の女神アテナ（Athene）に捧げられた戦勝記念の神殿で、紀元前432年頃に完成したという。大理石の円柱は、上下を細く中央部を太くするエンタシスという技法で作られている。

私はアクロポリスの丘に登り、二千四百年以上も昔に造られた神殿の前に立った。アテネは平坦《へいたん》な土地が多いので、海抜156メートルと言っても低くはなく、逆に極めて高い印象がある。周辺の眺望も見事で、

アクロポリス（ギリシャ　アテネ）

エレクテイオン神殿（ギリシャ　アテネ）

この丘はまるで高層ビルのように平野の中に立ち上がっているのがよく分かる。ギリシャは農業が盛んでオリーブの木や糸スギなど樹木も多く、その点、砂漠地帯であるエジプトなどとはまったく違った気候風土だ。

同じ石造建築物でも、砂漠に建つピラミッドと、アクロポリスに建つパルテノン神殿はまったく違う。まず色が違う。ピラミッドも建造当時には大理石の化粧板で覆われ、白く輝いていたというが、現在は黄土色である。

これに対し、ギリシアの建造物は彫刻もそうだがまさに純白で輝いている。私はこの「白さ」がギリシア文化の特徴かと思っていたのだが、最近、大英博物館などの調査によって、もともとこれらの建築や彫刻は彩色されていたことが明らかになった。「常識」も時々変わるものなのだ。この国は極めて豊かな大理石資源に恵まれていたようだが、それにしてもクレーンなどの大規模な建設機械のない紀元前に、よくぞこのような建造物を築き上げたと改めて思う。確かに建造物全体の大きさで言えば、パルテノン神殿はピラミッドにまったく及ばないが、そのぶん精緻で、しかも開かれた印象がある。これはエジプト文明とギリシア文明の大きな違いだろう。

このアクロポリスにはもう一つエレクテイオン神殿（Erechtheion）がある。パルテノン神殿と同じくアテネの最盛期に造られ、ギリシア神話の王エレクテウス（Erechtheus）、女神アテナ、海神ポセイドン（Poseidon）の三神を祀《まつ》るものである、とされている。

特徴的なのはエレクテイオン神殿の柱のうち六本が六人の女性像であることだが、この時代、ギリシア彫刻は極めて写実的となり、エジプトの女神像にはあまり見られない艶めかしさが感じられる。こうしたところがギリシア文明の開放的な印象に繋がっているのではないだろうか。

さて、ギリシア文明を理解するためには、やはりここでギリシア神話の世界を知る必要があるだろう。なぜならのちにギリシア文化はアレクサンドロス大王の遠征によって東方文化と合体し、ヘレニズム文化を生み、さらにのちに発生したキリスト教文化と並んで西洋文化の原型になったからだ。その中心である神話の知識なくしては、西洋文化は語れないのである。しかし、ギリシア神話の内容は実に膨大である。『ギリシア神話』（呉茂一著　新潮社刊）、『図説　ギリシア神話「神々の世界」篇』（松島道也著　河出書房新社刊）、『図説　ギリシア神話「英雄たちの世界」篇』松島道也・岡部紘三共著　河出書房新社刊）などを参考にしながら、その重要な部分をダイジェスト的に紹介したい。

『ガニュメデスをさらうゼウス像』〈部分〉
（ギリシャ／オリュンピア考古学博物館）

アテナ神の頭像
（ギリシャ／オリュンピア考古学博物館）

【ゼウスの誕生と天空支配】

この世の始まりはカオス（混沌　Chaos）であった。カオスとは、何もない虚無の状態である。そのカオスから大地の女神ガイア（Gaia）、冥界タルタロス（Tartaros）、愛の神エロス（Eros）が生まれた。ガイアは一人で天空神ウラノス（Uranos）を産み、その息子ウラノスと結婚して「ティタン神族（Titan　巨人族）」と呼ばれる十二人の男神女神を産んだ。

しかし、父にあたるウラノスはその後生まれたキュクロプス（Kyklops）らの醜さを嫌って、彼らを冥界に送ってしまった。これに怒ったガイアはティタン神族の末っ子のクロノス（Kronos）に斧を与えてウラノスの男根を切り落とさせ、新たな主神とした。

クロノスは同じティタン神族の姉レア（Rhea）と結婚し、二人の間には冥府の神ハデス（Hades）、海の神ポセイドンらが生まれたが、クロノスはその子供たちを次々に呑み込んでしまう。父ウラノスから「お前も息子に倒されるぞ」と予言されていたからだ。

そこでレアは末っ子のゼウス（Zeus）をクレタ島で産み、そこでこっそりと育てさせた。成長したゼウスは父クロノスに薬を飲ませ、呑み込んでいた兄弟を吐き出させるが、ゼウスは既に外側で成長していたので、ゼウスの方が兄、ハデスやポセイドンは弟ということになった。

そして世界の覇権をめぐって、ゼウスの兄弟姉妹（のちにオリュンポスの神々となる）とティタン神族との戦いは壮烈を極め勝負はつかなかった。そこでゼウスは冥界に封じ込められていたキュクロプスを救出し、雷を自由に操る力を与えられた。これが決め手となってゼウスはティタ

■ギリシア神話　神々の系図

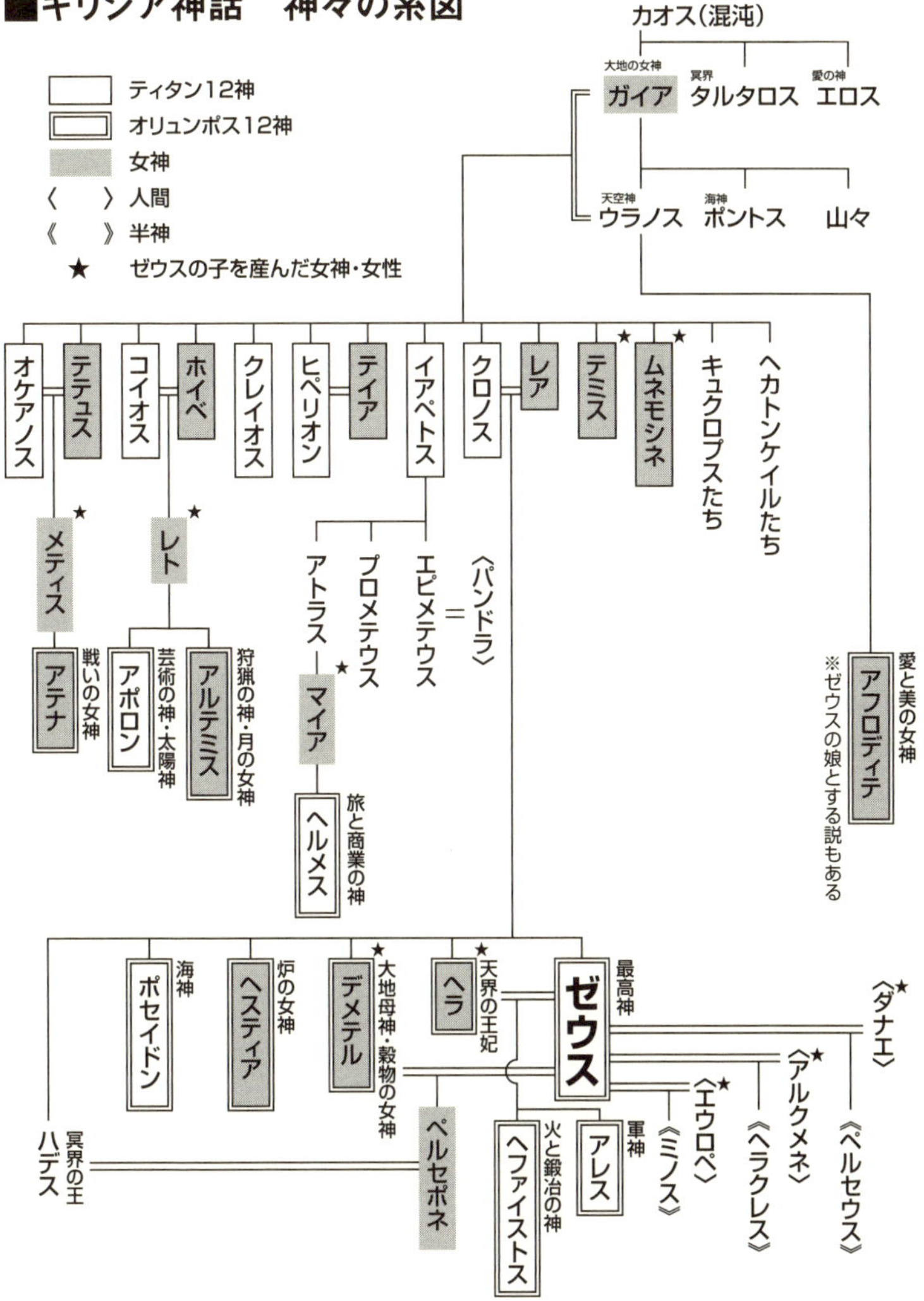

『ギリシア・ローマ神話事典』（マイケル・グラント、ジョン・ヘイゼル著　大修館書店刊）および
『日本大百科全書（ニッポニカ）』（小学館刊）をもとに作成

ン神族との戦いに勝ち、ゼウスは天空を、ハデスは冥界を、ポセイドンは海を治めることとなった。

こうした混沌から神々が誕生したという神話は世界中にあるが、ギリシア神話の特徴は「息子が父を殺す」というテーマがあることだ。父親との葛藤、そして去勢（男根の切除）といえば、ジークムント・フロイト（Sigmund Freud／1856〜1939年）が指摘したエディプス・コンプレックスが想起される。エディプス・コンプレックスとは、「男子が、同性の親である父を憎み、母に対して性的な思慕を抱く無意識の傾向。ギリシャ神話のオイディプスにちなみ、フロイトが精神分析学の用語としたもの」（『デジタル大辞泉』小学館刊）であり、そもそもがギリシア神話に由来するのである。

オイディプス（Oidipus）は父に棄てられ、成長してそれと知らずに父を殺し母と結婚することになる。ギリシア神話の中にどうしてこの「父殺し」がメインテーマとして盛り込まれているのか、その理由はいまだに不明である。今後の研究課題だろう。

【プロメテウス兄弟とパンドラ】

さて、次に登場するのはプロメテウス（Prometheus）である。

プロメテウスはティタンの一族でエピメテウス（Epimetheus）という弟がいた。古代ギリシア語で「プロ」は「前」、エピは「後」という意味があり、これは英語のプロローグ（prologue）とエピローグ（epilogue）の語源となった。「メテウス」は「考える」という意味だ。

ゼウスは人類に「火」を与えようとはしなかった。たいへん有用なものであると同時に危険なものだからだ。しかし、慈悲深いプロメテウスはこっそりと「火」を持ち出し人類に与えた。人類はその「火」でさまざまな道具を作ると同時に、武器も作り戦争を始めたので、ゼウスはそれ見たことかとプロメテウスを磔《はりつけ》にして毎日肝臓が鳥についばまれるという苦痛を与えた。神の一員であるが故にプロメテウスは死なない、だからこの苦痛は永遠に続くのである。

ゼウスは弟のエピメテウスにも罰を与えようとした。まず極めて魅力的な地上で最初の女パンドラ（Pandora）を創造し、兄弟に近づけて堕落させようとしたのである。兄は慎重な性格でパンドラに近づこうとしなかったが、弟は妻にしてしまった。

パンドラは地上に降りる時に神々から一つの甕《かめ》に封印した様々な贈り物をもらっていた。実はそこには人間を呪うための様々な災厄も入っていたのだが、パンドラは好奇心に負けて封印を破ってしまう。そこであらゆる災厄が飛び出したので、パンドラはあわてて蓋《ふた》をした。しかし、「希望」だけが残ったので、人類はいつまでも希望だけは失わないようになったという。

「甕《かめ》」はいつの間にか「箱」になってしまい、このエピソードは「パンドラの箱」と呼ばれるようになった。「触れてはならないもの」という意味だ。

しかし、このエピソードはよく考えれば矛盾している。「希望」だけが外に出なかったとしたら、むしろ人類は「希望」を永遠に得られなかったことになるのではないか。そこでこれは「希望」ではなく「絶望」だと考える説もある。それならば、「絶望」は人類の世界には生まれなかった、ということになるからだ。

【ペルセウスとアンドロメダ】

最高神ゼウスは大の女好きでもある。都市国家アルゴスの王アクリシオス（Akrisios）の娘ダナエ（Danae）は幽閉されていた。父が「お前は（娘の産む）孫に殺される」という神託を受けていたからだ。しかし、ゼウスは黄金の雨に化けてダナエの部屋に侵入し、男の子を産ませた。ペルセウス（Perseus）である。王アクリシオスは孫を殺すことはできず、母子ともども箱に入れて海に流した。

ペルセウスは漂着したセリフォス島で成長したが、母ダナエの美貌にほれ込んだ島の王に、怪物ゴルゴン（Gorgon）三姉妹を退治するように命ぜられた。王は邪魔な連れ子のペルセウスを死なせようと考えたのである。三姉妹はその顔を見た者はすべて石と化すという怪物だったが、三姉妹のうち末っ子メドゥサ（Medusa）だけが不死身ではなかった。そこでペルセウスは、ゼウスの計らいで、旅と商業の神ヘルメス（Hermes）から翼のついた靴と鎌を、女神アテナからは磨き込んだ盾を贈られ、相手の顔を見ないようにして見事メドゥサの首を取った。

帰り道、ペルセウスは海の怪物に人身御供にされかけていた美女アンドロメダ（Andromeda）を発見し、怪物を退治することによって彼女を妻とした。

セリフォス島に戻ると、袋から取り出したメドゥサの首を島の王に見せ、王を石にして母を救い出した。そして、母と共に生まれ故郷のアルゴスに戻った。

アルゴスの王アクリシオスは殺されてはたまらないと逃亡したため、その孫であるペルセウスが王位を継いだ。

　それからしばらくして、ペルセウスが別の都市国家の競技大会の円盤投げに出場したところ、投げた円盤が見物客の一人にあたって死に至らしめた。実は、その人物はたまたま見物に来ていたアクリシオスだったのである。神託の予言から逃れることはできなかったわけだ。

　ペルセウスと言えば、ヘラクレス（Herakles）に次ぐギリシア神話の英雄だが、やはり父殺しに準じる祖父殺しの「犯人」にされているところが興味深い。

　ペルセウスはゼウスの血を受けているとはいえ、人間だから寿命はある。天寿をまっとうして死んだ彼を哀れみ、神々は、彼と妻、義母のカッシオペイア（Kassiopeia）、愛馬ペガソス（Pegasos）を天に引き上げて星座とした。ペルセウス座、アンドロメダ座、カシオペヤ座、ペガスス座がそれである。

■ギリシア神話　ペルセウスの系譜

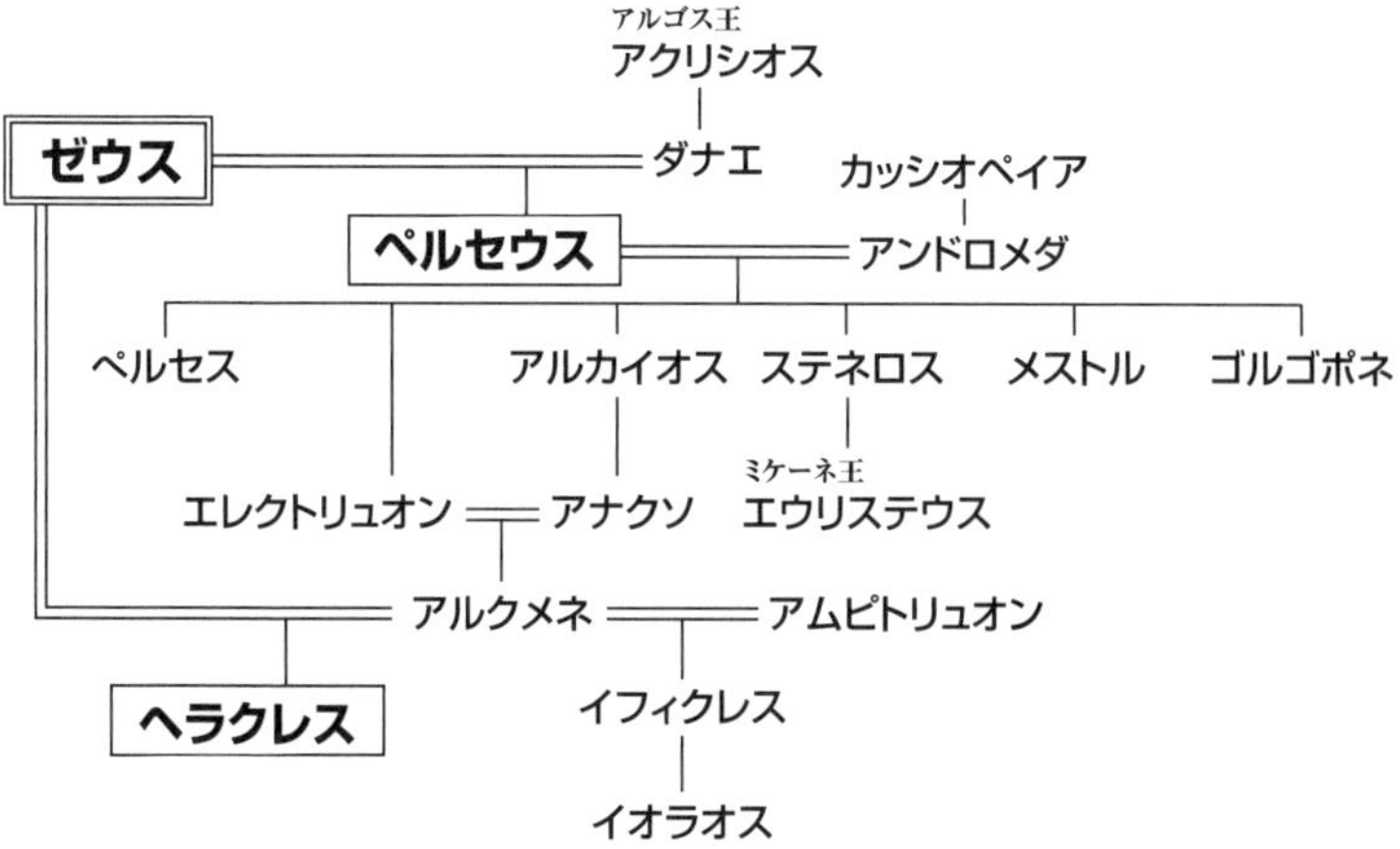

『ギリシア・ローマ神話事典』（マイケル・グラント、ジョン・ヘイゼル著　大修館書店刊）をもとに作成

【最大の英雄ヘラクレス】

ここでギリシア神話最大の英雄ヘラクレスを紹介しよう。

好色な最高神ゼウスはペルセウスの孫娘であるアルクメネ（Alkmene）にも求愛した。しかし、アレクメネには夫がいてゼウスの要求をはねつけた。そこでゼウスは留守中の夫の姿に変身し、まんまとアレクメネと一夜を共にすることに成功した。ただし、翌日、本当の夫が帰って来たため、夫との子供と同時にゼウスとの子も出産することになった。異父兄弟の双子ということだ。

その出産直前、ゼウスは「本日、一番早く生まれたペルセウスの子孫がミケーネの支配者となる」と予言した。アルクメネの産む子がそうなるようにである。しかし、その意図を知った嫉妬深いゼウスの正妻ヘラ（Hera）は、別の子孫エウリステウス（Eurystheus）を早産させ、ゼウスの望みを打ち砕いた。

怒ったゼウスはヘラの眠っている隙にアルクメネの産んだ自分の子に乳を吸わせた。ヘラの乳を飲めば不死身の体になるからである。この子の名はアルケイデスといった。のちのヘラクレスである。彼は癇の強い赤ん坊だったのだろう、ヘラの乳首を噛《か》んでしまった。ヘラは目覚め、赤ん坊を突き飛ばした時、その乳が天にこぼれて銀河となった。ちなみに英語で銀河を「Milky Way（直訳すれば「乳の道」）」と言うのはこのエピソードに由来している。ヘラクレスはますますヘラの強い憎しみを受けるようになった。たくましい英雄として成長したヘラクレスは妻を迎え、三人の子をなしたが、突然狂気に襲われ、子供を火の中に投げ込んで殺してしまった。

実はこの狂気はヘラの呪いによるものだった。正気に返ったヘラクレスはどうしたらこの罪を償えるか、巫女たちによりアポロン(Apollon)の神託が得られるという聖地デルフォイ(Delphoi)に行った。

神託の内容は、「ミケーネ王エウリステウスの指示する難業を果たせ」というものだった。王エウリステウスはヘラクレスを嫌っていた。そこで並みの英雄なら必ず死ぬであろう十の難業を果たすことを命じた。結果的にヘラクレスは十ではなく十二の難業を実行することになる。成し遂げられた難業の中で、ほんの少しでも他人の助けを借りた二つを、王エウリステウスが使命達成とはみなさなかったからである。

ヘラクレスの十二の難業について細かく説明する必要はないだろう。

まず第一は、あらゆる武器が通用しないライオンを殺すことであった。ヘラクレスはこれを絞め殺すことによって課題を達成した。二番目は九つの頭をもつ巨大な水蛇ヒドラ(Hydra)退治であったが、この蛇は一つの頭を切り落とすと二つの頭が生えてくるという厄介な存在だった。そこでヘラクレスは頭を切り落とすたびに甥のイオラオス(Iolaos)

AKG／PPS通信社

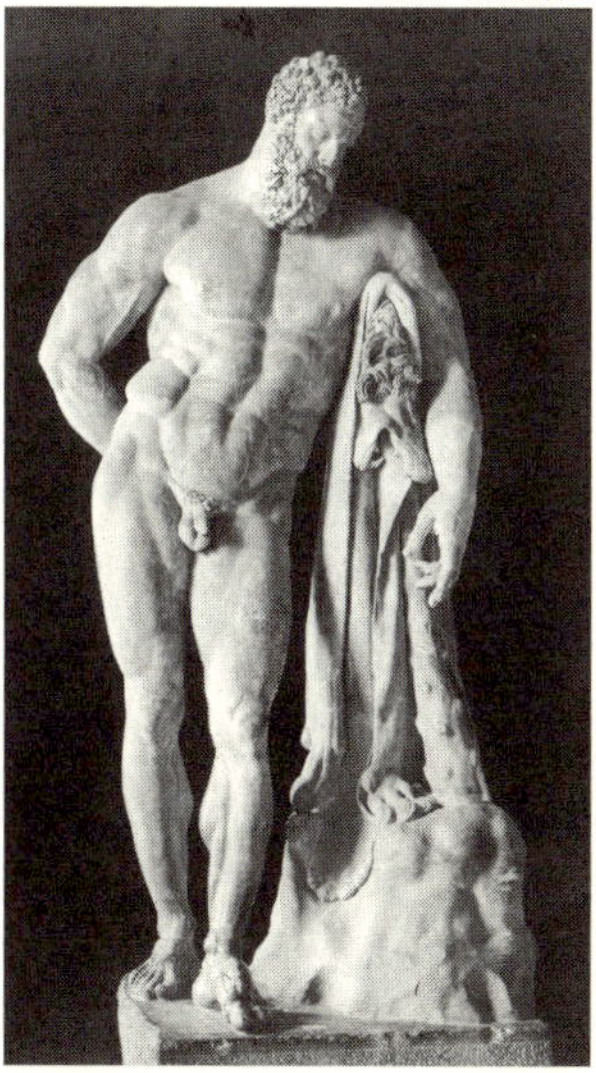

『棍棒にもたれて休息するヘラクレス像』(イタリア／ナポリ国立考古学博物館)

にその傷口を焼かせて再生を止めた。そして見事ヒドラ退治に成功したのだが、王エウリステウスは「これはイオラオスの手柄だ」と難癖をつけ、課題の達成と認めなかった。ヘラクレスはそれにもめげず、次々と難業を達成していった。

なお、最高神ゼウスから永遠の罰を与えられたプロメテウスを解放したのもヘラクレスであった。

ヘラクレスの死は悲劇的だった。ヘラの乳を飲んだ彼は不死のはずである。それなのになぜ死んだかといえば、彼が倒したケンタウロス族のネッソス（Nessos）の血を塗った服を着せられ、その猛毒のもたらす激痛に耐えかねて自ら火中に飛び込み肉体を焼き滅ぼしたからだ。

悲劇的な死を遂げたヘラクレスだが、その死によって罪は浄化され天上でよみがえり、神の世界であるオリュンポスの山上で父である万能神ゼウスの横に座を与えられたという。まるでイエスとヤハウェの関係のようだが、時系列的に言えば、ヘラクレスの方がイエスより先であることは言うまでもない。

■なぜ日本神話とギリシア神話に共通点が多いのか

ところで、ここで距離も時間も遠く離れた日本の神々の神話とギリシア神話に一種の共通性があることに気がつかれただろうか？

日本神話の成立はのちに紀元前7世紀以前（初代神武天皇の即位がBC660年）とされたが、これは神話的作為であり信じられない。それまで口誦で伝えられていた神話を、大和朝廷が初めて『古事記』という形で文字化したのが紀元712年だから、日本神話の誕生は早くても紀元3世紀頃から4世紀頃と考えるのが妥当だろう。すなわちギリシア神話よりははるかに新しいことになる。

しかし、両者には共通点が多い。既に述べたように、まず神は唯一ではなく、様々な分野を受け持つ神々がいたことである。そして彼らは、古代ギリシアの神々が「オリュンポス」という聖地に集まっていたように、「高天原《たかまがはら》」という聖地にいて「下界」を見下ろしていた。神々には男女の区別があり、セックスすることも珍しくない。

一つ違うのは、最高神とされる天照大神《アマテラスオオミカミ》（以下、「アマテラス」と表記）が父神と女神のセックスではなく、「死」がもたらす「穢《けが》れ（あらゆる不幸の根源のこと。以下「ケガレ」と表記）」を徹底的に排除した時に誕生した、と考えられていることである。

アマテラスの父伊邪那岐命《イザナギノミコト》（以下、「イザナギ」と表記）は、妻の伊邪那美命《イザナミノミコト》（以下、「イザナミ」と表記）が「火の神」を分娩する際、陰部に大やけどを負って死んでしまったのを悲しみ、地下にある真っ暗な冥界「黄泉《よみ》の国」へ行ってしまったイザナミを追い、彼女を取り戻そうとした。

この辺り、ギリシア神話にある「オルフェウス（Orpheus）」の物語とよく似ている。念のためだが、日本は離れ小島でギリシア文明との交流はまったくなかったので、この物語の影響を日本神話が受けたとは考えられない。

それにこの話はここからが違う。

竪琴の名手オルフェウスはその名演奏で冥界の王ハデスらを感動させ、許しを得て妻を連れ帰ろうとするのだが、地上に出るまで決して振り返ってはならぬという戒めを破ったために失敗する。

一方のイザナギは「死のケガレ」に完全に染まり腐敗してしまった亡き妻の身体を見て心変わりし、あわてて逃げだす。そして必死に追いかけてくる妻を振り切って明るい地上に出た時、最初に行なったのがケガレを除去する神事「禊《みそぎ》（以下、「ミソギ」と表記）」であった。

ミソギとは清らかな水の流れに身を浸し、ケガレを「水に流す」ことである。その際、左の眼を洗った時に誕生したのがアマテラスで、鼻を洗った時に誕生したのがアマテラスの弟である須《ス》佐之男命《ノオノミコト》（以下、「スサノオ」と表記）である。つまり、日本神話ではアマテラスを「死のケガレ」から最も遠い存在と定義しており、それ故にその子孫（人間）である天皇は人間の中では一番偉い存在だと位置付けているのだ。

ところで、スサノオは乱暴者で天界の主宰者である姉アマテラスに従わず、数々の乱行を繰り返した。そのために、高天原を追放され人間界を彷徨《さまよ》う。

そこでスサイオはヘラクレスのような、世のため人のためになる難業を達成することになる。典型的なのは「ヤマタノオロチ（八岐大蛇）退治」のエピソードだろう。

ヤマタノオロチは八つの頭を持った大蛇である。毎年村の娘を生贄として要求し食べていた。その村を通りかかったスサノオは、娘の父親に強い酒の入った桶を八つ用意させ、ヤマタノオロチにそれを飲ませた。そして、桶に八つの頭をつっこんだまま酔いつぶれているオロチの首を次々に切り落として見事に退治したのである。

ヘラクレスの「水蛇ヒドラ退治」との類似性を思うのは私だけではあるまい。

スサノオは神そのものだが、ヘラクレスは神の子であり、その点が違うと考える人には、倭建命《ヤマトタケルノミコト》（以下、「ヤマトタケル」と表記）の神話を紹介しよう。

ヤマトタケルは景行《けいこう》天皇の皇子である。従って、神の子孫ではあるが人間であって神そのものではない。彼はスサノオのように乱暴な性格を父に憎まれ、天皇に逆らう部族の征伐を命ぜられる。その過程で、火攻めにあい危うく殺されそうになったり、海神の怒りをかって乗っている船が危うく沈没しそうになったりする。沈没の危機は妻が自らを海神に犠牲として捧げることによって回避するが、身も心も疲れ果てたヤマトタケルは最後の敵を何とか倒したものの、故郷へ帰る途中、疲労のあまり死んでしまう。しかし、その魂は白鳥と化して安らぎの世界に向かう、という神話である。

繰り返すが、これら日本神話がギリシア神話の影響を受けた可能性はほとんどない。逆に言えば、人類はもともとそれぞれの地域でこういう神話、つまり信仰を生み出す傾向があるのだろう。

例えば、農業における収穫は基本的に天候によって支配される。豊作もあれば不作もあるが、いったいなぜそうしたサイクルが繰り返されるのか。天地というものに根本的な変動があるわけでもないのに、偶然とはとても思えない「人為的」なサイクルが繰り返されるのは、天候を根源的に管理している超自然的な存在がいるからだ、と人類は考えたのである。日本ではそれが「山の神、海の神」になった。つまり、漁業でも基本的な考えは同じで、大漁をもたらす神が存在し、その神に感謝し崇敬しなければ大漁がもたらされない、と人類は考えるようになったのである。当然それは、神々にはそれぞれの分担がある、という考えになる。すなわちギリシア神話の世界であり、日本神話の世界である。

ギリシア神話とは、『旧約聖書』等に表現されている一神教の世界に対し、様々な表現で語られている多神教の物語の代表的なものである。

一神教の世界では、すべては神によって創造される。「1」という数字からすべてが始まる一種の幾何学的世界である。あるいは様々な元素によって物質が形作られる化学の世界と言ってもいいかも知れない。根源である神からすべてが秩序立てられた世界である。

しかしギリシア神話の世界では、神と人間は基本的には同じである。すべてを「1」から創造するのではなく、混沌の中から「自然」に生まれた神々が人間と同じように愛し、怒り、苦しみ、様々なドラマを織りなす。神が並みの人間と違うのは、「神通力」や「不老不死」の能力を持っているところだけで、だからこそ人間と同じような行動をするのである。

これに対して一神教の世界では、人間はあくまで「造られたもの」にすぎず、創造主であり絶対の存在である神が、そのようなドラマの主人公となることは絶対にない。それができるのは古代ギリシア、そしてインド、日本などの多神教の世界である。

しかし、古代ギリシアと日本ではこの後に大きな違いがある。ギリシアはキリスト教という「強い一神教」に遭遇し、オリュンポスの神々はことごとく否定され排斥されてしまった。日本の神々はキリスト教の上陸にも負けずにしぶとく生き残った。

なぜ日本の神々は勝ち、オリュンポスの神々は負けたのか？

それが序章で述べた「造り変える力」なのである。キリスト教は全力を挙げてぶつかってくる異教には強い。「すべては神によって創造された」という強烈な原理が、多神教の持つあいまいな教義を粉砕してしまうからだ。一方、神道はキリスト教をいったん受け入れ（正確には受け入れる形をとり）対抗しようとせず、そのうちに「八百万《やおよろず》の神々」の一人として取り込んでしまう。日本発祥だとされる世界的な「意思決定方法」に「じゃんけん」がある。内容については説明不要だろう。じゃんけんの勝ち負けを思い出していただきたい。「チョキ」が「パー」に勝つのは鋏《はさみ》が紙を切り裂くからである。しかし「グー」が「パー」に負けるのは破壊されたからではない。岩が紙に包み込まれてしまったからだ。つまり、これが日本におけるキリスト教（岩）に対する神道（紙）の勝利の形なのである。

多神教より一神教の方が強いというのが世界史の法則、いや原則である。しかし、その強い一神教に勝利を収めた多神教が二つだけある。それがヒンドゥー教と日本の神道で、だからこそ、この『逆説の世界史』で取り上げる必要があったのだ。

ちなみに儒教もキリスト教に勝った宗教だが、多神教とは言えないのでその勝利はまた別の形である。既に第1巻「古代エジプトと中華帝国の興廃」で述べたが、「怪力乱神《かいりよくらんしん》」、つまり超自然現象あるいは来世を証明不可能なものとして徹底的に排除する姿勢がその勝因だろう。

■最高神ゼウスを讃える祭りの行事として始まった古代オリンピック

話をギリシア神話に戻そう。極めて重要なことだが、先に紹介したヘラクレスは古代オリンピックの創始者だとする伝説がある。都市国家エリス（Elis）の王アウゲイアス（Augeias）と戦ったヘラクレスは、ようやくエリスの攻略に成功した時、それを記念して近くのオリュンピア（Olympia）に最高神ゼウスの神殿を建て、その地で競技会を始めた。それがのちに四年に一度開催されるようになり、オリュンピア競技（オリンピック）として定着したというのだ。

実はこれには異説もあり、伝説の英雄アキレウス（Achilleus）が創始者だとも伝わるが、とにかく共通しているのは競技会としての古代オリンピックの起源は、ゼウスを讃《たた》える祭りの行事として始まったと伝えられていることだ。

そして歴史上の事実としては、その後、ギリシア全土でポリス同士の戦争が続き、疫病も蔓延《まんえん》し、このままでは共倒れとなるような状況となった。

都市国家エリスの王イフィトスは事態を打開するため、都市国家デルフォイのアポロン神殿に伺いを立ててみたところ、争いを中断し、ゼウスを讃える競技会を復活せよという神託を得た。

そこで王イフィトスは、抗争を続けているギリシア全土の各ポリスに神託を告げる使者を送り、休戦して競技会を復活させようと呼びかけ、それを実現させた。競技会開催中の休戦協定が確実に守られるよう、「オリュンピアの地に武力侵入することは神への反逆である」という文章が彫りこまれた金属製の円盤が、ヘラの神殿に捧げられた。

この円盤は「イフィトスの円盤」と呼ばれる。現存していないため、この王イフィトスによる競技会復活を伝説ではないかと疑う研究者もいるが、古代オリンピックは都市国家エリス近郊にあるゼウスを主神とする神域オリュンピアに建設された競技場で始まり、四年に一度のその期間は、ギリシア全土で休戦協定が守られたことは事実だ。

そして明確な記録が残る第一回のオリンピックは紀元前776年に行なわれた。この大会の開催スケジュールはギリシアの暦の単位にもなった。「オリンピアード（Olympiad）」というのがそれで、オリンピックから次のオリンピックまでを第○オリンピアードとし、その間の三年間を第○オリンピアードの第×年と数える方法である。例えば紀元前774年なら「第1オリンピアードの第2年」になる。

ところで、オリンピックはフランスの男爵ピエール・ド・クーベルタン（Pierre de Coubertin／1863～1937年）の提唱によって近代オリンピックとして復活することになり、第一回大会（夏季大会）が1896年にギリシャ王国（当時　Kingdom of Greece）の首都アテネで開催されたわけだが、クーベルタン男爵が復活を提唱した動機は、スポーツ振興ではなく平和の実現にあった。まさに当時、世界は戦争を志向する時代（第一次世界大戦は1914年に勃発）であり、彼は古代ギリシアの英知に学んで、何とかその傾向に歯止めをかけようとしたのである。

だからこそ、「オリンピックは参加することに意義がある」平和の祭典なのだ。残念ながら20世紀前半は、クーベルタン男爵の意図とはまったく逆に、「戦争によってオリンピックが中止される時代」となってしまったが、我々は改めてギリシア人の英知を想起することが必要かもしれない。

　ちなみに、古代オリンピックはローマ帝国に覇権が移ってからも続けられた。ローマ帝国がギリシアの最高神ゼウスをユピテル（Jupiter　英語読みでジュピター）として受け継いだからだ。従って、その歴史はローマ帝国がキリスト教を国教と定めた時に終わった。紀元4世紀のことである。オリンピック関連施設やゼウスの神殿もこの時、徹底的に破壊されたようだ。

　また、約千五百年後に近代オリンピックがギリシャ王国で開催されることになった時、今では想像しにくいことだが、「異教の祭典」など行なうべきではないと反対する人々が少なからずいたという。この間に彼らギリシャ人は熱心なキリスト教（ギリシア正教）の信徒となっていたからだ。

　彼らギリシャ人が歴史遺産・観光資源として古代ギリシアの遺跡および遺物を大切にするようになったのは、歴史的に見れば、ごく最近のことである。先年、ギリシャを取材した時も、ベテランの観光ガイドたちは、オリュンポス山（実在する）のどこにゼウスゆかりの場所があるか知らなかったし、若者はヘラクレスの死因は知っていたが、どこで生まれどこで死んだか、その伝承地について知らなかった。観光ガイドブックにもオリュンポス山のことは詳しく載っていないから、私が質問した相手がたまたま知らなかったというわけではなかったようだ。数年前のことだから今は改善されているかもしれないが、これも一つの歴史である。

　一方、クーベルタン男爵は近代五種競技（射撃・フェンシング・水泳・馬術・ランニングの五種目を一人でこなし総合点を競う）を制定し、近代オリンピック種目に採用させたが、これはそもそも古代オリンピックに「古代五種」とも呼ぶべきレスリング・円盤投げ・やり投げ・走幅跳び・短距離走があったからである。

もっとも、種目が増えたのはのちのことで、最初は短距離競走だけだったらしい。従って記録に残る第一回古代オリンピックの勝者は唯一人で、名を都市国家エリス出身のコロイボス（Koroibos）というが、彼の詳しい経歴は分かっていない。

現在のギリシャ共和国の首都アテネから西へ約255キロメートルにあるオリュンピアの地は、大々的に発掘され、数多くの遺跡が発見されている。私が訪れたのは古代競技場の跡で、短距離走のコースの長さは約191メートルと決まっていた。

また、百年ほど前、ルイス・ダイヤーというアメリカの研究者は著書『オリンピックの劇的空間』の中で、このメインスタジアムの総観客数は約四万人と推計している。劇場のような観客席の痕跡はないので、観衆は立ち見であったと考えられ、そのスペースを計算してそのように推計したのである。発掘は現在も続けられ、神殿跡や宿泊施設さらに練習場跡や下水道などが続々と発見されている。

この遺跡を最初に発見したのは、ドイツの考古学者エルンスト・クルティウス（Ernst Curtius／1814〜1896年）だった。彼は同じドイツの考古学者ハインリヒ・シュリーマン（Heinrich Schliemann／1822〜1890年）が、古代ギリシアの大詩人ホメロス（Homeros／生没年不詳）の叙事詩に登場はするものの実在を疑問視されていたトロヤ（Troia）遺跡を発見したのに触発され、向こうがホメロスならこちらはパウサニアス（Pausanias／生没年不詳　ギリシア人の旅行家）だと、彼が2世紀に書いた『ギリシア案内記（ギリシア記）』を頼りに、オリュンピアの発掘に着手し成功したのである。

注意すべきは、トロヤ遺跡と違ってオリュンピア遺跡は、場所がほぼ確定されていたが、クルティウスが発掘するまで考古学者は手をつけようとしなかった、ということだ。オリンピックという言葉自体はパウサニアスの著書のような文献で確認できるにもかかわらず、多くの学者はそれが実際に行なわれていたという確信を持っていなかったのである。物的証拠つまり考古学的遺物がなかったからだ。

クルティウス以後、事情は劇的に変わった。遺跡からは、様々な建物跡だけでなく、競技の様子を描いた絵や使われた円盤などの道具、競技の勝者の名を記した碑文などが多数見つかり、まさに後世の人間にオリンピックが実在したことを明確に知らしめたのである。

このオリンピックは、最高神ゼウスに捧げる祭りの行事として挙行されたものなのだ。

実は、これは世界宗教史上極めて特異な例であることにお気づきだろうか？

確かにどのような文明でも「祭」とは神を讃える儀式であり、そのために神に捧げる供物として、食物の他に舞踊や音楽などが奉納されることが多かった。他ならぬ古代ギリシアでも太陽神アポロンの祭りは音曲のコンクールを兼ねていた。優れた芸能を奉納すれば、神は喜ばれるからだ。

しかし最高神ゼウスは、なぜ男たちがスポーツで競うことを喜ぶのか？　神話を読めばゼウスが最も好きなのは美女である。しかし、オリンピックに美人コンテストはない。それどころか、会期中、女性は原則として神事を司る者しかオリュンピアに入ることすら許されなかったのである。世界宗教史上極めて特異な例という意味はそこにある。

この問題を考えるヒントを提供しよう。興味ある方は次節を読む前にこの問題を考えていただきたい。

それはもし古代オリンピックの勝者が、同時期に世界を代表する文明圏であった「中国」に行ったとしたら、いったいどんな評価を受けたかということである。当時の中国人はまず間違いなく、その選手は奴隷か肉体労働者か、極めて低い身分の者と見なしただろう。なぜなら中国文明とは「飽食を善」とする文明だからである。

■世界四大文明とはまるで違うギリシア文明の特異性

文明というシステムをもたらすものはいったい何だろうか？

私はそれを「炭水化物」だと答えよう。特に、かつて「世界四大文明」と呼ばれた、エジプト、メソポタミア、インド、中国は、まさに炭水化物の賜物《たまもの》である。人間は、学問や芸術にいそしむためには、まず「食う」という欲求を完全に満たさなければならない。食うや食わずの生活では、腰を据えて、広い意味での文化の創造に取り組むことができない。

だから人類が狩猟や遊牧に頼っている間は、決して文明は発達しなかった。しかし、ナイル川や黄河のような大河の畔《ほとり》では、ムギのような炭水化物を豊富に含む作物が大量に実る。

イエス・キリストは「一粒の麦は、地に落ちて死ななければ、一粒のままである。だが、死ねば、多くの実を結ぶ。」（『新約聖書』「ヨハネによる福音書」第12章第24節／新共同訳／日本聖書協会）と述べた。もちろん、これは自分の死を象徴的に表わしたものだが、ムギが大地に蒔《ま》かれれば多くの実を結ぶ、ということが常識であってこそ成り立つ比喩でもある。現に、人類史上初めてのビール（麦酒）はメソポタミア文明で生まれた。

酒は文明の成熟度を測る一つの指標である。穀物つまり炭水化物が豊富に摂取できなければ文明は成立しない。食うや食わずのところで文明はあり得ない。しかし、酒ができるということは、穀物に余裕があり、だからこそ文明の指標となるのだ。

話は変わるが、16世紀初頭に「新大陸」アメリカをヨーロッパへ紹介したクリストファー・コロンブス（Christopher Columbus／１４５１頃〜１５０６年）はご存じだと思う。もっとも彼は死ぬまでアメリカ大陸をインド亜大陸だと思い込んでいたのだが、彼と彼のクルーがタバコと梅毒以外に全世界に紹介したものにスイートポテトがある。このイモは実は天からの贈り物と言っていいほどのすばらしい作物だった。

日本ではこのスイートポテトを「サツマイモ」と呼ぶ。その由来となった土地薩摩《さつま》国（鹿児島県）は離島を除く日本の最南端で、気候は温暖だが、食料に乏しい。なぜなら、その中心地である鹿児島市は桜島という巨大な活火山を囲む場所にあり、今も活動を止《や》めない桜島は、周辺に火山灰をまき散らしているからだ。火山灰でも肥料になるものもあるが、これは通常の作物に対しては栄養にならず、蓄積された台地は保水力がまったくない。だから、薩摩地方は南国でありながら餓死者の多い国であった。

ところが、17世紀に入ってこの薩摩地方に劇的な変化が起こった。その南方海域にある琉球王国（現在の沖縄県）から日本に初めてスイートポテトがもたらされたのである。これ以降、薩摩地方の餓死者は激減し、そのうえ、酒などほとんど造れなかった薩摩地方で、焼酎という独自の酒が大量に造られるようになったのである。もちろん原材料はスイートポテトである。そしてこの作物が薩摩地方から日本各地に広がると、「サツマイモ」と呼ばれるようになったが、日本のほとんどの栽培地域から「餓死」を減少させた。たいへん残念なことに、この作物の唯一の欠点は寒冷地では育たない点である。だから、もし品種改良などの農業技術で寒冷地でも栽培できるスイートポテトを作ったら、それはさらに多くの飢餓から世界を救うことになるだろう。

ちなみに今、アメリカ合衆国では、「コロンブス・デーなど廃止してしまえ」という意見がある。コロンブス・デーとは、コロンブスのアメリカ大陸到達を記念する日で、多くの州で法定休日とされている。にもかかわらず、なぜ廃止せよという意見が出てきたのか。その理由は、コロンブスが多くの先住民を虐殺したからだ。しかし、彼自身はまったく予期していなかっただろうが、コロンブスがスイートポテトを世界に広めたことによって、多くの人間を飢餓から救ったことも事実だ。

こう考えたらどうだろう。コロンブス・デーを廃止してしまえば、先住民虐殺の歴史も消してしまうことになる。だからその日は、コロンブスが人類に何をもたらしたか、虐殺もしたが多くの人々も救ったという歴史的事実を踏まえて、人間という不完全な存在は歴史にどのように関わるのか――そのことをみんなで考える日にすればいいのではないか。

さて、本章のテーマは古代ギリシア史である。それなのになぜ一千年以上も後の時代について述べたのか。それが人類の歴史全体を巨視的に見る『逆説の世界史』の特徴なのだが、炭水化物が、文明にいかに不可欠な存在かを知ってもらうためである。

炭水化物文明の世界では、どれだけ食糧に不自由していないかが重要で、酒もふんだんに飲めるに越したことはない。つまり、太っているという体形が文明人としての豊かさの証明なのである。逆に、筋骨隆々としているほど、上流階級のやらない肉体労働に従事する下層階級の人間ということになる。

そこで前節の終わりに述べたクイズだが、もし古代オリンピックの勝者が古代中国に行ったとすれば、必ず軽蔑されることになる、という理由がお分かりになったかと思う。

中国では「飽食」は文明の象徴である。

そして、こういう視点から見れば、現代の先進国のように筋肉質の身体を尊ぶギリシア文明が、他の文明に比べて極めて異質であることが分かるはずだ。

ギリシアを代表する炭水化物は何かといえば、答えられる人は少ないだろう。実は、ギリシアの土地はムギやコメの耕作にはあまり向いていない。従って、ちょうど日本の薩摩地方のように、温暖な地域でありながら大量の食糧は穫れない。

では、彼らはどんな食糧で胃袋を満たしていたのか？　それはオリーブとブドウである。温暖ではあるが肥沃《ひよく》ではなく保水力も乏しい土壌のギリシアには、エジプトにおけるナイル川のような恩恵をもたらす大河もない。にもかかわらず文明が発達したのは、まさにオリーブとブドウの賜である。こう言えばお分かりのように、この二つの作物は、ムギの耕作にまったく適していない土地でも豊かな実りを与えてくれるのだ。特にブドウはあれだけのみずみずしい果実でありながら、ほとんど水がないような土地でも育つ。まさにこれも天からの贈り物のような作物である。だからこそ、作物の豊穣《ほうじょう》を示す酒つまりワインも量産できた。

また、ギリシア本土は穀物栽培に適していないため、早くから交易社会となった。その中で大量に生産できるワインは、重要な輸出品にもなったのである。

要するに、ギリシア文明は四大文明とはまるで違う、いわば「ダイエット文明」であることがお分かりいただけたと思う。そのダイエット文明の祭典こそ、オリンピックなのである。

現代と同じ常識で考えてはいけない。現代では、飽食による太り過ぎは悪であり、健康を損ねるという医学常識がある。だが、昔はそんな常識はない。

その中で、ギリシアだけは違う。ギリシアはその食糧の少なさからダイエットする人間こそ理想の人間だった。神々はダイエットし、体を鍛えている。神々がなぜ裸なのかと言えば、その肉体が極限まで鍛えられて美しいからである。

そして、古代ギリシアの最高神ゼウスを讃える祭りでもあるオリンピックは、人間がその神の完璧な肉体にいかに近づけるかを競う大会となったわけだ。だからこそ、競技者は全裸で挑むのである。この勝利者に与えられる栄誉は、ギリシア文明の神聖な木である月桂樹《げっけいじゅ》の冠であることはよく知られているが、それ以外に重要な褒賞があったのをご存じだろうか？　優勝者の大理石像が作られ、ゼウス神殿に奉納されるのである。これがどんなに名誉なことだったか。のちにローマ時代の旅行家パウサニアスは例えば次のように述べている。

ラケダイモン（スパルタ　※引用者註）人像が奉納してある。戦車競走に勝利を得た選手たちの像である。一体目はアナクサンドロスで、この選手はこの種目ではじめて勝者宣言を受けた。像についた詩銘によると、本人の父方の祖父が以前に五種競技で栄冠を受けた。像は神に祈る姿をしている。もう一体はポリュクレスで、この選手は「青銅人間」の異名を持ち、これも四頭立戦車競走を制した。像は右手にリボンを持つ。選手像のそばに小さな子供が二人いてひとりは輪廻しの輪を提げ、もうひとりはリボンをねだっている。

（『ギリシア記』パウサニアス原著　飯尾都人訳　龍渓書舎刊）

パウサニアスは2世紀のギリシア人だが、実際に各地を訪れて自分の眼で観察しているので、この記述は信用できる。

ギリシア文明は、別の言い方をすれば、戦士の文化であった。戦士というと、都市国家スパルタばかりが思い浮かぶが、それとは対極と思われているアテネの哲学者ソクラテスも、実は、歴戦の勇士であった。彼は生涯三度戦争に参加し、しかも生還している。哲学者ソクラテスは普段から靴を履かなかったが、それぐらい足も丈夫だったのだ。その弟子プラトンの名もそもそも「肩幅が広い」というニックネームだという話がある。

筋骨隆々とした逞《たくま》しい人間であったことは間違いない。

■ギリシア神話の最高神ゼウスが生まれたクレタ島とミノア文明の謎

ギリシアの最高神ゼウスが生まれたクレタ島を訪ねた。

クレタ島は地中海の東部、地中海の一部であるエーゲ海の入り口に横たわる島で、面積は約8300平方キロメートルある（198頁の地図参照）。これは、フランスのナポレオン・ボナパルト（Napoléon Bonaparte／1769～1821年／在位1804～1814、15年）が生まれたコルシカ島（約8700平方キロメートル）よりは少し小さく、太平洋戦争の激戦地だったフィリピンのレイテ島（7750平方キロメートル）よりは少し大きい。クレタ島は東西に細長く、最も高いプシロリティ山（Psiloriti　古名イダ山〈Ida〉）は標高2456メートルもあり、山あり谷ありの起伏に富んだ地形である。

ギリシアで最も古い人類の遺跡は、これまで発見された中では、ギリシア本土ペロポネソス半島の一角にあるフランクティ洞窟（Franchthi cave）である。現生人類以前のネアンデルタール人もここにいたらしいが、後期旧石器時代（BC3万年～BC1万年頃）には現生人類がこの周辺で暮らしていたことが、遺物によってはっきりしている。

その後、旧石器時代（打製石器＝石を打ち砕いて製造した石器が使われていた時代）から新石器時代（磨製石器＝石を研磨して製造した石器が使われていた時代）に入ると、農耕・牧畜が始まり、やがて土器が登場する。農耕・牧畜は、それ以前の食糧調達法である狩猟・漁労・遊牧に対して、定住して行なえるという巨大な利点がある。古代エジプトでは、ナイル川の定期的氾濫に助けられた農業生産の増大によって、定住が確立し、富の蓄積が始まり、結果的に文明が発達したように、古代ギリシアでも新石器時代の頃から農業が始まったのである。

つまり、この地域の人類も紀元前３０００年頃から青銅器を使うようになり、初期青銅器時代へと突入した。ギリシア本土もそうだが、エーゲ海の周辺地域は気候温暖で海が穏やかなことから、島々を容易に往来できた。このような地の利を生かし、先進のオリエント文明圏との「海上の道」が開かれたことにより、ヨーロッパの他の地域より早く文明が開花した。

この最初の「ギリシア文明」は本土よりもエーゲ海南部のキクラデス諸島（Kykladhes）で発達したので「キクラデス文明」と呼ぶが、この文明の伝統は初期青銅器時代から中期青銅器時代にかけて、いったん途絶する。この途絶の確たる理由は今のところ不明だが、キクラデス文明を築き上げた先住民族

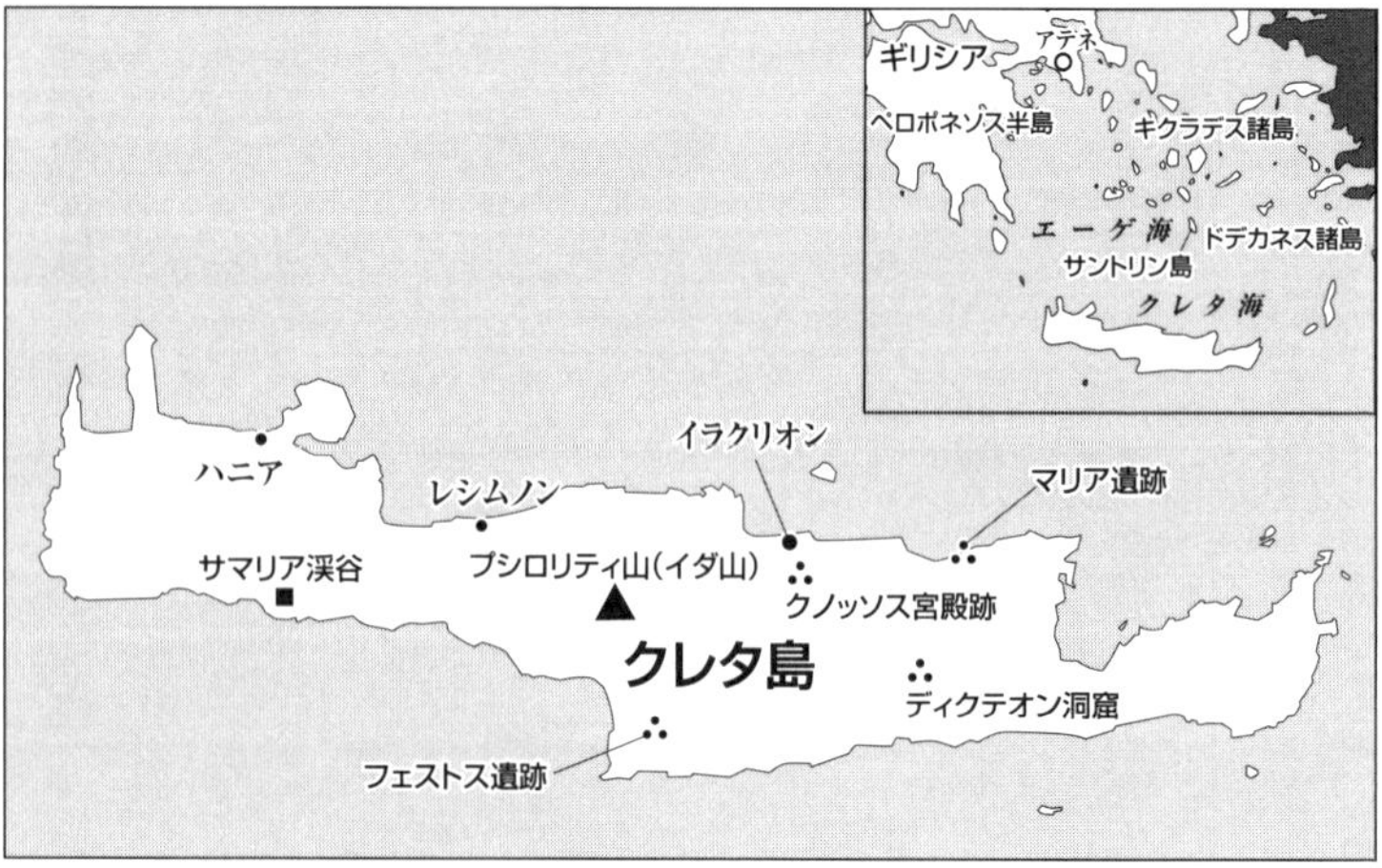

のいる地域に現代のギリシャ人の祖先である人々が侵入し、先住民の文明を破壊したのではないかとする仮説があり、これが真相ではないかと私は考えている。その証拠に、ギリシア本土およびキクラデス諸島では、この後、長い文化的停滞が見られるのである。侵入者の破壊による後遺症かもしれない。

その影響がまったく出なかったのがクレタ島であり、紀元前1600年頃からクレタ島は本土も含めたギリシア全土の中で最も大きな文化の華を咲かせるのである。

ギリシア神話では、最高神ゼウスと人間の女性エウロペ（Europe）の間に生まれたミノス（Minos）が、クレタ島の中心にクノッソス宮殿（Knossos）を築いて君臨したとあるので、このクレタ文明は「ミノア文明（Minoan Civilization）」とも呼ばれる。ちなみにゼウスがエウロペを連れ回したとされる地域が「ヨーロッパ」と呼ばれるようになったという。

そのミノア文明がギリシア本土からの侵入者によって滅び、代わってギリシア本土のミケーネ（Mykenai）が文明の中心地となるのだが、この前期のミノア文明、後期のミケーネ文明を総称して「エーゲ文明（Aegean Civilizations）」と呼ぶ。

ミノア文明を代表するのがクノッソス宮殿である。

私がクレタ島の中心都市イラクリオン（Iraklion）の郊外にあるクノッソス宮殿を訪れた時は、空はあくまで青く、春になったばかりなのに汗ばむほどの暖かさであった。宮殿の敷地面積は100平方メートル以上あり、中央広場を取り囲むように様々な色彩の建物が配置されている。優に千を超える数の区画（部屋）が四層に重なり、直線的だが不規則に入り組んだ階段や廊下が続く。王座の間や浴槽らしきものもある。

特に多いのは農産物など食糧を貯蔵する収納庫である。多くの考古学者は、強大な王権のもと、島内全域から集められた収穫物つまり食糧を、この宮殿に詰めていた官僚たちが再配分していたのではないか、と考えている。

とにかく訪れる者に圧倒的な存在感を植えつける遺跡である。

この建物は入り組んだ構造から「迷宮（ラビリンス）」と呼ばれ、神話の舞台となった。

ミノスは最高神ゼウスと人間の女性エウロペの間に生まれたが、クレタ島の王アステリオス（Asterios）の養子となった。しかし、ライバルが多数いた。そこでミノスは海神ポセイドンに、王位継承の証として生贄《いけにえ》にする牡牛を海から送ってくれるように祈りを捧げた。ポセイドンはミノスに牡牛を送ったが、ミノスは牡牛があまりに美しかったため、別の牛を代わりに生贄として首尾よく王となった。

裏切りに気づいた海神ポセイドンは恐るべき呪いをかけた。ミノス王の妃パシファエ（Pasiphaë）が人間ではなく牛に欲情するように、である。呪いを受けた妃パシファエは、天才的な名工ダイダロス（Daidalos）に命じて牛の木像を作らせ、その中に入って牡牛と交情し、人間と牛の血を引く子を産んでしまった。それが有名な怪物ミノタウロス（Minotauros）である。

怪物ミノタウロスは成長すると人間を食うようになったので、ミノス王はダイダロスに命じて迷宮を建造し、そこへミノタウロスを封じ込めた。つまり、これがクノッソス宮殿であり、迷宮が誕生した由来というわけだ。

この話にはまだ続きがある。ミノス王は九年に一度（毎年説など諸説あり）、服属させていたアテネから若い男女を生贄として差し出させて迷宮に送り込んだので、人々は恐れ憎み、何とかミノタウロスを退治できないか、と考えるようになった。

問題は、怪物ミノタウロスを殺すためには迷宮に深く潜入せねばならないが、仮に殺害に成功しても帰って来られないということだ。ミノス王はそもそもミノタウロスが出て来られないように迷宮を造らせたのだから。

この難問を解決したのが、アテネの王子テセウス（Theseus）であった。テセウスはミノス王の娘アリアドネ（Ariadne）と恋仲になり、彼女から赤い麻糸で出来た玉と短剣を受け取り、生贄に混じって迷宮に入った。その時、その「アリアドネの糸」の端を入り口の扉に結び、少しずつ延ばしながら迷宮の奥へと進んでいった。そして怪物ミノタウロスを短剣で倒し、糸を辿《たど》って無事に帰還したのである。

ただし、有頂天になった王子テセウスは、父王アイゲウス（Aigeus）と交わした約束を忘れてしまった。アテネから出航する生贄を乗せた船は黒い帆を上げる習わしになっていたが、もし怪物ミノタウロスを倒し無事に帰還できた暁には、船の帆を白に替えて凱旋《がいせん》すると約束していたのに、それを忘れてしまったのである。

黒い帆を上げた船が帰って来たのを見た父王アイゲウスは、王子テセウスが怪物ミノタウロスに殺されてしまったと早合点し、悲しみのあまり目の前の海へ投身自殺した。そこで、この海は「アイゲウスの海」つまりエーゲ海と呼ばれるようになったという。

この麻糸の玉を用いて迷宮を脱出する方法を考えたのはアリアドネではなく、彼女に頼まれた名工ダイダロスその人であった。怒ったミノス王はダイダロスと息子イカロス（Ikaros）を「迷宮」に幽閉した。ダイダロスは鳥のような翼を作り、それを息子イカロスの背に蠟《ろう》で接着した。彼はその「イカロスの翼」で大空へ飛び立ち、島を脱出することに成功したが、喜びのあまり太陽に近づき過ぎた。そのため太陽の熱で蠟が溶けて翼がもげてしまい、イカロスは墜落死してしまったという。

ところで、このクノッソス宮殿遺跡を1900年に発掘し、併せて復元を行なったのは、イギリスの考古学者アーサー・エヴァンズ（Arthur Evans／1851～1941年）だが、彼は同時にクノッソスなどで粘土板に刻まれた二種類の線文字を発見した。そしてこれを「線文字A（Linear A）」、「線文字B（Linear B）」と命名した。

彼自身はこれらの文字は両方ともギリシア語の「先祖」ではないと考えていたが、のちに線文字Bが刻まれた粘土板がギリシア本土において大量に発掘され、1952年、イギリスの建築家マイケル・ヴェントリス（Michael Ventris／1923～1956年）と言語学者ジョン・チャドウィック（John Chadwick／1920～1998年）により、ギリシア語の原型であることが解明された。しかし、線文字Aは手掛かりになるテキストの出土例が少なく、未だに解読されていない。

また、線文字Bはギリシア語の原型を表記するものではあるが、ギリシア文字の原型ではない。ギリシア文字は、東地中海域でフェニキア人が使用していたフェニキア文字（Phoenician alphabet）の影響を受けたもので、これが現在世界で広く使われているアルファベットに発達するのだが、線文字Bはそれとはまったく違う形状の文字である（写真参照）。だからこそエヴァンズは、これがギリシア語とは無関係の言語の文字であると考えたのである。つまり、線文字Bが解読されて分かったことは、ミノア文明はギリシア文明に繋がる「先祖」の一つということになる。

さて、ギリシア神話の最高神であるゼウスの生まれた場所も、ギリシア本土ではなくここクレタ島にあると伝えられている。

既に述べたように、ゼウスの父クロノスは「息子に倒される」という予言を信じ、男女にかかわらず、妻レアとの間に生まれた子供たちを次々に呑み込んでいた。そこでクロノスの母ガイア

Bridgeman Images / PPS通信社

線文字Aと線文字B（ギリシャ　クレタ島／イラクリオン考古学博物館）
クレタ島で出土した粘土板に刻まれた二種類の文字。線文字B（下）はギリシア語との繋がりが解明されたが、線文字A（上）は未解読のまま

（大地の女神）は末の孫のゼウスの命だけは助けようと、まずレアをクレタ島に送り密《ひそ》かに分娩《ぶんべん》させ、布に包んだ石を生まれた子だと偽ってクロノスに差し出させた。クロノスはそれを呑み込みゼウスも殺したと信じたのである。

しかし、ゼウスはクレタ島の洞窟ですくすくと成長していた。そのゼウスが生まれ育った洞窟とは、クレタ島の最大都市イラクリオンから約50キロメートル東、海抜1025メートルの山間地域にある大鍾乳洞《しようにゆうどう》であり、地元では「ディクテオン洞窟（Diktaion Antron）」と呼ばれ、「ゼウスの生誕地」として今も残されている。

私はここも訪ねた。

クレタ島には鉄道はないので、起伏のある地形をイラクリオンから三時間ほど車で行くと、平野を見下ろす小高い山の麓に着く。そこから徒歩で二十分ほど山道を辿ると、ディクテオン洞窟の入り口である。洞窟は入り口からまっすぐ奥に続くのではなく、下へ向かって降りていく形である。

ディクテオン洞窟（ギリシャ　クレタ島）

いつの頃から階段が作られたのだろう、ビルにたとえれば「地下三階」へ降りていくような感じである。今では照明が設けられ、洞窟の全容を一目で見ることができるが、昔の人々は松明《たいまつ》を携え、この闇の空間を畏敬の念をもって訪ねたに違いない。実際、古代の巡礼者によって捧げられた供物（石でできた動物像など）が多数発見されている。ゼウスが生まれたとされている場所もあるが、特別な標識があるわけではない。だいたいこの辺りということなのだろう。

ゼウスはここで山羊《やぎ》に姿を変えることのできる妖精アマルテイア（Amaltheia）に育てられたという。彼女がゼウスの「乳母」というわけだ。

クレタ島はギリシア神話の故郷なのである。しかし、このクレタ島のミノア文明は紀元前1400年頃に突如崩壊した。それ以前にも大地震があり、クノッソス宮殿が完全に崩壊したこともあったのだが、その遺跡の上に新たな、つまり現在我々が見ることのできる巨大な宮殿が再建されており、ミノア文明の強靱《きょうじん》さをうかがい知ることができる。

その文明が崩壊してしまったのである。

崩壊の理由については、火山の大爆発による災害が原因だとする説がかつて存在した。火山の大爆発がミノア文明に大打撃を与えたことは事実である。ギリシア本土とクレタ島の間にあるサントリン島（Santorin）は、紀元前15世紀に大爆発を起こし、島にあったミノア文明を代表する都市アクロティリ（Akrotiri）を火山灰で埋め尽くしてしまったことが、発掘によって確認されている。

しかし、ミノア文明を完全に崩壊させたのは、このような火山活動ではなく、ギリシア本土に新たに誕生したミケーネ文明の担い手たちだった。

第二話　民主主義のルーツとしてのポリス

■なぜポリスの連合体が「ギリシア連邦」を築けたのか

クレタ島で栄えたミノア文明は、紀元前1400年頃、ギリシア本土からの侵入者ミケーネ人によって滅ぼされ、代わってギリシア本土のミケーネが文化の中心地となる。

この前期のミノア文明、後期のミケーネ文明を総称して「エーゲ文明」と呼ぶわけだが、このエーゲ文明は19世紀中頃まではまったく知られていなかった。19世紀末から20世紀初頭にかけて、ドイツの考古学者ハインリヒ・シュリーマンによるミケーネの発掘、イギリスの考古学者アーサー・エヴァンズによるクノッソス宮殿の発掘によって、エーゲ文明の全貌がようやく明らかになったのだ。

考古学者シュリーマンはミケーネ発掘に先立って、ギリシアを代表する詩人ホメロスによって語られたトロヤ戦争（Trojan War　ギリシア諸国と城塞都市トロヤの戦い）の遺跡を発掘し、世界的に有名になった人物である。この戦争は神々が登場することもあり、近代に入ってからは神話だと思われていた。しかし、シュリーマンはこの神話のもとになる事実があったと確信しており、発掘の成功によって現在では実際に戦争があったとする説が有力になっている。

このギリシア神話は極めて長い話で語るのはたいへんだが、最高神ゼウスとティタン神族の戦い以上に西欧世界ではよく知られているので、できるだけ簡略化して述べよう。

そもそもトロヤ戦争の発端は、英雄アキレウス（Achilleus）の両親となるペレウス（Peleus）と女神テティス（Thetis）の結婚式に、不和の女神エリス（Eris）が招待されなかったことだ。エリスは怒って、「最も美しい者へ」と書き込まれた黄金のリンゴをその場に投げ込んだ。それが自分の物だと主張する、ヘラ（最高神ゼウスの妻）、アテナ、アフロディテ（Aphrodite）の三人の女神の間で争いが起こり、城塞都市トロヤの王子パリス（Paris）が神に選ばれて判定を下すことになった。

三人の女神はそれぞれ「権力」「勝利」「美女」をエサに王子パリスを誘惑し、結局パリスは「美女」を選んでアフロディテに黄金のリンゴを与えた。そしてアフロディテの力を借りたパリスは、ギリシア第一の美女で都市国家スパルタの王メネラオス（Menelaos）の妃ヘレネ（Helene）をトロヤに拉致した。

怒った王メネラオスは、兄のミケーネ王アガメムノン（Agamemnon）と共にギリシア諸国の王に呼びかけ、トロヤを攻めた。しかし、トロヤは頑丈な城壁に守られた要塞都市で、陥落することなく、戦いは十年の長きにわたった。

そのうちギリシア陣営の総司令官アガメムノンと英雄アキレウスが仲違いするなど、戦局はトロヤ優勢のままに進んだ。そこでギリシア陣営の英雄オデュッセウス（Odysseus）は、奇策「トロイ（トロヤ）の木馬」を実行することにした。巨大な木馬を作り、その中にギリシア兵を潜ませてトロヤ城の門前に置き、全軍を一旦引き上げさせたのである。ギリシア軍はトロヤの攻略を諦めて全面撤退したと思わせるためである。

計略は成功した。門前に置かれた木馬をギリシア側の贈り物と見たトロヤの人々は、木馬を門内に引き入れて勝利の宴で酒に酔いしれた。だが、人々が寝静まった頃に木馬の中に潜んでいた兵士が城門を内側から開けた。そして夜陰に乗じて攻め込んだギリシア軍は難攻不落のトロヤを見事に陥落させ、ヘレネ妃を奪回することに成功したのである。

西洋世界で「トロヤのヘレネ（Helen of Troy）」が絶世の美女の代名詞になったのも、この神話によるものである。

ちなみにヘレネは、19世紀のドイツ人作家ヨハン・ヴォルフガング・フォン・ゲーテ（Johann Wolfgang von Goethe／１７４９～１８３２年）の傑作戯曲『ファウスト（Faust）』にも、主人公ファウスト博士を誘惑する存在として登場する。それだけ西洋社会では有名な存在であるということだ。

実際のミケーネ文明はギリシア本土で発達し、先行のミノア文明を見習って地中海交易によって発展した。いわばミノア文明は「師」であったわけだが、そのうちに開放的であると同時に無防備なミノア文明の弱点を突く形で、本拠であるクレタ島に侵攻征服したと推測される。

また、同時期にミケーネはトロヤ戦争で城塞都市イリオン（トロヤ）を滅ぼしたので、これをのちに詩人ホメロスが叙事詩『イリアス（Ilias）』『オデュッセイア（Odysseia）』の題材としたわけである。

もっとも、考古学者シュリーマンが発見したトロヤ遺跡の調査によって、城塞都市トロヤが何らかの形で破壊された事実は認めるものの、それがホメロスの伝えるような事情によるものかは確定できない、という慎重な態度をとる学者もいる。つまり、あくまで伝説であって事実であるかどうかは分からないということだ。

いずれにせよ、ミケーネは強い軍事力によってギリシアの本土および島嶼《とうしょ》地方に覇権を確立したのである。そうした経緯もミケーネ文明に影響を与えたと考えられる。

というのは、開放的なミノア文明と対照的に、ミケーネ文明は明らかに外敵からの防御を意識した城壁で囲まれ、極めて閉鎖的なものとなっているからである。考えてみれば、そのミケーネが堅固な城壁に囲まれた都市トロヤを陥落させたというのも、象徴的な「歴史」と言えるのかもしれない。

また、ミケーネ文明遺跡の最初の発掘者シュリーマンが発見した、いわゆる「アガメムノンの黄金の仮面」（211頁の写真参照）は実はもっと古い時代のものであるようだが、ミケーネ文明を代表するばかりでなく、同じくギリシア文明を代表する「ミロのビーナス」などと並んで、西洋世界で最も有名な美術品であると言えよう。

しかし、栄華を誇ったミケーネ文明も紀元前1100年頃、ドーリア人（Dorians）の侵入によって崩壊した。

ドーリア人はのちに都市国家スパルタ（Sparta）を建国し、若者に徹底した軍事訓練を中心とした教育、いわゆる「スパルタ式教育」を施すことで強大な軍事国家を形成し、後世に名を残すが、この時、ミケーネに勝てたのは軍事に対する習熟もさることながら、ミケーネの武器が青銅器であったのに対し、ドーリア人は鉄器を用いたことであろう。

オリエント文明において、最大強国であったラメセス2世（Rameses Ⅱ／生没年不詳／在位BC1279頃～BC1213年頃）のエジプト王国をシリアのカデシュ（Kadesh）の戦い（BC1286年頃）で圧倒した、ヒッタイト国（Hittites）の勃興に通じるものである。ヒッタイト国の勝利の原因も豊富な鉄器の使用にあった。

ドーリア人はオリエント世界から鉄器製作の技術を何らかの形で導入したと考えられる。

このドーリア人によるミケーネ文明の破壊以降、アテネやスパルタなどの都市国家（ポリス）を中心とした、一般的にイメージされるギリシア文明が花開くまで、年代で言えば紀元前1100年から紀元前700年頃までのギリシアを、これまでは「暗黒時代」と呼んでいた。特にこの時代を代表する大きな文明がなく、その結果として文字史料も乏しいからである。

しかし、この時代に鉄器が普及したことは間違いない。この暗黒時代を招いた原因を、紀元前1200年頃にオリエント社会および地中海社会で起こった「前1200年のカタストロフ」と呼ばれる大異変に求める説がある。これはヒッタイト国が独占していた鉄器の生産技術が何らかの理由によって他の地域に拡散したため、青銅器時代が終わって鉄器時代となり、新たな戦争と混乱の時代が始まったとする考え方で、ドーリア人によるミケーネ文明の破壊もこの一環と捉えるのである。

個人的な見解だが、このカタストロフの原因は、やはり鉄器の使用によって武器の優劣が生まれ、一つの集団が別の集団を略奪および征服しようとする傾向が助長されたことであろう。鉄器は武器としてだけではなく、農具として使用すれば生産力を増大させる効果を持っている。その結果、財産が蓄積できる豊かな社会が建設されると同時に、財産を武力で奪い合うという風潮が社会を支配したのであろう。

こうした時代は文化が発達しない。豊かな食糧だけではなく、人間が何らかの文化事業に専念できる平和が存在しなければ、文化が発達しないのである。いわゆる「暗黒時代」はそういう時代だったのだろう。その長い戦乱の時代が約四百年続き、平和が生まれた頃から新しい時代が始まったということに違いない。

ところで、世界史のどの時代にもない、おそらくギリシアだけの特徴と言えるものがある。

通常長い戦乱時代を終わらせ平和をもたらすのは、一つの大帝国である。エジプト王国もそうだし、中国大陸の各王朝もそうだし、中東地域でもそれは変わらない。

しかし、ギリシアだけは大帝国が出現せず、ポリス

PPS通信社

「アガメムノンの黄金の仮面」
（ギリシャ／アテネ国立考古学博物館）

（都市国家）の連合体という形で平和が確立された。しかもこの連合体は強固なもので、のちに旧勢力（従来型権力）の代表とも言えるペルシア帝国との戦争に勝っている。

これはいったいどういうことなのか？　確かにこの地域にものちにアレクサンドロス大王の建国したマケドニア帝国（Macedonia）が生まれるのだが、それ以前になぜポリス連合体が強固な「ギリシア連邦」を築き上げることができたのか。

これこそギリシア史で追究すべき最大の問題である。

だが、それを考察する前に、とりあえず暗黒時代の終わり頃からどのようにしてポリスが成立していったか、代表的な例を見ていくことにしよう。

まずはポリスの代表、アテネである。

暗黒時代のアテネについてはよく分かっていない。ただ、この地は地味に乏しく農業に向いていないため、豊かな土地ではなかったようだ。しかしこれが幸いして、ドーリア人の征服欲の対象にならなかったとする見方もあり、もしそれが正しければ、貧しい土地であるが故にアテネはゆっくりと実力を蓄えることができたとも言える。

そのうちにアテネはエーゲ海の海上交易に乗り出した。農業は期待できないため、商業に活路を見出したのである。

この方針転換は大成功だった。これを機にアテネはギリシア有数の豊かなポリスとして発展していった。そして伝説的な詩人にして改革家のソロン（Solon／BC６４０頃～BC５６０年頃）が、「ソロンの改革」によってアテネの黄金時代の基礎を築いたのだが、これについては次節で詳しく述べよう。

もう一つ代表的なポリスは、アテネのライバル、スパルタである。都市国家スパルタは紀元前10世紀頃にギリシア北方から侵入し、先住民アカイア人(Achaeans)を征服したドーリア人によって建国された。スパルタにも、アテネのソロンのような伝説的な改革者リュクルゴス（Lykurgos／生没年不詳）がいて、「兵営国家」としてのスパルタの基礎を築いた。

繁栄が生まれたのは、スパルタの方が早かった。スパルタの隣にメッセニア（Messenia）という地方があった。スパルタと同じく、ドーリア人が先住民を征服して国家を築いた。しかしスパルタとまったく違うのは、スパルタは先住民をヘロット（Helots　奴隷）としたのに対し、メッセニアは先住民と融和した国家を建設したことである。この国是の違いは奴隷制を確立しているスパルタにとって脅威を抱かせるものであったのかもしれない。

第一次メッセニア戦争（First Messenian War／BC743～BC724年頃）が起こった。開戦のきっかけは、メッセニア人がスパルタの王を暗殺したからだとか、メッセニア人がスパルタ人を大量虐殺したからだ、などと伝えられているが、私はこれを信じない。なぜならば、結局戦争はスパルタが勝ちメッセニアは滅ぼされ、生き残ったメッセニア人はすべてヘロットにされたからである。つまり、「勝てば官軍」であり、本当はスパルタの方に非があった可能性も充分にある。

この待遇に不満を抱いたメッセニア人はスパルタに対して反乱を起こした。第二次メッセニア戦争（Second Messenian War／ＢＣ６５０頃〜ＢＣ６３０年頃）である。

反乱の首謀者のメッセニア人アリストメネス（Aristomenes）が極めて有能な指揮官であったために、スパルタ側は苦戦し、最終的には勝利したが、アリストメネスには逃亡を許してしまった。これをきっかけに、スパルタはますます軍事強化への道を進むことになり、ポリス最大の軍事大国へと成長していく。

■ポリスが一つの帝国に統合されなかった背景

都市国家スパルタ（彼ら自身は「ラケダイモン〈Lakedaimon〉」と呼んだ）とは、一言で言えば「兵営国家」である。

国全体が一つの軍であり兵舎である。毎日が軍事訓練あるいは戦争であり、家族もそれに協力する。男たちは一つ屋根の下で共同の食事をとる。贅沢《ぜいたく》は許されない。この形を作ったとされるのが、リュクルゴスの改革（ＢＣ７００年頃）である。

なぜそこまで軍事にこだわるかといえば、スパルタは、支配階級である王や貴族に対する平民からの権利拡張要求を、対外戦争による征服で解決したからだ。狭い都市国家の領土の中で、平民にも参政権などの権利を認めれば、当然、それに伴う財産権（例えば耕地）も与えなければならない。しかし、与えられる土地は限られている。

そこで隣接するメッセニア地方を征服し、その住民をヘロット（奴隷）として収奪することによって、スパルタ市民の欲求に応えたのである。ただし、そういう形を取れば、メッセニア戦争のように、常に反乱の危機にさらされることになる。そこでますます軍事化にのめり込むという形になる。

これとまったく反対の道を行ったのが、同じ都市国家アテネであった。ペロポネソス半島の南部にあるスパルタと異なり、アッティカ半島中央にあったアテネは、三方を山に囲まれ、南は海に続いている。市内にはパルテノン神殿のあるアクロポリスなど、山というより小高い丘があちこちにある。古代にはアクロポリスの北側がアテネの中心であった。

都市国家スパルタの改革者リュクルゴスより一世紀ほど後の紀元前7世紀後半、この地アテネでソロンという人物が活動を始めた。のちに一連の改革で政治的手腕を買われるようになる彼も、若い時は海上貿易に従事した平民層の青年であり、巧みな詩を詠む詩人だった。

彼の名が多くの人に知られるようになったきっかけは、アテネと同じ都市国家メガラ(Megara)との戦争が長引き厭戦《えんせん》気分が蔓延《まんえん》していた時、中心部にあるアゴラ（agora　公共広場）で市民を勇気づける自作の詩を朗読し、戦争を有利に導いたことである。そこから彼の政治家への道がスタートしたのだから、現代で言えば歌手（芸能人）出身政治家であり、ひょっとしたらソロンは人類史上最初のそういう存在かもしれない。

いずれにせよ、こんなことはライバルのスパルタでは決してあり得ない。スパルタでは男子たるもの音曲に溺れることは許されないという考え方があったらしく、詩歌や演劇のような文化は発達しなかった。

紀元前6世紀に入ると、ソロンは執政とも言うべき「アルコン（archon)」に選出され、一連の改革に乗り出した。これを「ソロンの改革」（BC594〜BC593年）と呼ぶ。当時のアテネは少し前のスパルタと同じように、平民層の国政参加への要求が強く、貴族政治は危機に瀕《ひん》していた。しかし、平民層に分け与える土地はなく、逆に困窮化した平民層が土地を独占している貴族階級に隷属する事態も生じていた。

こうした、国を支える平民層が消滅するかという危機に直面して、ソロンは、日本の中世に出された「徳政令」のように、まず公私の債務の帳消しを宣言し、同時に平民の身体を担保とする借財を禁じて、平民層が奴隷にされないようにした。

注意しなければならないのは、このソロンの改革は「アメリカ合衆国リンカーン大統領の奴隷解放宣言」とはまったく違うということである。ソロンは、アテネ人が外国人奴隷と同じ境遇に落ちないようにしたのであり、これによって市民（アテネ人の貴族および平民）と外国人奴隷の身分差は逆に確立されたと言える。

そして、平民層が政治に参加できるよう、土地からの収益に基づく財産を基準として参政権を与えた。これが「ティモクラティア（timokratia　財産政治）」で、貴族の下で平民層は財産家、騎士、自作農、労働者の四階級に分けられ、国家の役職および兵役などの義務は財産評価に応じて与えられるようにした。

また、すべての平民に国家の最終意思を決定する民会への参加権を認めた。民会では基本的に「一人一票」である。ただし「全員一致」が原則で「多数決」はない。この全員一致を原則とする方式が「直接民主主義」と呼ばれるものであり、ソロンの改革はその基礎を固めたと評価されている。

ところで、アテネにはスパルタのように王は存在したのかと言えば、かつては存在した。だが、ギリシア神話において初代アテネ王ケクロプス（Kekrops）は上半身が人間、下半身が蛇という異形のものであり、また、クレタ島の迷宮にいた怪物ミノタウロスを退治したのは、都市国家アテネの王子（のちに王位を継ぐ）テセウスであった。

しかし、ソロンの改革当時のアテネは、こうした伝説的存在である王の子孫が治めていたわけではない。王家はいつの間にか消滅していた。だからこそ貴族が力を持ち、富を独占する貴族に平民層が反発していたのだ。

この点でも、のちの時代まで二つの王家が存在し、名目的にせよ交互に王位に就いていたとされるスパルタとは対照的である。

しかし、民主主義社会でこそ独裁者が出現する、という現代の政治学の見解があるが、それを早くも実現していたのが、この時代のアテネであった。

平民層を支持母体として貴族たちを圧迫し、独裁的な政治を行なうリーダーを「僭主《せんしゅ》」と呼ぶが、ソロンの改革直後のアテネでは史上初めての僭主が誕生した。

ソロンの親戚でもあったペイシストラトス（Peisistratos／生年不詳～ＢＣ５２７年）だ。彼自身は商人の出身であったらしいが、ソロンの改革によって実力をつけた平民層を味方につけ、紀元前５６１年、傭兵《ようへい》部隊を率いてアテネ近郊の都市国家マラトン（Marathon）に上陸し、アテネ軍を破って軍事独裁政権を成立させた。

その政治は貴族層を圧迫することによって平民層の利益を拡大させるものであった。ただし、ソロンはこうした強引なやり方を評価せず、アテネを出た。

もちろんポリスはスパルタとアテネだけではない。

大小数百から千数百にも及ぶポリスが現在「ギリシャ」と呼ばれている国の領域を中心に点在していた。単純に都市と言えば、生産地（農場や牧場など）を含まず、官庁や商工業者の拠点などを含むが、ギリシア文明のポリスには農民も居住し、逆に国家の常備軍などはなく、市民が義務に応じて武装し兵役を務めていた。

また、農業と商業、特に交易にどれぐらい依存しているかはポリスによって異なっていた。スパルタは農業中心で、メッセニアのような「植民地」も保持していたので自給自足体制が取れたが、アテネはもともと農業に向かない土地であったために交易に活路を見出し、穀物を輸入することもあった。

農業重視のスパルタと商業重視のアテネという性格の違いが、軍国主義と直接民主主義という国是の違いに大きな影響を与えた可能性もある。

ここで多くの先達があまり重要視しなかった、しかし実際は重要視すべきである、この時代のギリシア史を見るポイントを指摘しよう。

それは、ポリスはなぜ一つの帝国に統合されなかったのか、である。

その答えは、これ以後の時代になるが、既に第2巻「一神教のタブーと民族差別」で述べた、イスラム帝国の成立事情と比較するとよく分かる。

預言者ムハンマド指揮下のイスラム教徒たちは、なぜ近隣諸国を征服し、イスラム帝国に組み込もうとしたのか？　その理由は彼らの根本原理が一神教のイスラム教であるからだ。

一神教徒にとって、自らの信仰の他には宗教は存在しない。アッラー以外のものを「神」だと信じている民族や国家はすべて偽物に騙《だま》されているのであり、そういう「信仰」自体、本来の神アッラーへの冒瀆《ぼうとく》行為である。だからこそ不正義は糺《ただ》さねばならない。もしもあくまでニセモノの神への信仰をやめようとしない頑迷な国家があれば、基本的にはそれを打倒し、征服し、国民を改宗させるのが正義であって、黙って見過ごすのは怠慢である。

以上のように一神教徒は考えるから、統一戦が始まることになる。

しかし、彼らの否定する多神教（本来、一神教の立場では概念自体があり得ない）の世界ではそうはならない。

「あの都市では女神アテナを信仰し、わが都市では太陽神アポロンを信仰している。神を信じる心があるのは同じだ」という多神教的共存が成立するからである。

いずれにせよ多数のポリスの中で、スパルタとアテネは突出した実力を持っていたことは間違いない。そして、この二つのポリスがそうした地位を築き上げた頃、東方から恐るべき脅威が迫りつつあった。

ペルシア帝国である。現在の中東地域の一角、イラン高原を中心として発達したペルシア帝国は、ササン朝の時代にイスラム勢力によって滅ぼされた。だが、それは紀元後7世紀のことであり、この時代、紀元前6世紀から5世紀にかけてはアケメネス朝（Achaemenes）の最盛期であった。

アケメネス朝ペルシアのキュロス２世（Kyros II／生年不詳〜BC５２９年／在位BC５５９〜BC５３０年）がライバルの新バビロニア王国（Neo-Babylonia／BC６２５〜BC５３９年）を滅ぼし、首都バビロンに捕らわれていたユダヤ人たち（いわゆる「バビロン捕囚」）を解放し、エルサレムへの帰還を許したのは、紀元前５３９年のことである。

そして紀元前５２５年にはキュロス２世の息子カンビュセス２世（Kanbyses II／生年不詳〜BC５２２年／在位BC５３０〜BC５２２年）がエジプト王国を併合して古代オリエント世界を統一していたのである。

このキュロスの系統はカンビュセス２世の死後に起こった内乱によって断絶し、ダレイオス１世（Dareios I／BC５５０頃〜BC４８６年／在位BC５２２〜BC４８６年）が即位した。彼は陰謀を巡らせて帝国を乗っ取ったとする説もあるが、形式上は推戴されてカンビュセス２世の跡を継いだことになっている。従って王朝名は変わらず、ダレイオス１世はアケメネス朝ペルシアの第三代目ということになる。

ダレイオス１世はアフリカ最大の王国エジプトを得た後、リビアまで版図に収めたが、それからは征服の矛先を東に向け、インドへの侵攻を開始した。当時のインドには統一勢力がなく、「十六大国時代《じゅうろくたいこく》」と呼ばれ、文字通り十六の王国が併存していたが、ダレイオス１世はそのうちの西側（ペルシア帝国寄り）のガンダーラ王国（Gandhāra）など三国を征服した。そして、これ以上は東に進まず、今度は西進して小アジア地方を目指した。

とにかくインドにはそれ以上の野心を示さなかったダレイオス1世もギリシアには魅力を感じていた。ポリスという、ペルシア帝国から見れば極めて小さな単位で分割されており、強力な統一勢力がないからだ。ダレイオス1世はギリシア全土の征服は簡単に片付くと考えていただろう。まさか攻略に半世紀もかかり、その間に自分の寿命が尽き、さらに遠征自体も失敗するなどとは夢にも考えていなかったに違いない。

■「ポリス連合」を結成させたギリシア-ペルシア戦争

ギリシアの「ポリス連合」とペルシア帝国の戦いを一般的には「ペルシア戦争」と言うが、これはギリシアを主体とした呼称であり、本来は「ギリシア-ペルシア戦争」と呼ぶべきだろう。この戦争は紀元前500年から450年頃まで約半世紀にわたって続いた。発端は、絶頂期を迎えていたペルシア帝国が、領土拡張の方向性を東のインドから西の小アジア地方へと転じたことにある。

これ以前の紀元前6世紀後半頃から、既にペルシア帝国は自国と境を接する小アジアのイオニア地方のポリスを傘下に収めていた。その支配の方法はペルシア帝国の君主の意を受けて僭主となった人間が、ペルシアの意向に沿う形でポリスを支配し、生産物をペルシアに貢納するというやり方であった。しかし、このようなペルシア帝国への服属を嫌う人々は大勢いた。

そうした中、この地方のポリスの一つミレトス（Miletos）の僭主アリスタゴラス（Aristagoras／生年不詳～BC497年）は、紀元前500年に自らその地位を辞し、イオニア地方の他のポリスにも僭主政を廃止するよう呼びかけた。この呼びかけはペルシア帝国の支配に不満を抱く市民の共感を呼び、各ポリスに僭主政の廃止、つまりペルシア帝国からの独立を求める運動が起こった。これらイオニア地方のポリスは同盟を結び、同時にアテネなどギリシア中核部の直接民主政を実施しているポリスに応援を求め、ペルシア帝国との戦争に突入した。

これを「イオニア反乱」と呼ぶ。

この戦いは当初いくつかの戦いで「ポリス連合」側がペルシア帝国軍を破ったが、紀元前494年、本腰を入れて反攻してきたペルシア帝国軍によって反乱の中心地であるミレトスが攻略され、イオニア地方は再びペルシア帝国に支配された。

反乱を鎮圧したペルシア帝国のダレイオス1世は、艦隊を送って反乱を支援したアテネ、エレトリア（Eretria）の二つのポリスを叩《たた》くことによって、ギリシア中核部を手中に収めようと考えた。そこで四年後の紀元前490年に大軍を派遣したのである。ペルシア帝国軍は直ちにエレトリアを制圧し、次に海路でアテネ近郊のマラトンに上陸、そこから陸路でアテネに向かい攻略しようとした。

アテネ軍は名将ミルティアデス（Miltiades／BC550頃～BC489年）の提案によって、水際のマラトンでペルシア帝国軍を迎撃する作戦に出た。マラトンの戦いである。

アテネ軍は約一万人、これに唯一味方したポリスのプラタイアイ（Plataiai）からの援軍を加えても総勢一万一千人であった。

これに対してペルシア帝国軍は明確ではないが、二倍の約二万人はいたと伝えられている。しかし、アテネとプラタイアイのポリス連合軍は名将ミルティアデスの指揮の下、重装歩兵が機敏に動き回り、ペルシア帝国軍を見事撃退した。

この時、アテネ軍の伝令フェイディッピデス（Pheidippides）が、勝利を伝えるためにマラトンからアテネまでの約40キロメートルを一気に突っ走り、「我が軍、勝てり！」と叫んで絶命したという伝説がある。お気づきのように、現代のマラソン競技はこの故事によって生まれたものである。

敗れたペルシア帝国軍は一旦引き上げたが、もちろんギリシア征服の野望は捨てない。紀元前４８６年に死んだ父ダレイオス１世の遺志を引き継いだ子のクセルクセス１世（Xerxes Ⅰ／生年不詳～ＢＣ４６５年／在位ＢＣ４８６～ＢＣ４６５年）は、紀元前４８０年、第一次遠征軍を上回る大

ギリシア-ペルシア戦争の経過図

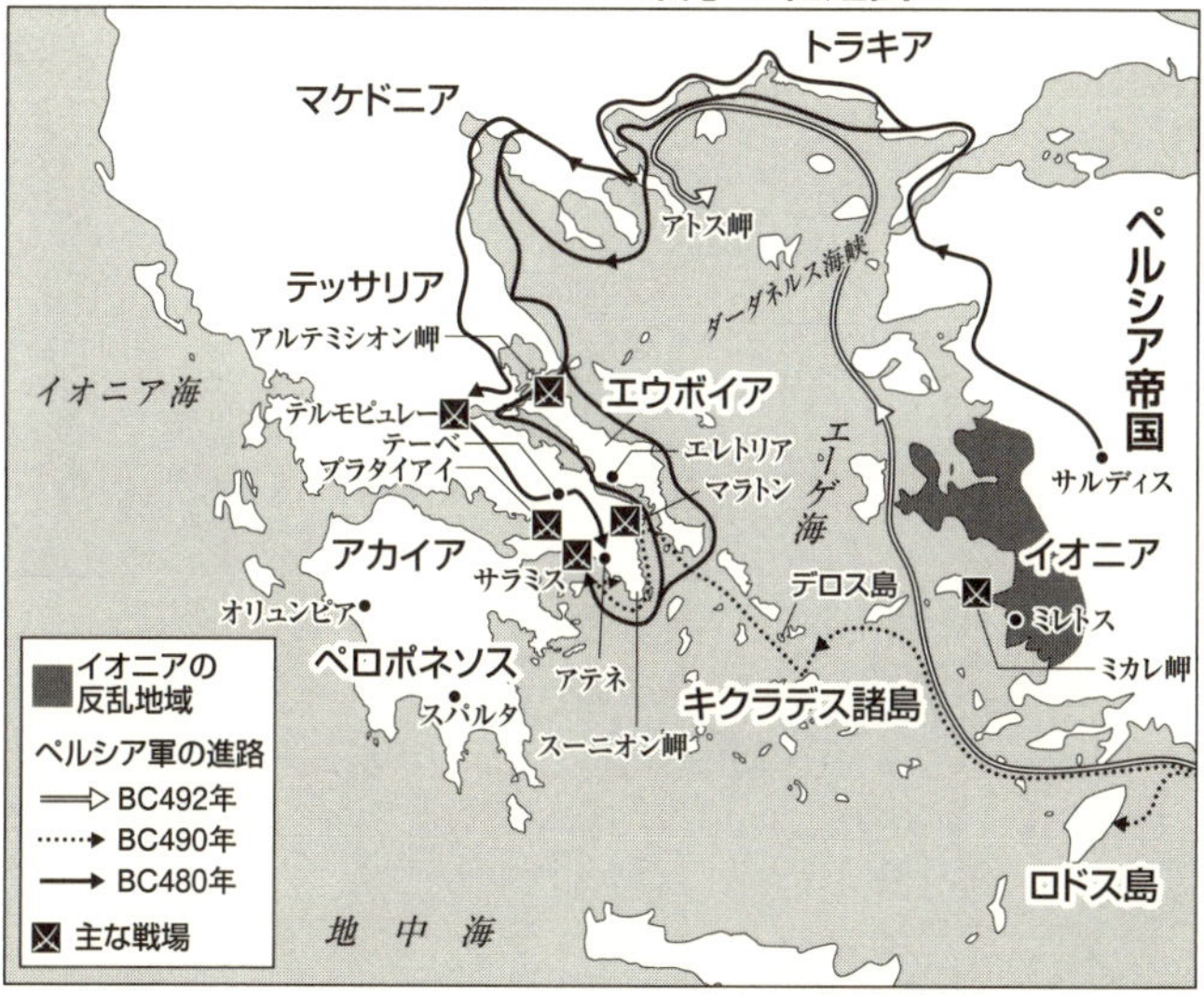

ジャパンナレッジ『日本大百科全書（ニッポニカ）』をもとに作成

軍（人数ははっきりしないが、少なくともギリシア側の数倍あったことは確実である）を自ら率いてギリシアを目指した。

この数年間でアテネもスパルタと同盟を結び、「ギリシア軍」として迎撃態勢を整えたが、ペルシア帝国の強大さに恐れおののき参戦を拒否するポリスもあり、ポリス側が必ずしも一枚岩であったわけではない。

そうした中、ギリシア軍はエウボイア島（Euboia）のアルテミシオン岬と内陸部のテルモピュレー峠を結ぶ線を大防衛線と定めたので、この二か所で、まず両軍は激突した。アルテミシオン（Artemision）の海戦、そしてテルモピュレー（Thermopylai）の戦いである。

ちなみに、この時代の海戦において活躍した三段櫂船《かいせん》（イラスト参照）は、紀元前5世紀頃から使用されていた戦艦で、ギリシア軍もペルシア帝国軍も双方ともこの船が主力であった。その名のごとく櫂の漕《こ》ぎ手を上下三段に配置して漕がせ、帆（風力）に頼らずとも高速で航行できた。ただし、外洋航海の能力はなく、戦闘が終わったら母港に引き上げ、乗員は上陸して宿泊した。この三段櫂船は最前部船底に金属製の突起物を装備し、敵船の横腹に突進し破壊することによって撃沈した。つまり、いかに高速で敵の横腹に回れるかが戦闘のポイントになる。

地中海では強風は吹かないから、帆を操作すること自体はそれほど重要ではなく、むしろ複雑な海流をいかに味方につけるかが鍵だ。満ち潮に乗れば船の速度は倍加し、引き潮に阻まれれば速度は半減する。アルテミシオンの海戦では、アテネ海軍を中心とした軍船が、数倍のペルシア海軍に対して互角の戦いを展開したが、これも現場の海流をよく知っていた人間がポリス連合軍にいたからこそ、戦いを有利に進められたと推測できる。
しかし陸戦のテルモピュレーの戦いでは、スパルタ軍を中心とした陸軍が奮戦したもののペルシア帝国軍に敗れた。この戦いはアルテミシオンの海戦とほぼ同時に行なわれたが、スパルタでは当時重要な宗教上の行事が行なわれており、スパルタ王レオニダス（Leonidas／生年不詳～ＢＣ４８０年／在位ＢＣ４８８～ＢＣ４８０年）はわずか三百の騎兵と共に出陣せざるを得なかった。

ギリシア文明を代表する歴史家ヘロドトス（Herodotos／ＢＣ４８４頃～ＢＣ４２５年頃）は、対するペルシア帝国軍の数を約二十一万人と記述している。一般にヘロドトスはギリシア-ペルシア戦争の記述において、ギリシア側の記念碑的勝利を際立たせるためか、ペルシア側の兵力を誇大に書くという傾向があったとされている。当時の国力から推定しても二十一万人という兵力はあまりにも多すぎるし、スパルタ側ももっと兵力が動員できたのではないか。

しかし、確実なのは、ペルシア帝国軍はスパルタの十数倍の兵力があったにもかかわらず、最終的には全滅したスパルタ軍の奮戦によって数日間釘付《くぎづ》けにされたことである。
このため、ギリシア軍は最終的な決戦となったサラミス

三段櫂船

(Salamis)の海戦(BC480年)の準備を十分に整え、最終的な勝利を得ることができたと評価されている。

こうしてスパルタ王レオニダスはギリシア文明の英雄とされ、その「伝説」は2007年公開の『300(スリーハンドレッド)』という映画にもなった。彼はわずか三百の手勢でペルシア帝国の大軍と戦い全滅したと伝えられており、それがこの映画の題名の由来である。現地テルモピュレーには彼の銅像が建立され、今も多くの人が訪れる。

王レオニダスがわずかな手勢でペルシア帝国軍を足止めできたのは、テルモピュレーが狭隘《きょうあい》な渓谷であり、一度に少人数しか通行できない地形になっていたからだ。しかし、内通者がスパルタ軍の背後に回れる抜け道を教えたため、スパルタ軍は挟み撃ちにされて敗北したと伝えられている。

防衛線を突破されたため、アテネは遂にペルシア帝国軍に攻めこまれ、破壊、占領された。ポリス連合軍はアテネを放棄し、海沿いのサラミスまで後退し、海でペルシア帝国軍に最後の決戦を挑んだ。

海戦の指揮をとったアテネ軍の名将テミストクレス(Themistokles/BC524頃~BC460年)は、劣勢を補うためペルシア帝国軍を挑発し、サラミス周辺の狭い水道内に誘い込んで、ペルシア帝国軍よりは小型だが速度において上回る三段櫂船を駆使し、見事にペルシア帝国軍を撃破した。おそらくアルテミシオンの海戦と同じく、海流を熟知した人間がギリシア軍にいたのであろう。陸戦に強いスパルタに対し、古くから地中海貿易を行なっていたアテネは海戦のエキスパートに成長したと言えるのかもしれない。

ペルシア帝国のクセルクセス1世は海戦の全貌が見渡せる陸地で観戦していたが、思わぬ敗北に驚き恐れ、あわてて本国へ撤退した。つまり、この海戦の勝利によって、ギリシア－ペルシア戦争の第二幕もギリシア軍の勝利に終わったのである。

それでも、ペルシア陸軍の一部はギリシア北部にとどまったが、紀元前479年のプラタイアイの戦い、そしてイオニア地方でのミカレ（Mykale）岬の戦いでもギリシア軍は勝利を収め、遂にペルシア帝国軍は総退却し、イオニア地方のポリスは独立への道を歩み始めた。

さて、ギリシアにはかつてペロポネソス同盟（Peloponnesian League）という軍事同盟があった。スパルタを盟主とするギリシア文明最古の軍事同盟で、その名の示すごとくペロポネソス半島のポリス同士の同盟であった。始まりは紀元前550年頃と言われるから、ギリシア－ペルシア戦争よりもずっと古い。

そして、この戦争において、共通の脅威であるペルシア帝国を迎え撃つために、スパルタを中心とするペロポネソス同盟のポリスと、アテネと友好関係にあるポリスが軍事同盟を結び、当初、その主導権は軍事大国であるスパルタが掌握していた。しかし、クセルクセス1世率いるペルシア帝国軍を、最終的にはアテネ海軍が中心となって撃退したことから、アテネを盟主と仰ぐギリシア中核部のポリスは結束し、デロス同盟（Delian League）を結成した。この名は、同盟の総資金を管理する金庫がデロス島に置かれていたからである（のちにアテネに移される）。この辺りがアテネの絶頂期であった。

ペルシア帝国への反攻に転じた「ポリス連合」はペルシア帝国に抑圧されていたキプロス島（Kypros）のポリスの独立闘争を支援し、一方でペルシア帝国への反乱を起こしたエジプト王国に援軍を派遣し、ペルシアの弱体化を目指した。

これらの戦争に指導的役割を果たしたのは、アテネの将軍キモン（Kimon／BC510頃～BC449年）である。彼はマラトンの戦いでペルシア帝国軍を破った英雄ミルティアデスの子で、ギリシア軍を率いてしばしばペルシア帝国軍を破った。しかし、エジプト遠征でギリシア軍が敗北すると、情勢はペルシア帝国軍に有利に展開し、ペルシア帝国軍はキプロス島でもギリシア軍に勝利した。特にこの戦いで将軍キモンが戦死したのは、ギリシア側にとって大きな痛手であった。

この将軍キモンの戦死により、ギリシア側では和平への機運が盛り上がる。また、キプロス島を奪回したペルシア側にも、手強いギリシアと争い続けるのは得策ではないという考えが生まれた。紀元前450年、ペルシア帝国のアルタクセルクセス1世（Artaxerxes Ⅰ／BC483頃～BC424年／在位BC465～BC424年）は、アテネに使者を送り、和平を打診してきたという。アテネはこれに対しカリアス（Kallias）という人物を全権大使として派遣し、次の四項目が和平条件として両国によって承認された。

(一)アジアにおけるギリシア人国家の自治の承認
(二)海岸より三日行程内にあるイオニアの諸市に対するペルシアの不干渉

㈢パセリス（小アジア地方）－ボスポラス海峡より西へのペルシア艦隊の侵入禁止
㈣アテネのペルシア領地への不可侵

このカリアスの和約（Peace of Callias）は信憑性《しんぴょうせい》のある歴史書には載っておらず、伝説として否定する研究者も少なくない。しかし、この紀元前450年頃にギリシア－ペルシア戦争が終結したのは紛れもない事実である。

この戦争について勝利者側である西欧社会では、多大な兵力差にもかかわらず、ギリシアがペルシア帝国に対し奇跡的な勝利を何度も収めたことを高く評価し、専制君主とそれに従属する民に対する「自由と平等を愛する市民軍団の勝利」として位置づける見解が主流だ。

もちろんその見方には基本的に賛成だが、その「自由と平等」なるものが現代のものとまったく同じとは言えないことは、きちんと認識しておかねばならない、と私は考えている。

■古代ギリシアにおける不完全な直接民主政

民主主義が成立する最大の条件は「平等」にある。

1948年の国連総会で採択された世界人権宣言（Universal Declaration of Human Rights）、つまりあらゆる人間が基本的人権（人間が生まれながらに持っている不可侵の人権）を有するということを、人類史上初めて公式に認めた宣言の中で、平等の重要性が高らかに主張されている。

第一条の冒頭に「すべての人間は、生れながらにして自由であり、かつ、尊厳と権利とについて平等である」（外務省HP所載、原文は英語。以下同）とあるが、これがなくては民主主義は完全に成立しない。なぜならば、この第二条にあるように、人間はしばしば「人種、皮膚の色、性、言語、宗教、政治上その他の意見、国民的若しくは社会的出身、財産、門地その他の地位又はこれに類する」事由によって他の人間を差別しがちな存在であるからだ。

その差別が高じれば、同じ人間が他者の人権を完全に無視し、その自由や権利を認めず物品として扱う事態が生じる。この物品として扱われた状態の人間を「奴隷」と呼ぶ。だからこそ、この第四条において「何人も、奴隷にされ、又は苦役に服することはない」と謳《うた》われ、当然ながら「奴隷制度及び奴隷売買」は固く禁止されている。

しかし、ポリスの〝市民〟の〝全員参加〟による直接民主政を実現させていたとされる、ギリシア文明には奴隷が存在した。さらに女性には参政権はなかった。その二つの欠点を持っていたことによって、ギリシア文明の民主主義は完全なものとは言えないのである。

奴隷制度に注目すると、ギリシア文明の奴隷とは、例えば18世紀のアメリカ合衆国で行なわれていた黒人奴隷制度とはかなり違うものであった。ギリシアの奴隷はアメリカの黒人奴隷のように必ずしも鎖に縛りつけられたり、鞭で打たれたりはしなかった。確かに重労働をさせられていた奴隷もいたことは事実だが、中には芸能などの特殊技能を持ち、ある程度行動の自由も与えられていて、経済的には裕福だった奴隷もいた。

ただし、どちらの奴隷制度にも共通して認められなかったのは、政治に参加する権利であった。ここが奴隷と一般市民を分ける最大のポイントである。

この、一見すると高度な民主主義を実現させていたように見えるギリシア文明と、完全な民主主義の実現（すべての人間に平等を認める）を目指している現代文明とを比較すると、逆に完全な民主主義を実現させるために必要な条件は何か、ということが分かってくる。もちろん、第一に絶対に必要な条件は「平等の確立」である。そのために「平等化推進体の存在」が必要なことは第1巻「古代エジプトと中華帝国の興廃」で述べた通りだ。

しかし、その絶対条件である「平等の確立」を妨げる別の要素が存在することを、このギリシア文明の不完全な民主主義は我々に示してくれている。

それは何か？　もし時間を遡《さかのぼ》ることができるのなら、一番簡単な方法は、当時のポリス市民に「なぜ奴隷制度が必要なのか？」、あるいはもっと直截《ちょくせつ》に「奴隷はすべて解放すべきではないか」と質問してみることである。

彼らはこう反問するだろう。「じゃあ、誰が働くんだ？」

ギリシア文明では、つまり当時のギリシア人たちは生産のための労働を卑しい仕事と考えていた。政治への参加は、戦争への参加も含むのだが、それは市民としての神聖な義務である。海戦において三段櫂船《かいせん》の漕《こ》ぎ手として参加するのは相当な重労働だが、基本的に奴隷にやらせない。こういう神聖な義務を果たしてこそ民会（直接民主主義の集会）において堂々と発言ができる。

しかし、自分の食い扶持《ぶち》を満たすために農業に従事したり、住居を建てたり、衣服を作ったりするのは卑しい行為であり、できればそんなことで汗をかきたくはない。そのために、自分に代わって卑しい労働を引き受けてくれる人間、いや奴隷が必要だったのである。

つまり逆に言うと、完全な民主主義が成立するためは、基本的に生産労働は社会にとって欠くべからざる要素であると同時に、決して卑しい行為ではないという社会的合意が成立していないと、それが奴隷制度を正当化する根拠になりかねないのである。

これまでこの『逆説の世界史』が記述してきたことを思い出していただきたい。キリスト教社会がプロテスタントの「労働こそ神の認める天職」の思想を得たことによって、近代民主主義が出現したように、労働を神聖なものとして社会に位置づけることは、完全な民主主義成立の欠かせない条件なのである。

近代以前の中国儒教社会においては、農業労働こそ社会を根本的に支える労働として重要視されたものの、その他の社会を支える工業労働は農業労働以下の下等なものとされ、直接生産はしないが社会にとって必要不可欠な商業従事者に至っては賤業《せんぎょう》として蔑視された。しかも農業労働が重視されたとはいえ、あくまでも社会のエリートである「官（試験で選抜された官僚）」の仕事ではなく、「民（試験に合格していない故に政治に参画する資格のない人々）」の仕事であった。官は決して農業労働に従事しないのである。

有名な話がある。清《しん》朝の時代、高官がイギリス大使のもとを訪ねた。ちょうどイギリスの外交官たちがテニスコートで汗を流していたのだが、それを見た清国高官は何と言ったか？「なぜ召使いにやらせないのだ」と言ったのである。彼らにとって体を鍛えることは、普通はあり得ない。

このエピソード自体は「伝説」とする説もあるが、日焼けせず、適度に肥満していることが高官のステータスであったことは、まったくの事実である。こうした文官に対して一段低い立場だが武官は存在しており、彼らは戦争のために体を鍛えることもいとわなかった。しかし、戦争では軍務を果たすために汗を流す彼らも、それ以外の肉体労働は蔑視していたのである。

つまり、中国でも労働に対する蔑視が、社会のエリートと労働者とを峻別《しゅんべつ》する形で差別の原因となり、完全な平等を阻害することによって、完全なる民主主義社会の成立を妨げていたのだ。この点で、近代以前の中国と古代ギリシアは共通点があった。

こうした意味のギリシア文明における奴隷制は、音楽や美術を愛したアテネよりも、軍事を重んじたスパルタの方がより過酷であった。スパルタは他国への軍事的征服によって、彼らの軽蔑する「単純労働」に従事する奴隷を獲得していたからである。

もっとも、農業を他の「単純労働」と同一視することによって、ある意味では中国以上に農業を蔑視していたギリシア文明にも、叙事詩『労働と日々（Erga kai hemerai）』を著したヘシオドス（Hesiodos／BC700年頃）のように、特に農業を中心とした労働の尊さを強く訴えた人もいた。ヘシオドスはギリシア文明黎明《れいめい》期の人物でありながら、伝説的な叙事詩人で実在性が疑われるホメロスに比べて、実在が確実だとされている。つまり、明らかに「労働哲学」に類するものが存在したということだ。だが、それはあくまで例外であって、ギリシア文明では遂に労働を神聖視する価値観は定着しなかった。

よく知られているように、この時代の民主主義は、ポリスの市民による直接民主政であった。選挙によって代表を選び、その代表が協議して国家の運営にあたる間接民主政とは違って、直接民主政は参政権を持つ全員が直接会合して国政を運営していく。

現代のような、地球の裏側とも瞬時に意思の疎通ができるネット社会ならば新しい形の直接民主政の実行が可能かもしれないが、古代においては近隣の住民同士であっても、直接面会する以外に効率的に意思を疎通することは困難である。もちろん手紙のやりとりをする方法はないではないが、現代の電子メールと違い、書くのも送るのも返事をもらうのも極めて手間がかかる。

要するに、古代における直接民主政は住民が頻繁に会合できるような狭い地域でなければ不可能なのである。のちに、このギリシアの直接民主政を受け継いだローマが、民主主義から帝政という一見「逆コース」を辿《たど》ったのも、この問題が背景にあった。

また直接民主政には、間接民主政における選挙制度のように優秀な専門家を政治家として選任する機能がないため、知識不足・経験不足の素人が感情的で非合理な判断をする傾向、いわゆるポピュリズムに陥る危険性が高い、という欠点もある。

選挙制度を利用した場合には、結果的に「死票」が生まれ、基本的に必要な全体の過半数の賛成反対が得られなくても、物事を決定できるという欠点が間接民主政にはあるが、直接民主政にはその問題はない。

つまり、それぞれ長短があり、直接民主政は古代のものであり間接民主政は現代のものであるから、直接民主政は間接民主政に対して劣った制度であるなどと、軽々な判断はできないのである。

■「アテネの覇権vsスパルタの自由」を巡る軍事同盟の戦い

さて、ギリシア－ペルシア戦争に勝利した古代ギリシア社会のその後に話を移そう。ペルシア帝国という脅威を何とか撃退したものの、もし敗北していたらどうなっていただろうという恐怖は、古代ギリシア人の深層心理に残った。そこで戦争の終結以前から、彼らは心の平安を得るため、宗教ではなく軍事同盟の確立に走った。ギリシア－ペルシア戦争において帰趨《きすう》を決したのは、軍事大国スパルタの陸軍力ではなく、アテネの海軍力であった。

そこで紀元前479年のミカレ岬の戦いに勝利したアテネは、翌年の紀元前478年、既にスパルタが形成していた軍事同盟ペロポネソス同盟に対抗し、アテネの海軍力に魅了されたエーゲ海の島嶼にあったポリスや、海に面している小アジア沿岸のポリスに呼びかけ、アテネを盟主とする軍事同盟を結んだ。この同盟の運営に関する会合は、当初はデロス島で開催され、その共同出資金の金庫も置かれたので、これを「デロス同盟」と呼ぶ。

デロス同盟に加盟したポリスは約二百あったと伝えられているが、「発足当初からヘレノタイミアイ（「ギリシア財務官」の意）という10名の同盟財務官がアテネ民会選出のアテネ市民であり、軍指揮権はアテネの将軍たちが独占するなど、完全にアテネ主導型の同盟であった」（『日本大百科全書〈ニッポニカ〉』「デロス同盟」の項　小学館刊）。

しかも、その後、アテネの専横はますますひどくなり、デロス同盟の金庫をデロス島からアテネのアクロポリスに移したり、デロス同盟を離脱しようとしたポリスを攻撃占領し住民を奴隷にしたりするなど、アテネの「やりたい放題」が続いた。

こうしたことで人心を失ったアテネに対し、ギリシアの覇権を取り戻そうとするペロポネソス同盟の盟主スパルタは虎視眈々《こしたんたん》と機会をうかがっていた。

一方、調子に乗ったアテネはポリス同士の内紛に関与し、しばしばデロス同盟の資金によって拡充強化した海軍を各地に派遣し、ペロポネソス同盟所属のポリスとも激しく対立するようになった。

結局、アテネの専横に怒ったペロポネソス同盟所属の諸ポリスに動かされる形で、盟主スパルタを中心としたペロポネソス同盟は連合軍を結成し、アテネへの侵攻を決定した。

時に紀元前431年、ペロポネソス戦争（Peloponnesian War　スパルタ-アテネ戦争／～BC404年）の勃発である。

アテネは芸術を愛し開放的で、スパルタはそれと正反対の軍事国家だった。

ならば、アテネを盟主とするデロス同盟と、スパルタを盟主とするペロポネソス同盟の戦いは「アテネの自由vsスパルタの覇権」の戦いと言えるのか？

そうではない、それどころか実態はまったく逆であった。デロス同盟結成以降のアテネは、その金庫をデロス島からアテネに無理やり移転させたことでも分かるように、他のポリスを圧迫し搾取し、そのために必要な軍備を拡張し、反抗的なポリスを叩き潰し覇権を求めるような国家になってしまった。

一方、スパルタは自国の体制は変えなかったが、他のポリスの流儀は尊重していた。だから、このペロポネソス戦争は「アテネの覇権vsスパルタの自由」の戦いであったのだ。

いったいなぜ「民主主義」のアテネは覇権を求める国家になってしまったのだろうか？

私の考えでは、まずその原因は、アテネ人の富に対する執着であろう。カネというのはあればあるほど欲しくなるものらしい。人間の欲望には限りがないからだ。

特にアテネの場合、他のポリスに対する軍事的優位が、彼らからの収奪を可能にした。言わば、寝ていてもカネが入ってくるのである。もともと単純労働を嫌い、芸術や音楽という一種の「贅沢」に金をかけることが好きなアテネ人は、他のポリスからの収奪にどっぷりとハマってしまった。

もう一つは軍事的勝利に対する快感であろう。戦争は悲惨なものだが、実際には、勝者は往々にしてそうは思わない。むしろ勝利の快感は、まるで麻薬によって得られる快感のように、多くの人を捉える。もともと人類にはそういう病的資質があるように私は感じている。

デロス同盟内部でアテネの専制的なやり方に不満が上がっても、アテネは話し合いではなく、「文句があるなら力で来い」という戦争で叩き潰す方法を身につけてしまった。それでも敗戦が続けば少しは反省しただろうが、勝利に次ぐ勝利ではそんなことは起こらない。アテネは、ますます驕《おご》り高ぶるようになった。

人類は昔から戦争を続けてきた。侵略戦争があり、防衛戦争があり、「正義」のための戦いもあった。それらについていちいち詳細に記していたら膨大な紙数を必要とするだろう。だが、そんな必要はない。なぜなら、通史としての世界史において重要なのは、個々の戦争のディテール

ペロポネソス戦争の関係地図(BC431〜404年)

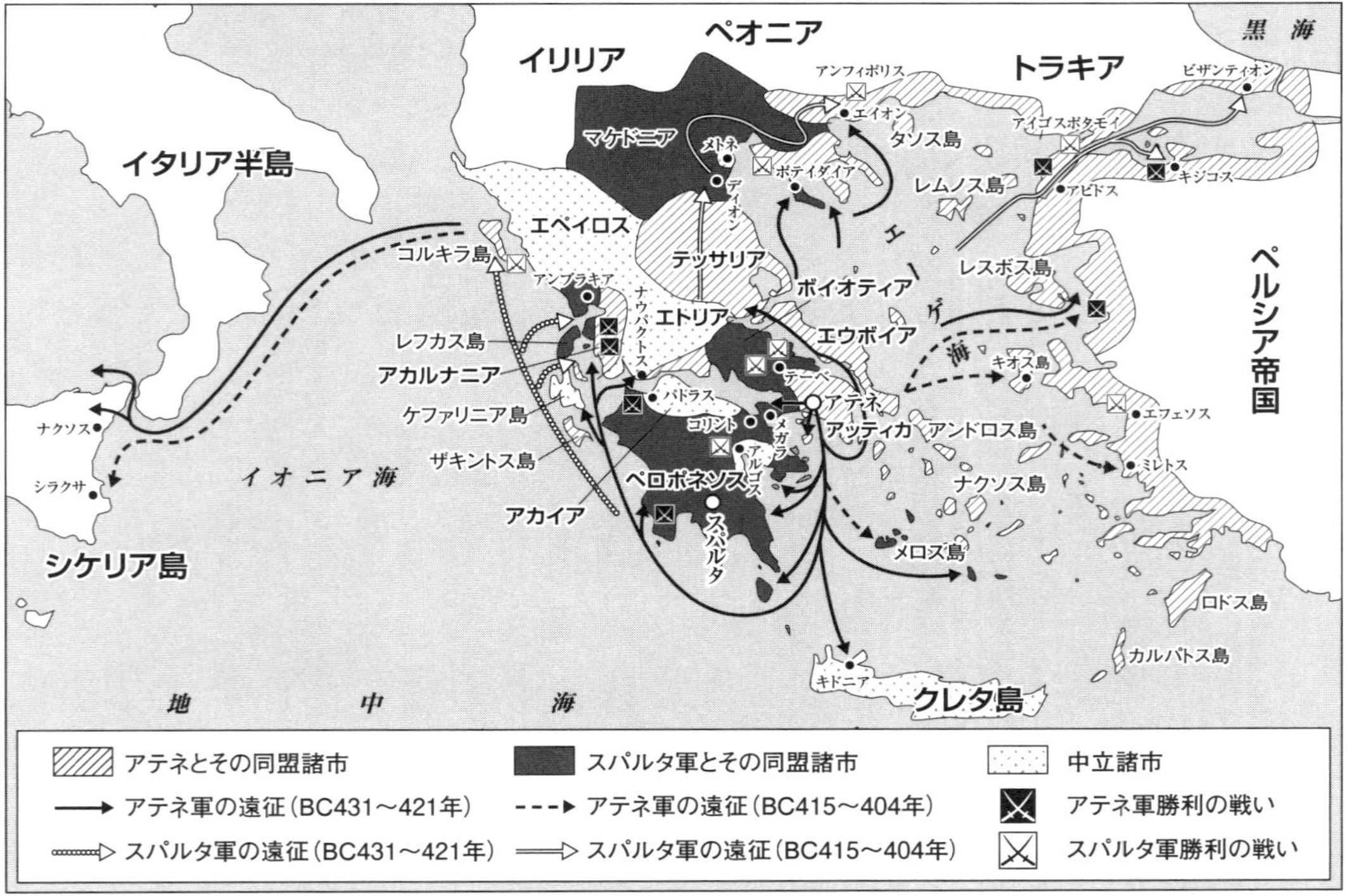

ジャパンナレッジ『日本大百科全書(ニッポニカ)』をもとに作成

ではなく、それぞれの戦争を貫く法則を摑《つか》むことであるからだ。さらに個々のディテールを知りたければ、その戦争を主題にした歴史書を読めばいい。一方、通史の果たす役割はあくまで戦争の法則を抽出することで、それさえうまくできれば、将来において新たな戦争を防ぐための有用な知識になるかもしれないとすら、私は考えている。

ギリシア－ペルシア戦争（いわゆるペルシア戦争）は侵略戦争に対する防衛戦争であった。あえて「正義」という言葉を使うなら、その「正義」はギリシアにあった。覇権を求める国家の理不尽な欲望に基づく行動に対する抵抗運動であるからだ。

しかし、皮肉なことに、そのペルシア帝国の脅威への対抗策として生まれたデロス同盟は、その盟主アテネの理不尽な欲望を満たすための道具と化した。いや、アテネ人はそれを道具とした。

このような場合、アテネのような覇権主義的な国家は不満を抱く勢力からの反乱に悩まされる。そして最終的な勝利はやはり反抗勢力側に帰する。それが戦争の、いや歴史の法則である。

短いスパンで見れば「悪が栄える」ことはあるが、長いスパンで見れば「悪は必ず滅びる」。ただし、そこに宗教を持ち込むと話は厄介になる。第2巻「一神教のタブーと民族差別」で述べたように、一神教の世界では、客観的に当事者双方の主張が共に一理あるように見えても、当事者同士では「相手は絶対悪」という図式が成立する。この場合、基本的に戦いはなくならないという問題がある。

本格的なデロス同盟（アテネ）とペロポネソス同盟（スパルタ）の戦争に至るまで、様々な小競り合いはあったが、これは詳しく述べる必要はあるまい。まさにディテールの部分だからである。とにかく紀元前432年にペロポネソス同盟は会議を開き、ペロポネソス同盟所属のポリスに対するアテネ軍の侵略および略奪行為を、同盟全体に対する攻撃とみなし、デロス同盟を完全に支配下に置いているアテネとの開戦を決議した。

翌年の紀元前431年5月、スパルタ王のアルキダモス2世（Archidamos II／生年不詳〜BC427年／在位BC476〜BC427年）はペロポネソス同盟連合軍を率いてアテネを攻撃した。

この頃、アテネは古代ギリシア史上最大の政治家とされるペリクレス（Perikles／BC495頃〜BC429年）の支配下にあった。ペリクレスはデロス同盟の金庫をアテネに移し、デロス同盟をアテネの覇権拡張の道具にした張本人でもあるのだが、現代でも手本にされるほどの名演説家であり、軍事的才能もあった。ペリクレスは精強なスパルタ陸軍と直接対決をする不利を悟り、市民をすべて堅固に築いた城壁内へ退避させる籠城作戦をとる一方、最強であるアテネ海軍をエーゲ海に展開させ、海上よりペロポネソス同盟の各ポリスを攻撃する作戦を実行した。こうしておいて、最後は海上決戦でペルシアにとどめを刺したように、ペロポネソス同盟に決定的な打撃を与えようというのである。

しかし、誤算が生じた。エジプト、リビア辺りで発生した伝染病が地中海地方にも広がり、アテネでも多くの市民が感染し、死亡したのである。城内は混乱し、治安は乱れ、最終的にペリクレスも伝染病に感染し死亡した。

「アテネの市民は富を追求するが、それは可能性を保持するためであって、愚かしくも虚栄に酔いしれるためではない」とペリクレスは演説したという。政治家はこのような「名言」を口にする場合、二つのケースがある。一つは人間界の真実を抉《えぐ》ったものである場合、もう一つは真実を隠蔽するためにうまくごまかしている場合である。この場合はどちらか、言うまでもあるまい。

政治家ペリクレスを伝染病という不幸なアクシデントで失った後も、アテネは直ちにスパルタに敗れたわけではない。それどころか、海軍力の優位を生かし、ペロポネソス同盟所属のポリスとの個々の戦いではしばしば勝利を収めた。

このため、一時スパルタ側は戦争遂行を諦め、アテネに和議を申し入れたくらいである。この時、もしペリクレスが生きていたら、外交交渉で優位を獲得しつつ停戦に応じたかもしれない。しかし、ペリクレス以後、アテネは優秀なリーダーを得ることはなかった。アテネの直接民主政の参加者たちも「勝っているんだから戦争を続けるべきだ」という意見が支配的であった。

その結果、先に弱気を見せたペロポネソス同盟はかえって団結し、一方、デロス同盟内部ではアテネのやり方に対する反感がますます高まり、戦局は五分五分からペロポネソス同盟優位に傾くようになった。

こうした中、この時点で十年続いた戦争に終止符を打って和平を確立すべきだという論者も双方にいて、紀元前４２１年に両者は休戦条約を結んだ。しかし、根本的な解決ではなく、これは実質的には束の間の休戦を約束するものでしかなかった。

この戦争が始まったそもそもの原因は、アテネの覇権に対する抵抗である。だが、休戦条約はアテネのその傾向に歯止めをかけるものではまったくなかった。これでは平和は保たれない。

その平和を破ったのは、スパルタではなくアテネの方であった。

■敵国に亡命を繰り返した「カメレオン人間」アルキビアデス

ここにアルキビアデス（Alkibiades／BC450頃〜404年）という人物が登場する。アテネ人で政治家ペリクレスの甥《おい》という名門の出身であり、有名な哲学者ソクラテス（Sokrates／BC469頃〜399年）の弟子でもあった。しかも、師匠のソクラテスとは似ても似つかぬ長身の美男子で、弁舌も実に巧みであり、相手を論破することにかけては天才的な才能を持っていた。彼は大衆には絶大な人気があったが、実際には真の愛国心もなく、己の欲望に忠実な、とんでもない政治家兼軍人であった。

ギリシア史には中国史と並んで、「典型的な人物」が数多く登場する。このアルキビアデスは「デマゴーグ（demagogue）」であった。古代ギリシアの直接民主政において、この言葉はもともと大衆に強い影響を与える政治家という意味だったが、のちに転じて、刺激的な弁舌などによって大衆を扇動する政治家という意味になった。このアルキビアデスはデマゴーグの典型だろう。

デロス同盟結成以来、アテネが推し進めてきた覇権政策に対して、反対の姿勢をとる理性的なアテネ市民もいたことは間違いない。

しかし、大衆の多くは己の欲望を満たし、不満な反対勢力を軍事力で叩き潰す新しい路線に賛成だった。そのことを見抜いたアルキビアデスは得意の弁舌で、戦争を再開すべし、覇権を求めるべしと訴えたのである。反対を唱えた者もいただろうが、何しろ彼は相手を論破することに関しては天才的な能力を持っている。民会は戦争再開を決議した。

まずアルキビアデスが攻撃目標としたのは、現在のイタリアのシチリア島（Sicilia）で、当時、ギリシア系のポリスが多数存在し、ギリシア語では「シケリア（Sikelia）」と呼ばれていた。島内のポリスがペロポネソス同盟の有力メンバーである都市国家コリント（Corinth）と交易関係にあることに着目し、アルキビアデスはシケリア島遠征を行なって支配下に置き、コリントに経済的打撃を与えようとしたのである。

政治家アルキビアデスは紀元前415年、自ら司令官となってアテネ軍を率い、シケリア島に向かった。ところが、このような人物には敵も多い。彼を追い落とそうとした政敵の政治工作が成功し、アルキビアデスは本国への召還命令を受けた。

ここまでは他の国の歴史にもよくある話かもしれない。だが、ここからがまさにデマゴーグの面目躍如である。

身の危険を感じたアルキビアデスは、なんと敵国スパルタに対し亡命を申し入れたのである。アルキビアデスのライバルは同じアテネ人のニキアス（Nikias／BC470頃～BC413年）という政治家兼軍人であった。どちらかというと和平派で、十年続いた戦争を一時休戦に導い

Bridgeman Images／PPS通信社

アルキビアデス像（イタリア　ローマ／カピトリーニ美術館）

たのもニキアスの功績である。

それ故、徹底的な主戦派であるアルキビアデスはニキアスに反感を持っていた。本国への召還命令を受けたのもニキアスが画策したためだと確信した。実際は分からないが、その可能性は大いにあったことは事実である。

ここからが問題だ。スパルタに亡命したアルキビアデスは、なんとスパルタ軍の軍事顧問的立場を獲得し、「どうやったらアテネ軍に勝てるか?」を詳細にアドバイスしたのである。

これをやられてはたまらない。アテネ軍のシケリア島遠征においても、スパルタとも強い盟友関係にある都市国家シラクサ（Syracusa）がスパルタを全面支援したことと、アルキビアデスがスパルタに的確なアドバイスを与えたことが、スパルタの勝利に大きく貢献した。結局、シケリア島遠征で、アテネ軍の総司令官となっていたニキアスは投降ののち、処刑されてしまった。

さらにアルキビアデスは籠城作戦をとるアテネを弱体化させるには、近くの要衝アッティカ（Attica）に橋頭堡《きょうとうほ》を確保し、糧道を断つのが早道だとも教えた。つまり、スパルタ軍に、アルキビアデスというアテネ軍を何もかも知り尽くした強力な「軍事顧問」が就任したことによって、この戦争は一気にスパルタ側有利に展開するようになったのである。

とにかく、政治家アルキビアデスという人物は魅力に溢れていたことは事実である。

古代におけるギリシアとローマの人物を比較した、ギリシア人の著述家プルタルコス（Ploutarchos／50頃～120年頃）の名著『対比列伝（英雄伝　Vitae parallerae）』には、ギリシアを代表する哲学者ソクラテスにアルキビアデスが寵愛されたことが詳しく記されている。

ソクラテスはアルキビアデスとは正反対の風貌の中年の醜男であったが、ソクラテスの弁舌を聞いたアルキビアデスはたちまち心酔して弟子となり、「ソクラテスとは食事を共にし、いっしょにレスリングをし、一つテントに寝るなどしていながら、彼を愛するほかの人々にはつれなく当たって一向になびかか」(『英雄伝 2』プルタルコス著　柳沼重剛訳　京都大学学術出版会刊)なかった。

もちろん、ギリシア一の哲学者を虜にしただけでなく、女性にも大いにモテた。その容姿が優れているだけではなく、弁舌も巧みであり、それに加えてオリュンピア競技(古代オリンピック)の戦車競走の部門にも自分の馬を出走させ、一位、二位、三位を、つまり今で言えば金、銀、銅メダルを独占した。

女性には選挙権はなかったが、アルキビアデスはアテネ一、いや、ことによるとギリシア一の人気者であった。

民会における直接民主政でリーダーが選ばれるのだから、大衆的人気のない政治家や軍人はトップにはなれない。しかし、当時のギリシアには人気者が極めて恐れていた制度があった。「オストラキスモス(ostrakismos)」である。これはアテネ民会において、僭主となる恐れのある人物に先手を打つ形で市民が投票を行ない、追放に処すことができる制度であった。その投票には陶器の破片を用いたので、日本では「陶片追放」と訳されていた。

では、僭主とは何かと言えば、有力な貴族などが戦争における勝利などの功績を宣伝して平民のリーダーとなり、場合によっては敵対する外国の援助を得てクーデターを起こし、独裁政権を確立した人間のことである。

アテネではペイシストラトスが有名で、戦争での武勲から平民の支持を得た彼は、紀元前561年にアテネの中心地アクロポリスを占領して僭主となった。ペイシストラトスは平民の改革を行なったソロンの親戚でもあったが、ソロンのやり方では生ぬるいと独裁的権力の確立に走ったのである。

僭主ペイシストラトスは反乱を防ぐため、市民の武器を取り上げ、自身の警備のための傭兵を雇ったりしたが、農業を奨励すると同時に商工業の発展にも尽力し、神々の祭りを盛んに行なったため、この時代をギリシア文明におけるアテネの最盛期とする見方もある。

しかし、アテネ市民はやはり平等な地位だけでなく、政治に参加できる資格を求めた。これがポリスとしてのアテネの守るべき伝統であり、たとえ経済が活性化しようとも、市民の政治への参加を否定する形となる僭主制には強い抵抗があったのである。

このため、僭主の出現を事前に防止する制度としてのオストラキスモスが創設された。その起源は必ずしも明確ではないが、初めて適用されたのは紀元前488年のことで、ペイシストラトスの子であったヒッパルコス（Hipparchos／BC560頃〜BC514年）に対してであった。

制度として定着した後は、「毎年1回、民会においてオストラキスモス実施の可否を問う採決が行われ、これが可決されると、各市民は追放さるべき人物の名を陶片に刻んで投票に付した。投票は部族ごとに行われ、秘密投票であった。（中略）国外への追放は10年間であったが、それによって市民権が剝奪されたり、財産が没収されたりすることはなかった」（『日本大百科全書〈ニッポニカ〉』「オストラキスモス」の項　小学館刊）という。

しかし、問題はのちに、このオストラキスモスが「僭主となる危険性のある人物」の追放ではなく、特定の政治家の「政敵」の排除に悪用されるようになったことである。人気のある政治家、非の打ちどころのない軍人であるが故に招くことになる嫉妬。これは人間界につきものだが、その嫉妬を最大限に利用し扇動し、国のために尽力する政治家や軍人をそうではない政治家や軍人が合法的に追放できる手段となってしまった。

制度自体が堕落してしまうと、僭主になろうという野心をまったく持たない政治家でも、オストラキスモスによる追放の対象となる恐れが出てきて、結果において行動が制約される。もちろん、オストラキスモスの悪用は氷山の一角であって、古代ギリシアの直接民主政、特にアテネにおけるそれは、民衆の嫉妬や猜疑心《さいぎしん》によって合理的な決断が妨害される危険性が常にあったということだ。

そういうリスクを被る可能性の高い政治家および軍人は、皮肉なことに民衆に人気のある人物だった。

この傾向を分かりやすく表現しているのが、このギリシア一の人気者と言えるアルキビアデスの生涯なのである。アルキビアデスはシケリア（シチリア）島遠征軍の司令官の一人として現地に赴いた途端、いきなりアテネへの召還命令を受けた。

実は、直接の容疑はヘルメス（オリュンポス十二神の一人）の神像を破壊して味方の士気を阻喪させたという瀆神罪《とくしん》だったが、そもそもシケリア島遠征を民会で強力に主張し実現させたのは、アルキビアデスその人なのである。

常識的に考えれば、いつの時代でも、どの国家でも、「根も葉もない無実の罪だ。帰国して嫌疑を晴らす」という決断になるはずだが、アルキビアデスが選んだのは、なんと敵国スパルタへの亡命という極めて思い切った手段であった。そして彼の決断は正しかった。なぜなら、アテネで行なわれた欠席裁判で、アルキビアデスは有罪となったからである。もっとも、天才的な弁舌を持つ彼が帰国して熱弁を振るっていれば、結果は違っていたかもしれないのだが。ともかく、アルキビアデスはスパルタへ生命の保障を求め、それが認められると亡命し、スパルタに様々な献策をすることによってアテネに対する勝利を確定的なものとした。

特筆すべきは、アルキビアデスは亡命先のスパルタにおいても、大衆的な人気を不動のものにしたことだ。その秘訣《ひけつ》は地元の習慣を尊重するということであった。彼はアテネ風の長髪を切り、スパルタ式に短く髪を刈り込んだ。体を洗うのには冷水を用い、食事は大麦を原料とした粗末なパンと粥、これも質実剛健を旨としたスパルタ式である。

彼はこの後、ペルシア帝国にも亡命することになるが、おそらくそこでもペルシア風に習慣を改め、人々の心を捉えたのだろう。これが人々に人気を得る秘訣であり、弁舌と並んで彼自身の持っていた最も優れた能力でもあった。以上のことも『対比列伝』に詳しく紹介されているところだが、さらに次のようにも述べている。

カメレオンにはできないことが一つあって、それは自分を白い色に同化させることだというが、アルキビアデスは善人の間にあろうが悪人とともにあろうが、何ひとつまねできない、あるいはうまく合わせることができないことがなく、スパルタにあれば体育に励み、質素な暮らしをして厳しい顔つきをし、イオニアでは贅沢三昧、快楽に身をやつし、何事も気楽を旨とし、トラキアへ行けば飲んだくれ、かつ乗馬に励み、ペルシアの太守ティッサペルネスとともにあれば、威厳と贅沢さにおいてペルシアの豪奢をすらしのいだが、これは決して、自分を失うがゆえに、このようにやすやすと、いろいろな性格に転ずるのではなく、自分の性格に様々な変化を被るのでもなく、それこそ天性によって、相手にいやな思いをさせそうになると、必ず相手に合いそうな姿形をとって、それを避けたのである。

（引用前掲書）

アルキビアデスという不可解な人間の本質を見事に捉えているばかりでなく、当時の地中海地方の各地の習慣の違いが述べられている貴重な箇所なので少し長く引用したが、カメレオンは自分の身を隠すために変色し、アルキビアデスは相手に気に入られるために「変色」する。しかし、究極の目的は双方とも身の安全を確保するためであるから、まさにアルキビアデスは「カメレオン人間」であった。

もちろん、こんな「変色」を可能にするためには、広い教養が必要である。スポーツの素養もなければならない。つまり、アルキビアデスは現代風に言えば、グルメでスポーツマンで、おそらく語学の達人でもあったのだろう。言葉が達者でなければ現地の人とコミュニケーションをとることができないからだ。そのうえ、絶世の美男子で政治的軍事的才能もあるというのだから、まさに女性が放っておかないタイプの男性であろう。

　都市国家スパルタの王アギス2世（Agis II／生年不詳～BC401年頃／在位BC427～BC401年頃）の遠征中に、アルキビアデスは王妃ティマイアと密通した。彼女はアルキビアデスの子を宿してしまった。彼女はこの子を産み、アルキビアデスの子であると周辺に漏らした。夫である王アギス2世の耳に入っても構わないということである。

　そこまでするとは、さすがのアルキビアデスも予測できなかったようだ。しかし、王アギス2世は表立ってアルキビアデスを処刑しようとはしなかった。事を荒立てれば王家の恥にもなるし、妻と不義の子を罰しなければならなくなるからだろう。王は妃を深く愛していたのかもしれない。

　しかし、このまま放っておくことはできない。かねてからスパルタにおけるアルキビアデスの人気の高さを苦々しく思っていた人々が集まり、アルキビアデスを暗殺しようという相談がなされた。だが、アルキビアデスの優れた能力の一つに情報収集力がある。もちろん警戒していたからだろうが、いち早くこの情報を摑んだアルキビアデスは、なんとアテネにとってもスパルタにとっても宿敵であるペルシア帝国への亡命を決意したのである。

　アルキビアデスが連絡を取ったのは、ペルシア帝国が各地区に派遣した「総督」的な地位である太守（サトラップ）ティッサフェルネス（Tissaphernes／生年不詳～BC395年頃）であった。ティッサフェルネスはエーゲ海周辺の担当であった。

　ここでまたアルキビアデスの恐るべき政治的能力が発揮された。

太守ティッサフェルネスはペルシア人の中でもギリシア人嫌いで評判の人物であった。だから、この当時のギリシア人は何があってもティッサフェルネスに保護を求めようとは考えなかったはずである。しかし、アルキビアデスだけがそれを決断した。

もしもこの時、太守ティッサフェルネスがアルキビアデスの亡命申し入れを拒否していれば、さすがの彼も逃げ場を失い、破滅したかもしれない。だが、ティッサフェルネスはアルキビアデスの亡命を認めた。何と言ってティッサフェルネスを納得させたかについては、まったく記録がない。『対比列伝』にも記載がない。

その後については詳細に記してある。アルキビアデスは太守ティッサフェルネスの大のお気に入りとなったというのである。『対比列伝』によれば、ティッサフェルネスは悪党好きで、アルキビアデスの悪の能力に関心を持っていたようだが、ティッサフェルネスはアルキビアデスを「いい奴」だと思っていたと、これも『対比列伝』にある。

ところで、アルキビアデスがこの時点で一番恐れていたのは、ギリシアの宿敵であるペルシア帝国ではなく、都市国家スパルタであった。アルキビアデスが寝取ったのは王アギス2世の妃だからだ。スパルタはかつてアルキビアデスの亡命を認めてくれた。つまり、命の恩人である。しかもスパルタ人がアルキビアデスを暗殺しようとしたのは、王妃を寝取ったアルキビアデスに一方的に非があるからだ。いわば恩を仇で返したのだから。

しかし、アルキビアデスはそう考えてはいなかった。「もともと王妃の方が私を誘惑してきた」ぐらいにしか思っていなかった。これは推測だが、その証拠にアルキビアデスはことあるごとに太守ティッサフェルネスに進言した。

「彼らが援助を求めてきても応じてはなりません」と。

■アテネ黄金時代の終焉とペルシア帝国の台頭

アルキビアデスという男は、祖国とも言うべき都市国家アテネに対する忠誠心もなければ、政治家としての信念もない。ただ自分の欲望のままに生きているだけである。

しかし、その政治的能力には驚嘆すべきものがある。これまで述べたように、彼はアテネを裏切りスパルタに亡命したが、そのスパルタ王アギスの王妃に手を出すという背信行為をしでかし、今度はペルシア帝国に亡命した。通常ならアテネからは「永遠の裏切り者」とされ、帰国することなど不可能なはずである。

にもかかわらず、アルキビアデスはこの後、単なる帰国ではなくアテネの政権の中枢メンバーとして返り咲いたのである。どうしてそんなことが可能であったのか？　そこには政治家アルキビアデスの巧みな政治工作があった。

その手品のタネは、彼が身を寄せたペルシア帝国の太守ティッサフェルネスとの緊密な関係にある。

ペルシア帝国はアテネ、スパルタを中心としたポリス連合と戦い、手痛い敗北を喫した対ギリシア戦争以来、この地方を総がかりで攻めてポリス同士を固く団結させるような愚は避け、むしろポリス同士の内紛を煽《あお》るような政策に転換していた。

その意味で、ペロポネソス戦争はペルシア帝国にとって、まさに漁夫の利を得るための絶好の機会であった。そうした立場を継承するティッサフェルネスにとっては、アテネおよびスパルタの双方の内情に詳しく、双方へのパイプを持っているアルキビアデスは大きな利用価値のある存在であった。もちろん、アルキビアデス自身もこのことを読み切ってペルシア帝国への亡命という思い切った手段に出たのである。

通常の人間は、太守ティッサフェルネスのギリシア人嫌いをよく知っているから、ペルシア帝国への亡命という選択肢が最初から頭に浮かばない。だが、アルキビアデスは自分の利用価値を認識していて、ティッサフェルネスほどの男ならば、自分を殺したりせず活用する方針を取るだろうと予測したのである。そして実際にティッサフェルネスの懐に飛び込むと、彼の大のお気に入りになってしまった。

これがアルキビアデスの最も驚嘆すべき能力であろう。そういう立場を築くと、逆にアテネやスパルタから見ても、アルキビアデスは利用価値のある存在になる。彼を通じてペルシア帝国の軍事的援助を得られるかもしれないと、アテネ人もスパルタ人も考えるようになったからだ。

逆に、アルキビアデスを殺してしまえば、ペルシア帝国を怒らせることになり、軍事的な介入を招くとすら彼らは考えるようになった。こうなるとアルキビアデスの思うツボである。

『対比列伝』によれば、アテネの貴族階級は太守ティッサフェルネスの持っているペルシア艦隊の攻撃を恐れていた。このアテネの直接民主政を嫌っていた貴族たちに対し、アルキビアデスは密使を送り、自分を政権の一員として呼び戻してくれるなら、必ずティッサフェルネスを味方とし、アテネを攻撃させないと呼びかけたのである。

貴族たちに声をかけたのは、誰が主導権を取っているかがよく分からない直接民主政を支持する人々に呼びかけるより、少数のエリートであるが故に意見がまとまりやすい貴族たちに声をかけた方が、実現の可能性があると思ったのだろう。

そして、アルキビアデスの思惑は実現した。アテネで直接民主政を否定する寡頭政権が樹立されると、アルキビアデスは帰国を許されたばかりか、政権の中枢に返り咲き、サモス島（Samos）に基地を置いていたアテネ艦隊の指揮官に抜擢《ばってき》され、紀元前410年にはなんとスパルタ海軍を撃破するという大手柄を立てるのである。この辺は単なる口だけの男ではない、アルキビアデスの長所であり、だからこそ大衆の支持も得られたのだろう。

調子に乗ったアルキビアデスは自分の勝利を伝えるために多くの贈り物を携えて太守ティッサフェルネスを訪ねたのだが、これは大失敗であった。

スパルタ人はアルキビアデスとティッサフェルネスの仲を裂こうと、かなり前から巧みな情報を流していた。

その情報とは、ティッサフェルネスがアルキビアデスに肩入れするあまりにアテネを優遇し過ぎて、ポリス同士の内紛を煽ってギリシア全体を弱体化させるというペルシア帝国の根本政策に反している、そのことに王は激怒している、というものである。

実際に王が激怒していたかどうかは分からないが、ティッサフェルネスの立場としては確かに十分に注意しなければいけないことである。彼はスパルタの思うツボにはまり、アルキビアデスを捕らえて牢獄《ろうごく》にぶち込んでしまった。彼にしてみれば、決してアテネだけを優遇しているわけではないということを世間に示すためだっただろう。

ところが、この後すぐにアルキビアデスは牢獄からまんまと脱出してしまうのである。あくまでも想像だが、アルキビアデスの人間的魅力で牢番や役人たちを籠絡したのではないか、あるいは彼に心を寄せる女たちが脱出に手を貸したのかもしれない。

アルキビアデスはこの時、決してティッサフェルネスを罵倒したりはしなかった。それどころか、「ティッサフェルネスが私を逃がしてくれた」とあちこちで触れまわった。言うまでもなく、その方がティッサフェルネスの受けるダメージは大きい。

しかし、彼の人生にとってケチのつき始めだったかもしれない。アルキビアデスは結局、司令官の任を解かれてしまった。

当時、アテネ海軍における最高の指揮官はやはりアルキビアデスだったろう。そのアルキビアデスをクビにした代償は大きかった。スパルタにはリサンドロス（またはリュサンドロス Lysandros／ＢＣ４５５頃～ＢＣ３９５年）という有能な艦隊指揮官がいた。

そして紀元前４０５年、トラキア地方（Thraki）の都市ケルソネソス（Khersonisos　ダーダネルス海峡〈Dardanelles〉の西側のゲリボル半島）のアイゴスポタモイ川（Aigospotamoi）河口における戦い（アイゴスポタモイの戦い）で、リサンドロス率いるスパルタ艦隊は、アテネ艦隊を奇襲し、「艦船のうち八せきだけは、将軍コノンとともに敵の目をかすめてにげのびることができたが、のこりの二百せきちかくは、ことごとくつかまって、引っぱられていってしまった」

「また、リュサンドロスはアテナイ兵三千を生けどりにして、これを切ってすてた」(『プルタルコス』村川堅太郎編　筑摩書房刊)という大戦果を挙げた。

アテネ側から見れば大惨敗である。

この頃、アテネの住人はスパルタの攻勢から身を守るため、ほとんど都市部を囲む城壁の中で暮らしていた。つまり、城外にある畑を耕すことは不可能であったため、穀物はすべて海路からの輸入に頼っていた。

ところが、このスパルタとの海戦に負けたことによって補給路が断たれてしまい、食糧不足から餓死者を出す羽目になってしまった。こうなってはもう仕方がない。

遂にアテネは全面降伏した。紀元前404年のことであった。

アルキビアデスはこの敗北を予言していた。やはり、彼の艦隊指揮官としての能力は一流だったのである。しかし、それであるが故に、生命の危険を感じ、再び彼の得意技を発揮した。

脱出である。目的地はペルシア帝国であった。ペルシア帝国はスパルタが一方的に強くなることを好まない。だとしたら自分を迎え入れてアテネ軍の指揮官にしてくれるかもしれない、と考えたのである。

降伏したアテネ市民にとっても、彼は希望の星となった。

もしアイゴスポタモイの戦いにおいて、アテネ艦隊の指揮をアルキビアデスが執っていたら、アテネは全面降伏などという屈辱的な結果を招かなかったかもしれない。そして、スパルタ軍に捕まる前に見事に脱出したアルキビアデスが首尾よくペルシア帝国に辿り着いてくれたら、アテネの栄光は再び蘇《よみがえ》るかもしれない。そういう希望をアテネの人々は抱いたのである。

もちろん、それはスパルタにとっては最も避けるべき事態である。

アルキビアデスは小アジア地方のフリュギア（Phrygia）にまで辿り着いて、その太守ファルナバゾス（Pharnabazus）の保護を受けていたが、スパルタ本国の指令を受けた指揮官リサンドロスは、ファルナバゾスに「アルキビアデスを殺さなければ、ペルシアとスパルタの平和協定を破棄する」と脅した。

悩んだ挙げ句、ファルナバゾスはアルキビアデスを殺害することを決め、刺客を派遣した。当時、アルキビアデスは芸者（と呼ばれる女性がギリシアにもいた）のティマンドラと暮らしていたが、刺客たちはその首を直接取ろうとはせず、家に火矢を撃ち込んで火事を起こさせ、あわててアルキビアデスが飛び出してきたところに矢を射かけ、槍《やり》を投げつけ、直接刃を交えることなく殺したという。アルキビアデスは剣の達人だったのかもしれない。

こうしてアテネの黄金時代は終わった。

では、スパルタの黄金時代が始まったかといえば、そうではなかった。やはり、何十年も続いたペロポネソス戦争という内戦の痛手は大きかった。

それにスパルタに味方したテーベやコリントなどの有力なポリスも、スパルタの寡頭政による軍事政権を支持していたわけではない。民主政を重んじていたはずのアテネが、他のポリスを圧迫し覇権を求めるという、支持できない方向に進んだため、アテネの敵であるスパルタを支持したにすぎない。

だから戦争が終わって、スパルタがすべてのポリスの盟主のような顔をして他のポリスに自分たちのやり方を押し付けるような姿勢を見せると、反発が高まった。

また、ペルシア帝国の姿勢も変わった。

彼らはギリシア全体をまとめるような有力なポリスの出現を恐れていた。アテネが強力なポリスだった頃は、彼らはむしろスパルタに軍事援助していた。しかし、スパルタが勝利を収めたからには、スパルタへのこれ以上の援助はかえって国策に反することになる。

一方のペルシア帝国では、ペロポネソス戦争が終わった紀元前404年、ダレイオス2世（Dareios II／生年不詳～BC404年／在位BC423～BC404年）が亡くなり、アルタクセルクセス2世（Artaxerxes II／生年不詳～BC359年頃／在位BC404～BC359年頃）が即位したが、弟の小キュロス（Kyros／生年不詳～BC401年）は大きな不満を抱いていた。

王妃である母は、兄アルタクセルクセスはおとなしい性格であるため、軍事指揮官として極めて優秀な弟の小キュロスを後継者とすべきだと主張したのに、父王はそれを押し切って兄に跡を継がせていたからだ。

小キュロスは最初、兄を暗殺しようとして失敗し、反乱の兵を挙げた。豊富な資金力で一万人のギリシア人傭兵《ようへい》を集め、親密な関係にあるスパルタからも重装歩兵の援軍を得て、ペルシア帝国本土へ進軍した。

一方、小キュロスとは対立関係であった太守ティッサフェルネスから情報を得たアルタクセルクセス2世は、自ら大軍を率いてこれを古都バビロン（Babylon）近郊の町クナクサ（Cunaxa）で迎撃した。戦いは当初、小キュロス軍が優勢であったが、小キュロスが調子に乗って前線に出たところをペルシア帝国軍が急襲し、討ち取られて野望は潰《つい》えた。

当然、ペルシア帝国とスパルタとの関係は悪化し、通報の手柄によって小キュロスの地位を引き継いだ太守ティッサフェルネスは、内乱で低下したペルシア帝国の権威を高めるために、小アジア地方のポリスを傘下に収めようと軍事的圧力をかけた。当然、スパルタはそれに反発し、軍を送ってペルシア帝国と戦ったが、大きな戦果は挙げられなかった。

このためスパルタの求心力が低下したので、かつてスパルタ人の圧力に屈した苦い思い出のあるフリュギアの太守ファルナバゾスは、スパルタに反感を持つアテネ、テーベ、コリントといったポリスに軍事資金を提供し、スパルタへの反乱を唆した。

これがコリント戦争（Corinthian War／BC395〜BC386年）で、時代は紀元前5世紀から前4世紀に入っていた。

■ポリス同士の闘争を操った黒幕はペルシア帝国⁉

紀元前395年、ペルシア帝国からの軍資金援助を受けた都市国家テーベ（Thebes　古代エジプト史に登場するテーベ〈ワセト〉とは別の都市。263頁の地図参照）が、まず反スパルタの兵を挙げた。

テーベはギリシア中部にあり、神話によると、フェニキア地方からギリシアにアルファベットをもたらした王カドモス（Kadmos）が建てたとされる、最も古いポリスの一つである。考古学的に見ると、青銅器時代から人間が住んだ痕跡があり、ミケーネ時代には宮殿も建設されていたらしい。メソポタミア文明との交流もあったようだ。

しかし、テーベが歴史に明確に姿を現すのは紀元前6世紀、アテネの僭主ペイシストラトスとの交流が始まった頃である。テーベとアテネはその後、ギリシア全体の覇権を巡って長い敵対関係に入った。

このため、ペロポネソス戦争でもテーベはスパルタに味方してアテネと戦ったが、その後、スパルタの勢いが強くなりすぎたため、これを嫌ってスパルタに宣戦布告したのである。アテネ、コリント、アルゴス（Argos）などのポリスが追随し、のちに「コリント戦争」と呼ばれる戦いになったわけである。

紀元前394年にコリント付近で戦われた陸戦では、スパルタとその同盟軍が勝利したが、海戦ではアテネ人の名提督コノン（Konon／BC444頃〜BC392年）の指揮によるペルシア艦隊で戦うという、ギリシアーペルシア戦争ではまったく考えられなかった組み合わせのもとに、アテネ側がスパルタ海軍を撃退した。

戦線は膠着《こうちゃく》状態となったが、エーゲ海の制海権を得たアテネが、提督コノンの指導によって城壁を再建し、再びデロス同盟華やかなりし頃の栄光を取り戻す気配が見えたため、ペルシア帝国は逆にアテネを警戒するようになった。

何度も述べたように、ギリシア全体を強力にまとめるポリスが出現しないように、ペルシア帝国は常に介入を繰り返していたのだが、その方針はもちろんスパルタも知っている。そこで膠着状態を打破し和平を求めるスパルタと、アテネがこれ以上強くならないように歯止めをかけたいペルシア帝国の利害が一致し、紀元前386年にアンタルキダスの条約が両者の間で締結され、戦争は終結した。

アンタルキダス（Antalkidas／生年不詳～BC367年）はこの和平条約の交渉にあたったスパルタの外交官で将軍だが、条約締結のためにペルシア帝国側から提示された条件は、小アジア地方のポリスについてペルシア帝国の支配権を認めること、であった。ペルシア帝国側にとって見れば、アテネの復活に歯止めをかけたうえにギリシアに対する影響力も拡大できたわけであるから、かなり有利な条約である。そこでこの条約を「大王の和約」とも呼ぶ。

大王とは当時のペルシア帝国の王アルタクセルクセス2世のことで、前節で述べたように、野心家である弟の小キュロスの反乱を見事に阻止した王である。古代ギリシア系の歴史家は、この王について優柔不断で無能な人物のように評しているようだが、この「大王の和約」に至る経過を見るだけでも、かなり優秀な人物であったと私は考えている。

この「大王の和約」によって、ペルシア帝国はギリシア本土のポリスが独立しながらもスパルタの影響下に置かれる体制を支持する、という形で影響力を残したわけだが、スパルタのライバルであるアテネが黙っているわけがない。

アテネはかつてのデロス同盟に倣って、利害の共通するポリスと新たな同盟を築き上げようとした。これを「第二次アテネ海上同盟」と呼ぶ。デロス同盟を第一次と考えるわけである。

この同盟は、デロス同盟がなぜ崩壊したのかを研究し、その反省点を生かしたものであった。具体的には、アテネは同盟のポリスに駐留軍を派遣せず、軍資金の要求もしなかった。

しかし、それは当初だけで、紀元前３７７年、ナクソス島（Naxos）沖の海戦でアテネ艦隊がスパルタ艦隊を撃破すると、舌の根も乾かぬうちにアテネは各ポリスに軍資金の拠出を要求し、駐留軍の派遣を通告した。「夢よ、もう一度」だったのかもしれないが、「第一次（デロス同盟）」の苦い経験が忘れられないロドス島（Rhodos）、コス島（Kos　医学の父ヒポクラテスの生誕地）およびキオス島（Chios）などのエーゲ海の島嶼にあったポリスが、まずアテネに反旗を翻した。

　この三島の反乱がきっかけになり、他のポリスを巻き込んだギリシア同盟市戦争（ＢＣ３５７〜３５５年）へと発展した。その後、アテネ艦隊は紀元前３５６年、エンバタの海戦でキオス艦隊に敗れ、遂に昔日の栄光を取り戻すことはできなかった。

　一方、テーベは「大王の和約」以降、国力を回復したスパルタの支配を受けていたが、独立運動のリーダーであるペロピダス（Pelopidas／ＢＣ４１０頃〜ＢＣ３６４年）の活躍によってスパルタから独立し、周辺のポリスとボイオティア（Boiotia）同盟を結成した。

　これに怒ったスパルタを中心とするペロポネソス同盟軍とテーベとの一大決戦がレウクトラ（Leuktra）の戦い（ＢＣ３７１年）である。テーベ近郊で戦われた決戦は、実質的にはギリシア最強を謳《うた》われたスパルタ陸軍と新生テーベ陸軍との戦いで、おそらく当時の人々はスパルタが勝つだろうと予測していたと思われる。しかし、大方の予想に反して、勝ったのはテーベ陸軍であった。

テーベ側にはペロピダスの盟友で、軍事の天才である将軍エパメイノンダス(Epameinondas／生年不詳~BC362年)がいたからである。

前にこの『逆説の世界史』のコンセプトとして、世界史の全体像の中から戦争というものの性質を追究することが目的であるからディテールには立ち入らない、と述べた。しかし、ここは将軍エパメイノンダスの考案した新戦術「斜線陣」について少し詳しく語りたい。というのも、この戦術は西欧諸国ではかなり有名で、教養の一部分として捉えられているからであり、それ以上に、人間の発想というものを考えるのに貴重なヒントになり得るからである。

当時の陸戦はファランクス(phalanx)を中核部隊として運用する戦法が主流であった。ファランクスとは、基本的に長槍《ながやり》と盾を持ち

ペロポネソス戦争後のポリス間闘争

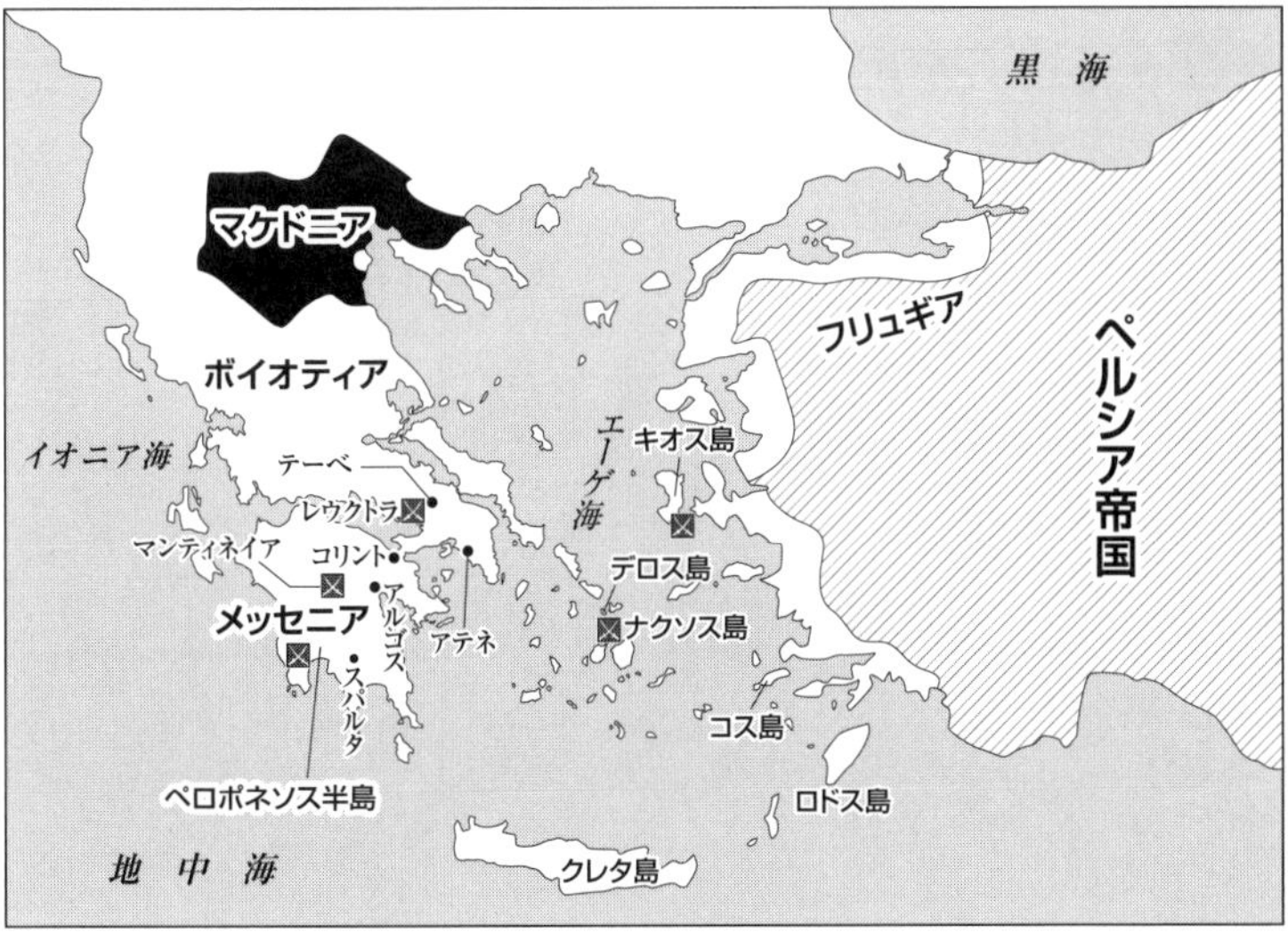

鎧《よろい》を着た重装歩兵が縦横に並び、真上から見ると長方形の陣形を何個か形成し、横並びのまま一斉に敵に対して突撃するもので〈〈イラスト①〉参照〉、これは必勝法と言われていた。スパルタ陸軍得意の戦術でもあり、スパルタ陸軍と対決する他のポリスの陸軍もこれを採用していた。

しかし、将軍エパメイノンダスはこう考えた。

兵士個々の強さでは、やはりスパルタは最強である。となれば、同じ戦術を取る限り、スパルタには勝てないということになる。そこで彼が考案したのが、「斜線陣」と呼ばれる戦術であった。

これは〈イラスト②〉のように、左側のファランクスを敵の数倍の大きさにし、この力で敵を圧倒する戦法である。左側に戦力を集中すれば、当然、右側は弱くなる。右側が突破されないようにするために、人数は少ないがベテランの兵士で固めた。

だが、それだけでは圧倒的に不利である。そこで将軍エパメイノンダスは右側の縮小したファランクスをかなり後方に下げたのである。この陣形を真上から見ると、横一線ではない。左が突出して前に出、右に行くに従って後ろに下がっている。つまり、横一線のスパルタ陣に比べ、斜線になっている。だから「斜線陣」と呼ぶ。

たったこれだけのことで、テーベ陸軍は最強のスパルタ陸軍を撃破し、敵の大将であるスパルタ王クレオンブロトス1世（Kleombrotos Ⅰ／生年不詳〜BC371年／在位BC380〜BC371年）を討ち取るという最大の戦果を挙げた。

スパルタ王が戦場で倒れたのは、紀元前480年のテルモピュレーの戦いのレオニダス以来で、あの時以降、スパルタは興隆に向かったのに対し、クレオンブロトス1世の戦死はスパルタの没落を決定づけるものであった。
ファランクスという戦法には弱点があった。一つは、ファランクスは盾も長槍も前方に向かっているので、側面からの攻撃には極めて弱い。つまり、一度どこかのブロックが崩されると、崩した方が敵を側面から攻撃できるので極めて有利になるのだ。

〈イラスト①〉
ファランクス戦法

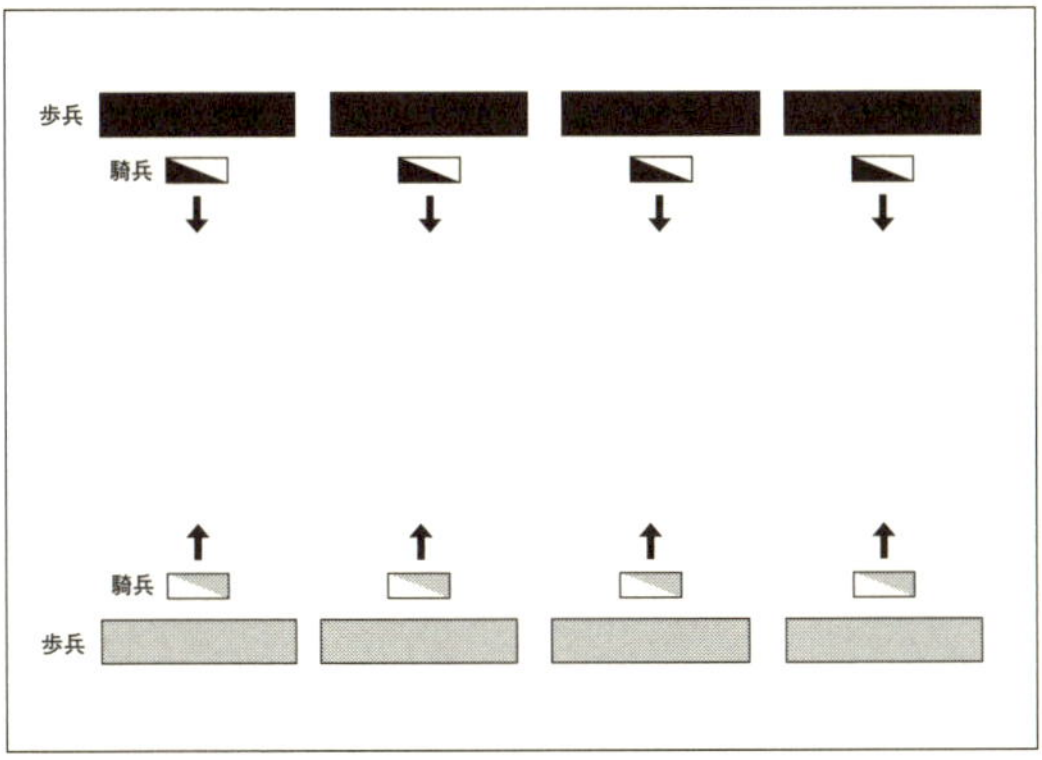

〈イラスト②〉
レウクトラの戦い（BC371年）におけるテーベ軍の「斜線陣」

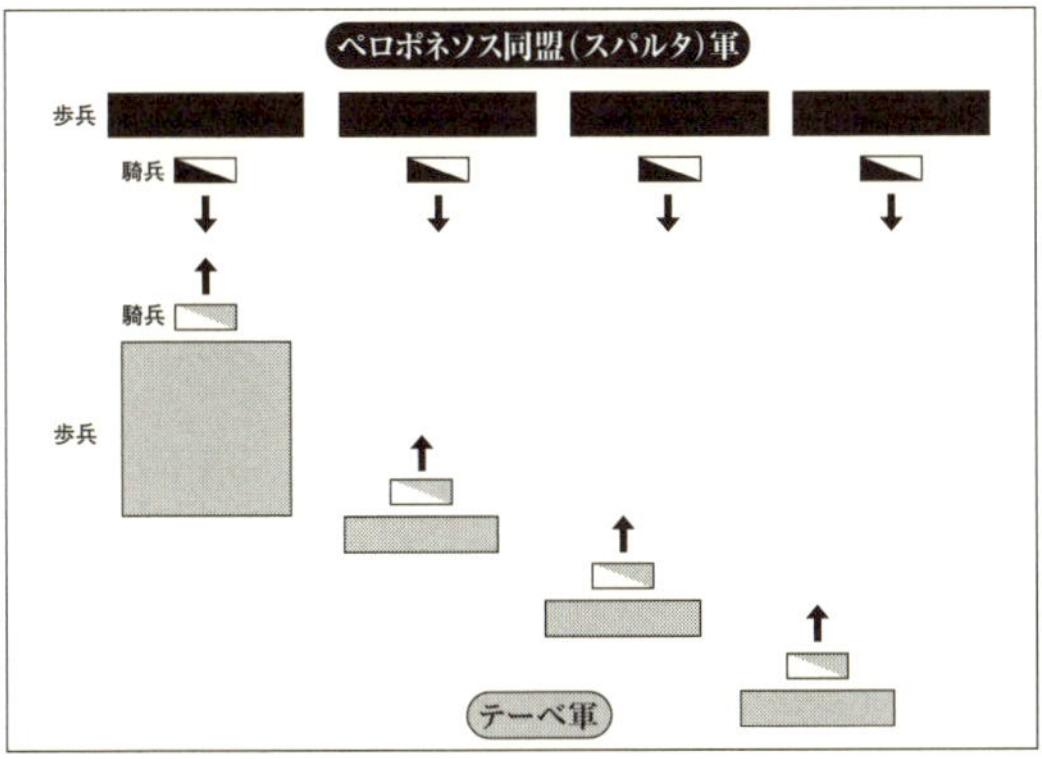

もう一つの弱点は、ファランクスは重装歩兵の集団なので、簡単にスピードアップができないことである。スパルタ軍から左側に見えるテーベ軍の右翼は確かに極めて手薄なのだが、だからといってスパルタ軍は一気にそこへ到達するわけにはいかない。距離が離れすぎているからだ。また、ファランクスは直進して前方の敵を撃破することに集中しているので、急に方向を変えてテーベ軍の左側を突く、というわけにもいかないのである。

要するに、この戦術は極めてよく考えられているが、「なぜこんな簡単なことに気がつかなかったのだろう」と思わせるものでもある。

私に言わせれば、そういう新しいこと（戦術に限らない）を考えつくことが、天才の一つの条件である。天才とは、凡人が「なぜこんな簡単なことに気がつかなかったのだろう」と思わせるアイデアを最初に考えつく人間である。

最強のスパルタ陸軍を倒し勢いに乗った将軍エパメイノンダスは、紀元前369年頃、スパルタの本拠ペロポネソス半島に攻め込み、スパルタが長年植民地化し、住民を奴隷としていたメッセニア地方を解放した。前にも述べたように、スパルタが強大な軍事国家であり得たのは、奴隷の供給源でもあったメッセニアが存在したからである。それをテーベ軍に解放されてしまったことによって、スパルタの栄光も永遠に去った。

その将軍エパメイノンダスもマンティネイア（Mantineia）の戦い（BC362年）では不覚を取り、テーベ軍は勝利したが彼は戦死した。スパルタ軍が、戦いに勝つことよりも彼を殺すことに全力を集中したからである。そして、結果的にこのスパルタの戦術は間違っていなかった。

都市国家テーベも最も優秀な軍事指導者を失い、没落の道を辿ることとなった。

この間のギリシアのポリス同士の闘争は、すべてペルシア帝国が黒幕だったという考え方もできる。アテネが強くなればスパルタを応援し、スパルタが強くなればアテネを応援するという、極めて巧みな政策によって、結局、ポリス同士は消耗し、衰退していった。

こうした中、漁夫の利を得る形で発展した国家がある。北方にあるマケドニア王国（Macedonia）であった。

マケドニアは現在の地図ではギリシャ北部地域、北マケドニア共和国、ブルガリア西南部を含む一帯であるが、マケドニア人は紀元前にアイガイ（Aigai）を首都と定め、マケドニア王国を建国した。

この国は一貫して王政であり、初代の王ペルディッカス1世は紀元前7世紀前半頃の人物である。言語もペロポネソス半島の言葉（ギリシア語）とは少し異なるもので、いわゆるギリシア人からは「バルバロイ」（異邦人。もともとは「訳の分からない言葉を話す者」の意味）と呼ばれていた。

今日では、ギリシャ人はこの後、世界的英雄アレクサンドロス大王を出したマケドニア王国を、ギリシア文明の一部と考える傾向が強く、マケドニア語もギリシア語の変形だとする説が有力である。言語学的にはそうでも、かつてギリシア人はマケドニア人を辺境の民として低く見ていたことは歴史的事実として認識しておかねばならない。

マケドニアは金銀を多く産出し、ペロポネソス半島にはあまり見られない森林資源も豊富であり、いわば国家としての潜在能力はあったが、それは決して活用されているわけではなかった。

しかし、ここに一人の優秀な王が登場する。フィリポス2世（Philippos II／BC382頃〜BC336年／在位BC359〜BC336年）である。

紀元前359年に即位した王は、まだ王子の時代、人質として全盛期の都市国家テーベにいた。将軍エパメイノンダスが斜線陣を考案し、見事スパルタ陸軍を破った頃のテーベである。人質と言っても監禁されていたわけではないので、ひょっとしたらレウクトラの戦いを観戦したかもしれないし、観戦できなくても斜線陣を学べたはずである。エパメイノンダスから直接指導を受けたことすら考えられないわけではない。

そして故郷へ帰って王となったフィリポス2世は、まさに斜線陣を改良した新しい戦術を考案し、無敵のマケドニア軍を作り上げるのである。

第三話　アレクサンドロス大王の偉業とマケドニア帝国の興亡

■マケドニア王国の基礎を築いたフィリポス2世の生涯

ギリシア本土とペルシア帝国が地中海から小アジア地方の覇権を巡って抗争を続けていた紀元前4世紀前半から3世紀前半にかけて、着々と実力をつけていた北方のマケドニア王国に、アレクサンドロス大王という軍事的天才が出現し、彼によってギリシア本土はおろか、西はエジプト、東は小アジア地方、ペルシア帝国に至る領域が制圧され、大帝国が建国された。

これは世界史全体から見ても極めて重要な事件であった。なぜなら、これほど広範囲の領域が一つの国の支配下に置かれたのは史上初めてであったからだ。これ以前に栄華を誇った古代エジプト王国も、その最大領域はエジプト本土の他にシリアの一部を加えたものにすぎない。しかし、アレクサンドロス大王が一代で築き上げた大帝国は、領域の広さでのちのローマ帝国、モンゴル帝国、オスマン帝国には及ばないものの、その先駆けとなる極めて広範囲な帝国であった（270頁の地図参照）。

アレクサンドロス大王の東方遠征

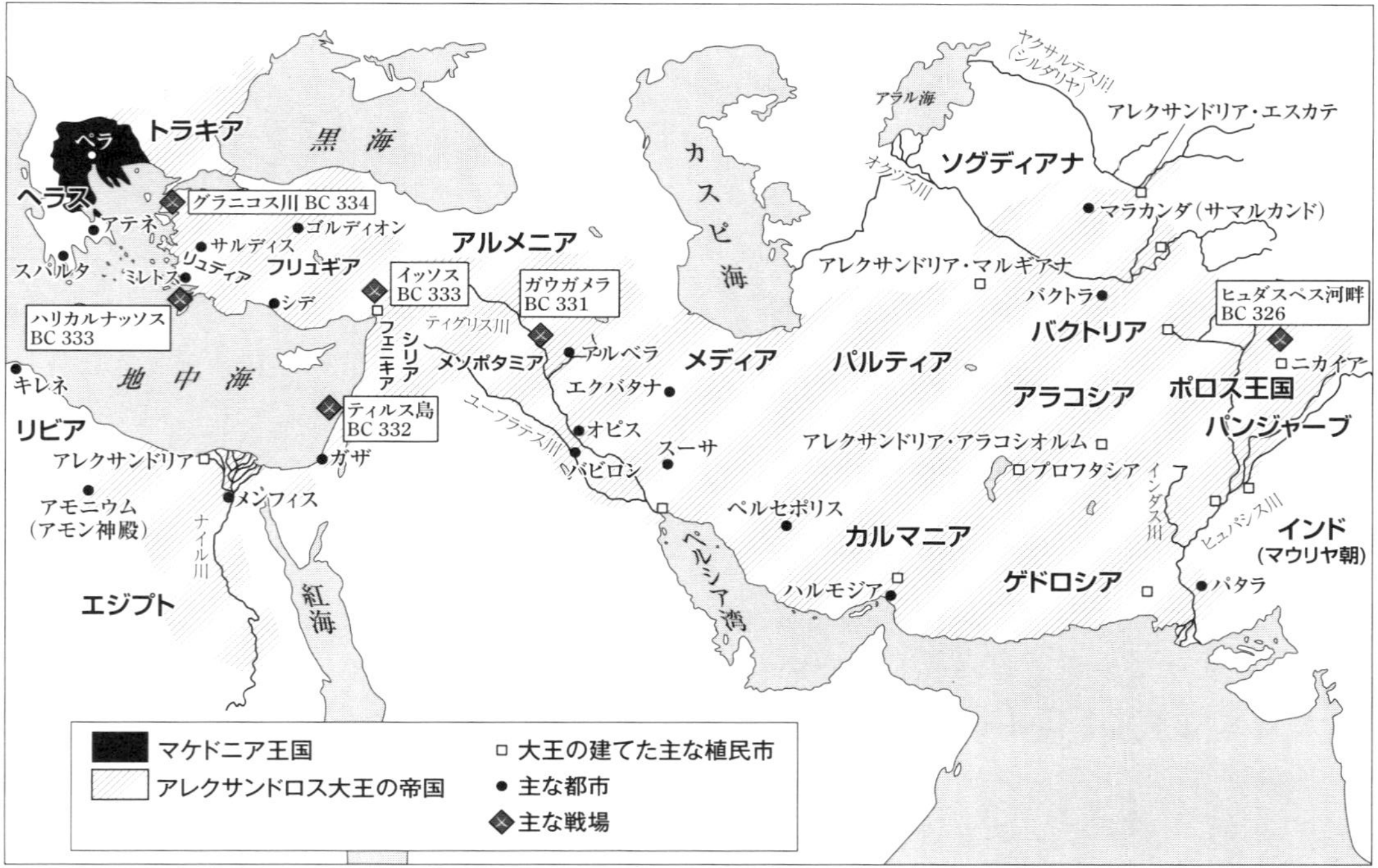

ジャパンナレッジ『日本大百科全書（ニッポニカ）』をもとに作成

何よりもアレクサンドロス大王の帝国は、帝国の構成要素の一つの条件である多くの文化、多くの民族を包含したカオス（混沌）であることが重要だ。アレクサンドロス大王は史上初めて「世界征服を目指した男」という評もある。

しかし、その生涯を語る前に、まず父親のマケドニア王国の王フィリポス２世の生涯に触れなければならない。アレクサンドロス大王の大事業は、父フィリポス２世の築いた堅固な基礎のもとに花開いたからである。

私はそのフィリポス２世の墓とされる遺跡に行ってきた。現在のギリシャ共和国の古都テッサロニキ（Thessaloniki）から80キロメートルほど離れた山間部のヴェルギナ（Vergina）という町に、その遺跡はある。この地は古代マケドニア王国の建国の首都アイガイのあった場所とも伝えられているが、古くから大規模な遺跡が発掘されていた。

そして１９７０年代後半には、未盗掘の巨大な地下墳墓が発見され、その発掘に携わったギリシアの考古学者マノリス・アンドロニコス（Manolis Andronikos／１９１９〜１９９２年）は、これをフィリポス２世の墓と主張し、遺跡から見つかった四本足を持つ黄金の櫃《ひつ》を「フィリポス２世の骨箱（火葬骨の収納器）」とした。

地下墳墓は博物館に改装されているが、そこにこの黄金の櫃が展示されている。私も実見したが、たいへん見事なものである。この櫃の蓋にレリーフされた星形の紋章は「ヴェルギナの星」と呼ばれるようになった。

ところが、この「ヴェルギナの星」はつい最近大きな国際問題を招いてしまった。

現在のギリシャ共和国の北方に最近までマケドニア共和国（Republic of Macedonia）があった。古代マケドニア王国の領域の四割ほどの国土（残りの領域はギリシャ共和国などに属す）を占めているが、現在の住民はスラヴ人であってギリシア人とは民族も言語も違う。この地域は長くユーゴスラビア連邦の一区画であったが、1991年に独立した。

その時に国旗のデザインに「ヴェルギナの星」を採用した。このことにギリシャ共和国が激しく抗議し、マケドニア共和国はしぶしぶ国旗のデザインを変えるという事件が起こったのである。

ギリシャ共和国は、要するに「アレクサンドロスは純粋なギリシア人であり、スラヴ系の国家がマケドニアを名乗るのは許されない」と主張したのである。従って、ギリシャ共和国はマケドニアの国号も改めるように要求した。

これにはマケドニア側も強く反発したが、結局、この新興国家は1993年に「マケドニア旧ユーゴスラビア共和国（Former Yugoslav Republic of Macedonia〈FYROM〉」の暫定名称で国連加入を認められた。

その後、あくまで「マケドニア」を国号から外すように求めるギリシャ共和国側と、「マケドニア共和国」という国号を正式なものとしたいマケドニア共和国側が、激しい宣伝合戦を繰り返している。

ちなみにアメリカ合衆国は2004年に「マケドニア共和国」を認めたが、欧州連合はギリシャ共和国の強い反対で承認を見送った。そこで2019年には国号を「北マケドニア共和国（Republic of North Macedonia）」と改めている。

現在のギリシャ共和国に在住する人々の先祖は、かつてイスラムのオスマン帝国に支配されている間もキリスト教徒としての信仰を失わなかった。オスマン帝国が没落し独立が現実の選択肢となった19世紀頃になると、多くは同じキリスト教徒であるスラヴ系住民との融和を考え、ギリシア正教と同じ東方正教会の系統の信者であるロシア帝国臣民にも親しみを抱いていた。

古代ギリシアの復活を考えていたのは外国育ちのギリシャ人であり、長年キリスト教徒としてオスマン帝国に抵抗してきた人々にとっては、異教徒の文化にすぎない「古代ギリシア文化」は統合の原理ではなかったのである。

この状況は徐々に変化した。ロシア帝国が近代化に後れをとり頼りにならなかったこと、それとは対照的に発展したイギリスやフランスが古代ギリシアへの憧れを示したことなどが変化の主な原因である。

特にフランス人の男爵ピエール・ド・クーベルタンが実現させた近代オリンピックの成功が、ギリシャ人の古代ギリシア文化に対する尊敬の念を再び呼び起こした。クーベルタンがオリンピック発祥の地としてギリシャ王国（当時）のアテネを開催地に推薦した時、既に述べたように多くのギリシャ人は反発を示したという。まだ、独立したばかりで基礎も固まらず財政も不安定だったが、要するに古代ギリシア文化発祥の地としての自覚が少なく誇りも持てないような状態だったからだ。

しかし、海外のギリシャ系篤志家の援助もあって、実際にオリンピックを開催してみると、ギリシャ人はむしろ自分たちの持つ文化的伝統の深さに目覚めたのである。もしオリンピックがなければ、マケドニア問題も発生しなかったかもしれないし、ギリシャ人が強硬に「アレクサンドロスは純粋なギリシア人である」と主張することもなかったかもしれない。

実際には、マケドニア人はかつてギリシア人と言語学的にも違う系統の言葉を話していた形跡がある。それにマケドニア人は古くからギリシア神話の英雄ヘラクレスを王家の先祖だとしていたが、本当に純粋なギリシア人ならわざわざそんな家系伝説を主張する必要はないという気もする。

ただし、マケドニア人はのちにはオリュンピア競技（いわゆる古代オリンピック）に積極的に参加し、ギリシア文化の受容に熱心に努めたことは事実である。ちょうどアメリカ合衆国には様々な人種の人間がいるが、国に忠誠を誓うという形ですべて等しく「アメリカ人」として遇されるのと同じことで、マケドニア人はギリシア文化を尊敬し深く受容したという意味で、「ギリシア人」であったことは間違いない。

フィリポス２世が息子アレクサンドロスの教師として「ギリシア最高の哲学者」アリストテレス（Aristoteles／ＢＣ３８４～ＢＣ３２２年）を招いたことも、彼らが「ギリシア人」であることの証左と言えるだろう。

さて、少年時代のフィリポス２世は人質として都市国家テーベにいた。そこで数世紀に一人とも言うべき天才戦術家エパメイノンダスの薫陶を受けたことは、彼の人生の中でも最大の幸運の一つだったろう。彼はもともと第三王子で王位を継ぐ資格はなく、だからこそ人質に出されて、このような形で軍事技術を身につけることができたのである。そして、兄王が敵国との戦いで戦死した後、二十三歳の若さで国王に即位した。

フィリポス2世がまず取り組んだのは、軍隊の強化である。エパメイノンダスの影響を受けて重装歩兵を強化し、騎兵隊も拡充した。この点で、彼は間違いなくエパメイノンダスの最良の弟子であった。フィリポス2世によって完成された重装歩兵および騎兵の混成軍は、のちにローマ帝国が新しい軍団を考え出すまで古代世界最強の軍団となった。

それ故、軍団を引き継いだ息子アレクサンドロスは、強力なペルシア帝国軍を破ることができたのである。

また、軍人として優秀な人間はしばしば政治が下手だが、フィリポス2世はこの点にも巧みで、必ずしも安定していなかったマケドニア王国の支配体制を強化すると共に、経済も充実させ発展の基礎を築いた。

そして、遂にフィリポス2世の才能が発揮される時が来た。彼の指導のもと、着々と軍事大国に成長していくマケドニア王国に対して、ポリスの代表格であるアテネは、同国を危険視する立場と歓迎する立場に分かれていた。歓迎する立場というのは、この際、民主主義の伝統を捨てて強力な国家（王国）と合流し、ペルシア帝国の干渉をはねのけようとするものである。

しかし、あくまで少数派で、多くの人々は民主主義の伝統を守ろうとしており、その脅威となりそうな勢力については警戒の念を怠らなかった。

古代ギリシアを代表する雄弁家デモステネス（Demosthenes／ＢＣ３８４～ＢＣ３２２年）は民主主義擁護の立場で、アテネ市民に「今のうちにマケドニアを叩《たた》き潰せ」と呼びかけた。アテネはこれに同調したテーベと同盟を結び、このギリシア連合軍はマケドニア王国軍との戦争に突入した（BC338年）。

カイロネイア（Chaironia）の戦いである。両軍の兵数に関しては諸説あるが、双方とも三万五千人ほどで互角であったとする説が一番有力なようだ。テーベに近いポリスのカイロネイア近郊での戦いで、双方同規模のファランクス（重装歩兵集団）が横並びで向かい合った。

注意すべきは、当初フィリポス2世は「師匠」エパメイノンダス譲りの斜線陣を敷かなかったことだ。おそらく敵の半分はテーベ軍であったからだろう。彼らは当然、斜線陣を警戒し、対策を練っていたかもしれない。

しかし、マケドニア王国軍の陣形が普通の形であったため、ギリシア連合軍は警戒心を解いてしまった。それがフィリポス2世の作戦であった。彼は最初から右翼の軍勢を薄く配置して、両軍が激突した瞬間に右翼軍を素早く後退させた。

このため、敵を圧倒したと勘違いしたギリシア連合軍は、かさにかかって攻めかかろうとしたため陣形が大きく崩れた。そこへ副将格であった王子アレクサンドロスが機動力のある騎兵を指揮して敵を分断し、分厚く配置された左翼軍の重装歩兵がギリシア連合軍を撃破した。おそらく正面からはよく見えなかっただろうが、マケドニア王国軍の重装歩兵はギリシア連合軍より長い槍《やり》（サリッサ）を用いており、攻撃力も防御力もギリシア連合軍を圧倒していたのである。

ギリシア連合軍は大惨敗を喫した。その結果、アテネにおいても雄弁家デモステネス率いる強硬派は後退し、むしろマケドニア王国を盟主と仰いでペルシア帝国の脅威と対抗していこうという意見が強くなった。これを「イソクラテス派」と呼ぼうか。

イソクラテス（Isokrates／BC436～BC338年）はデモステネスよりも五十歳以上年上の雄弁家だが、九十歳を超えても言論活動を続けており、その主張はデモステネスとは正反対であった。

雄弁家イソクラテスは最初スパルタ王をギリシア全体のリーダーとして考えていたが、最晩年にはそれをフィリポス2世に託そうとしていた。実際、彼は死の二年前、カイロネイアの戦いの二年前でもあるのだが、「フィリポスに与う」という意見書を公開書簡の形で発表した。それは「ギリシアのポリスを強いリーダーシップのもとに連合軍とし、ペルシア帝国を攻略せよ」というものだった。

■「大王」となったアレクサンドロス3世の野望

マケドニア王国の王フィリポス2世はギリシアの覇権を決めるカイロネイアの戦いに勝利し、スパルタを除く主なポリスをマケドニア王国の征戦に翼賛する勢力として位置づけることに成功した。これがマケドニア王国を盟主とするヘラス連盟（コリント同盟とも）の結成で、紀元前337年のことである。

フィリポス2世は満を持していた。征戦の最初の標的はペルシア帝国であった。マケドニア王国単独では決して倒せない相手だが、前々から巨大国家を築き上げる野望に燃えていた彼は、ヘラス連盟（コリント同盟）というマケドニア王国の征服事業を、ギリシアのほとんどのポリスが支援する体制が整った時、直ちに攻撃を開始することを決意したのだ。

もちろん単なる侵略ではなく、紀元前5世紀に何回か戦われたギリシア－ペルシア戦争の報復であるという、大義名分が唱えられていた。確かにこのギリシア－ペルシア戦争はペルシア帝国側の侵略行為ではあったが、それ以後約百五十年間、ギリシアの各ポリスとペルシア帝国の関係が単純な敵対関係でなかったことは、既に述べた通りだ。各ポリスにとってペルシア帝国は時には「味方」と言えるような状況もあったが、その底には、基本的にポリス世界全体を弱体化させようとするペルシア帝国の戦略的意図があったことは間違いなく、最終的にペルシア帝国を滅ぼさなければ「ギリシア」の繁栄が確定しないことも事実なのだ。

だからこそ、ヘラス連盟に所属するポリスは決していやいやではなく、むしろ積極的にフィリポス2世のペルシア侵攻をサポートする体制を取っていた。フィリポス2世にとっては長年の野望を達成する絶好のチャンスである。

ところが翌紀元前336年、フィリポス2世は先遣隊を小アジア地方に派遣するところまでこぎ着けたのに、その直後に暗殺されてしまった。享年四十六であった。

多くの読者はこの暗殺事件をペルシア帝国の差し金と感じられただろう。しかし、事実はそう単純ではない。

実は前年の秋、王子アレクサンドロスの生母でフィリポス2世の妻オリュンピアス（Olympias／BC375～BC316年）がマケドニア王国の首都ペラを出奔し、実家であるエペイロス地方（Epeiros）のモロッソイ王国へ亡命するという事件が起こっていた。

エペイロス地方はギリシア北西部のアドリア海に面する山岳地帯で、モロッソイ王国の王女から
マケドニア王国の王フィリポス2世の妻となったオリュンポスは、フィリポス2世が新しい妻としてマケドニア貴族の姪《めい》を迎えたことに反発したのである。もちろん王家は一夫多妻制なのだが、その新しい妻が男子を産めば、後継者として確定しているはずのアレクサンドロスの地位を危うくしかねない。そうした状況に彼女は怒ったのだ。フィリポス2世が新たな妻を迎えたのは国内の貴族たちとの関係を深めるためであったが、逆にモロッソイ王国とマケドニア王国との関係は悪化してしまった。

そこでフィリポス2世は両国の関係改善のため、モロッソイ王国の王アレクサンドロス（同名だがもちろん別人。妻オリュンピアスの弟）と、フィリポス2世自身の娘クレオパトラ（アレクサンドロス大王の妹）を結婚させることにした。結婚式には全ギリシアから賓客を招き、派手な披露宴も行なわれた。

ところが、古都アイガイでのモロッソイ王国の王アレクサンドロスとクレオパトラの婚礼式典の真っ最中に、フィリポス2世は、彼を暗殺者の手から守るはずの護衛官パウサニアスに短剣で刺殺されてしまったのである。

現代にたとえれば、大統領が護衛のＳＰに殺されたようなものだが、パウサニアスは逃亡に失敗したところを、他の護衛官たちに惨殺されてしまった。結局、暗殺の理由は分からずじまいである。

ペルシア帝国の手が伸びていたのか？　パウサニアスの個人的な恨みによる犯行なのか？

そしてもう一つ説がある。王妃オリュンピアスが、息子アレクサンドロスが確実に王座に就けるように、黒幕としてパウサニアスを操ったとする説で、これにアレクサンドロス大王も一枚嚙《か》んでいたとする説をプラスする人もいる。

いずれにせよ、犯人は自白もせず取り調べもなく殺されてしまったので、真相はいまだに分からない。

国王の急死によりペルシア遠征は延期されたことは事実である。アレクサンドロス大王がフィリポス2世の跡を継ぐべきだというのは、貴族やマケドニア国民の一致した考え方であったし、他に有力な対抗馬もいなかった。

しかし、当時まだ二十歳だったアレクサンドロス大王自身が王位を固めるのには少し時間がかかった。マケドニア王国の支配に反感を抱く勢力が、各地で反乱を起こしたからである。

特にカイロネイアの戦いの敗者である都市国家テーベの軍は、アレクサンドロス大王に戦いを挑んだ。父フィリポス2世には負けたが、息子相手なら勝つという意気込みがあったのだろう。その心理はアレクサンドロス大王にも手に取るように分かる。ここでテーベの勝利を許せば、せっかく父が築いたヘラス連盟は崩壊の危機に直面する。

かくしてアレクサンドロス大王は全力を集中してテーベを破ったばかりではなく、勝利を収めると、都市を徹底的に破壊し、捕虜は奴隷として売却した。アレクサンドロス大王がこれほど過酷に扱ったのはテーベだけである。言うまでもなく見せしめにするためで、これで密《ひそ》かにテーベと連絡を取り様子をうかがっていたアテネは、震え上がってヘラス連盟にとどまった。テーベの徹底的な抵抗は結局「雨降って地固まる」のことわざ通り、アレクサンドロス大王の政権基盤を強化することに大いに貢献したのだ。

反乱の鎮圧を終え、改めてヘラス連盟のメンバーを招集したアレクサンドロス大王は、再びペルシア帝国への侵攻を決定した。

紀元前334年春、マケドニア王国の海軍拠点であるアンフィポリス（Amphipolis 地図参照）に集結したマケドニア－ポリス連合軍は、ダーダネルス海峡(Dardanelles)を渡ってペルシア帝国の領域小アジア地方に侵入した。指揮を執るのはいまや名実ともにマケドニア王国の、そしてギリシア世界全体の「大王」となったアレクサンドロスであった。

ヘラス連盟軍は総計三万七千人で、その内訳は歩兵三万二千人、騎兵五千人だったと伝えられる。主力はもちろんマケドニア軍で、特に騎兵は「ヘタイロイ」と呼ばれ、貴族を中心に構成されたエリート集団であ

東方遠征前のマケドニア（BC335年頃）

った。

これに対し、重装歩兵は「ペゼタイロイ」と呼ばれた。また、陸軍全体では攻城兵器も備えていた。例えば移動式の櫓《やぐら》である。この櫓を敵城の城壁に接近させれば、至近距離から投石機で攻撃したり、あるいは味方の兵士を城内に侵入させて内側から門を破壊させるなどの攻撃が可能であった。

これらはすべてフィリポス2世の遺産であり、その中には海軍の充実も含まれていた。マケドニア王国は豊富な森林資源に恵まれており、フィリポス2世はこれを利用した戦艦や巨大輸送船を多数建造したのである。フィリポス2世は軍事司令官としてよりも軍政家としての才能に恵まれていたと言えるかもしれない。こうしたフィリポス2世が整備した体制がなければ、アレクサンドロス大王はすぐに成果を挙げられなかっただろう。

アレクサンドロス大王は軍事司令官としての才能に恵まれていた。

上陸した小アジアの地で、二年前にフィリポス2世が派遣した先遣隊と合流したアレクサンドロス大王は、紀元前334年5月、グラニコス川（Granikos　現在のトルコ共和国にあるコジャバシュ川）の戦いで、騎兵と弓兵を主体としたペルシア帝国軍を見事に撃破した。これはペルシア帝国本隊から見れば、小アジアという辺境の地の出先部隊であり、その中には少なからずギリシア人傭兵《ようへい》が含まれていた。長く続いた戦乱の結果、ギリシア人の中には、民族のためではなく金のために戦う職業兵士が誕生していたのである。

アレクサンドロス大王は小アジア地方のエーゲ海に面するギリシア系のポリスを次々とペルシ

ア帝国の支配から解き放っていった。しかし、エーゲ海の沿岸の最南端に位置する古都ハリカルナッソス（Halikarnassos　現在のトルコ共和国ボドルム）で、初めてアレクサンドロス大王は頑強な抵抗にあって苦戦した。ハリカルナッソスはペルシア帝国の太守（サトラップ）であったマウソロス（Mausolos／生年不詳～ＢＣ３５３年）が防衛拠点として堅固に整備したもので、彼の死後、妻のアルテミシア２世（Artemisia II／生年不詳～ＢＣ３５１年）が夫の墓として建造したとされる「マウソロス霊廟《れいびょう》」（古代オリエント、古代ギリシアにあった七大建造物「世界の七不思議」に選ばれている）があったことでも有名だ。

それでも数か月足らずでハリカルナッソスを陥落させ、翌紀元前３３３年には軍を古代アナトリア地方にあったフリュギア王国（Phrygia）の首都でもあったゴルディオン（Gordion）に進めた。ここは小アジア地方とペルシア帝国をつなぐ交通の要衝である。

この町に一つの伝説の場所があった。かつてこの国の王であったゴルディオス（Gordius）は自分の荷車の轅《ながえ》を、丈夫な縄で極めて頑丈に神殿の柱に結びつけ、「この結び目を解く者はアジアの王となるであろう」と予言した。その後、多くの人間がこの「ゴルディオスの結び目」に挑戦したが、誰もその結び目を解くことができなかった。ところが、そこへやって来たアレクサンドロス大王は話を聞くと、直ちに剣を抜いてその結び目を一刀両断したというのである。英語の成句「cut the Gordian knot」（思い切った手段によって難問題を一挙に解決する）は、この時のアレクサンドロス大王の行動に由来している。

こうして小アジア地方を席巻するアレクサンドロス軍に脅威を抱いたペルシア帝国の王ダレイ

モザイク画『イッソスの戦い』〈部分〉（イタリア／ナポリ国立考古学博物館）

愛馬ブケファロスに乗り、ペルシア帝国の王ダレイオス３世（右端）を撃破したアレクサンドロス大王（左端）の雄姿を描く

オス3世（Dareios III／BC381頃～BC330年／在位BC336～BC330年）は、自ら大軍を率いて首都ペルセポリス（Persepolis）を出撃した。ダレイオス3世は紀元前380年頃の生まれとされているから、アレクサンドロス大王より二十歳以上も年上である。小癪《こしゃく》な若僧に思い知らせてやろうと思ったのかもしれない。

ペルシア帝国軍はアレクサンドロス軍の約三倍の総勢十万の大軍であった。アレクサンドロス大王は、このペルシア陸軍の精鋭部隊が地中海に展開するペルシア海軍と合流すると厄介なことになると考え迎撃を策したが、彼自身が熱病に冒され長期の療養を余儀なくされたため、ダレイオス3世のペルシア帝国軍の方が先に地中海東岸に到達し、港湾都市イッソス（Issos）を占領した。アレクサンドロス大王はこの地を奪回しペルシア帝国軍の本軍を小アジア地方から駆逐するため、戦いを挑んだ。

これがイッソスの戦いで、紀元前333年秋のことである。

この戦いの様子を描写した、ローマ帝国のポンペイ遺跡から発掘されたモザイク画は、アレクサンドロス大王とダレイオス3世の肖像も描かれており、極めて有名だ。このモザイク画自体は戦いから約二百年後に制作されたものだが、戦い直後に描かれた画の模写であると考える研究者もおり、そうだとするとダレイオス3世はともかくアレクサンドロス大王の顔は想像ではなく実物に近いことになる。

アレクサンドロス大王は占領した都市を「アレクサンドリア」と命名するなど、自分の名を後世に残すことに熱心だったから、決してあり得ないことではない。現にアレクサンドロス大王がお抱えの彫刻家リュシッポス（Lysippos／生没年不詳）に制作させた肖像彫刻をローマ時代に模刻したものが、今もパリのルーヴル美術館に展示されている（「アザラのアレクサンドロス像」）。

ダレイオス3世は明らかに「若僧」アレクサンドロス大王をなめきっていた。せっかく敵の三倍近い兵士を率いてきたのに、大会戦に有利な平原ではなく、狭隘《きょうあい》な海岸地帯でアレクサンドロス大王を迎え撃ったのである。縦長の地形では全軍を広く展開することも素早く背後に回って包囲することもできない。大軍の利がまったく生かせないのだ。

アケメネス朝ペルシア帝国の歴史において、王が自ら軍を率いて戦えば不敗であるという「神話」もあった。

だが、結果的にダレイオス3世はアレクサンドロス大王に、ペルシア帝国史上初めての大惨敗を喫することになる。

■ダレイオス3世はなぜアレクサンドロス大王に敗れたか

ペルシア帝国の王ダレイオス3世率いる十万の大軍は、アレクサンドロス大王率いる、ペルシア帝国軍の三分の一に満たないマケドニア軍（ヘラス連盟軍）に、イッソスの戦いで大惨敗を喫した。

騎馬隊と重装歩兵を組み合わせたアレクサンドロス大王の巧みな用兵の前に、ダレイオス3世はなす術もなく敗れ去ったのである。

それがどれほどの大惨敗であったか、はっきりと証明する事実がある。ダレイオス3世が戦場に連れてきた彼の母や妻や娘たちが、アレクサンドロス大王の捕虜になったことである。彼女たちは大軍の後方の最も安全な場所にいて、多くの護衛に守られていたはずである。ところがダレイオス3世は、自らは戦場から脱出できたものの、彼女たちを一緒に連れていくことができなかった。全軍の崩れ方がダレイオス3世の想定をはるかに上回ったからだろう。

アレクサンドロス大王は彼女たちに一切危害を加えず、むしろ手厚く保護した。命からがら退却したダレイオス3世は、アレクサンドロス大王に使者を送って講和を申し入れた。詳しい内容は不明だが、とりあえず現状を維持し、アレクサンドロス大王のペルシア領土獲得を認めるといった内容であったと思われる。

アレクサンドロス大王はこれを一蹴した。その時、既に「アジア全土の王」と署名したとも伝えられる。もちろん、この時点でアレクサンドロス大王はギリシアから小アジア地方を制圧したにすぎず、ペルシア帝国本土つまり西アジアの大部分はまだ手つかずに残っている。それなのにそう名乗ったことは、ペルシア帝国を倒すと宣言したことに等しい。

アレクサンドロス大王には、まだ解決しなければならない大きな課題があった。海軍力である。確かに父フィリポス2世はマケドニア王国の豊富な森林資源を活用し海軍を作ってくれた。しかし、船だけでは海軍は役に立たない。それを円滑に運用する航海術と軍事技術を持った人々がいなければ、真の海軍とは言えないのである。

そうした観点から見れば、マケドニア海軍はヒヨコのようなものであった。一方、ペルシア海軍には数世紀にわたる伝統があり、しかも地中海に展開していた海洋民族もこの時点ではペルシア海軍の傘下にあった。

その中核をなしていたのは海洋民族のフェニキア人（Phoenicians）である。フェニキアは地中海東岸の小アジア地方からシナイ半島（Sinai）へ続く細長い回廊のような都市同盟で、現在のシリアの一部からレバノン、イスラエル北部までの地域がそれにあたる。古くから地中海の交易で栄え、海軍力も充実していた。

いかに貿易で巨大な富を稼いだとはいえ、周辺に大帝国が誕生すると、フェニキア人はその傘下に入り、貿易と海軍力で貢献するという形で民族としてのアイデンティティを守っていくしかなかった。古くはアッシリア、そしてこの時代はペルシア帝国の海軍部門を請け負っていたのが、フェニキア人だったのである。

大帝国建設を目指すアレクサンドロス大王から見れば、征服事業に欠かせない兵員輸送や物資補給を充実させるためには、フェニキア人をマケドニア陣営に引き込み、その海軍力を活用するのが絶対に必要である。

また、フェニキア人を味方にすることは、同時に巨大な貿易の利益を確保することにも繫がる。イッソスの戦いに勝利したアレクサンドロス大王は、フェニキア人たちに対してマケドニア王国の傘下に入るように要求した。

しかし、フェニキア人たちはこれを拒否した。この時点では、まだペルシア帝国の中心部分は確保されており、新興勢力のマケドニア王国にそんなに簡単に従えないという判断だったのだろう。

ならば、アレクサンドロス大王も取る手段は一つしかない。テーベを滅ぼすことによってアテネを震え上がらせ従属させたように、フェニキア人の拠点を攻め落とすことである。

アレクサンドロス大王が選んだ標的は、かつてフェニキアの主要都市でもあったティルス島（Tyrus）だった。紀元前332年、アレクサンドロス大王は城壁で堅固に要塞化されたティルス島の周辺をマケドニア艦隊で海上封鎖した。

海戦が苦手なマケドニア海軍も、敵が島の城にこもっているのを包囲し、補給路を断つことぐらいは簡単にできる。それだけでなく、アレクサンドロス大王は数か月かけて地中海沿岸と島の間を埋め立てて通路を作り、父フィリポス2世が開発した攻城兵器を使用できるようにした。これが最終的な勝敗を分けた。海上からの攻撃だけでは決して突破できなかった城壁も破壊され、そこから侵入したマケドニア軍は接近戦を予想していなかったティルス軍を撃破した。戦死者の記録はマケドニア王国側のものしかなく誇張されている可能性はあるが、ティルス島では一万人の戦闘員が殺され、三万人の非戦闘員が捕虜となって奴隷にされたという。多くは女性や子供たちであっただろう。

自分に逆らう者は見せしめとして徹底的に叩き、恐怖を抱かせて従属させるというのがアレクサンドロス大王のやり方であった。逆に、従属することを決断した者には多くの権利を与えた。アレクサンドロス大王はこういうアメとムチの政策によって勢力を拡大していったのである。

ティルス島での勝利もアレクサンドロス大王の征服事業の重要な分岐点であった。この結果、フェニキア人をはじめとする地中海の海軍勢力が、マケドニア王国側に加担することを決断したからである。海からの脅威をなくし、逆に補給路を確保したアレクサンドロス大王はその勢いでエジプトに侵入した。

実は、エジプトはこれより二世紀ほど前の紀元前525年、ペルシア帝国の侵攻を受け、併合されていた。しかし、約二百年にわたるペルシア帝国の統治も、この地オリエントに最初の巨大文明を創造した誇り高い古代エジプト人を心服させることはできなかった。

むしろエジプト人はペルシア人の統治に対し、大きな不満を抱いていた。だからエジプトへ侵入しペルシア人を駆逐したアレクサンドロス大王は「解放者」と讃《たた》えられ、エジプトを無血占領することができた。しかも、彼が伝統的なエジプトの王者の称号である「ファラオ（Pharaoh）」を名乗ることにも、エジプト人は不満を唱えなかった。

これがもしペルシア帝国の占領直後であったなら、解放者であるアレクサンドロス大王といえども正統な子孫を無視して「ファラオ」を名乗ることは難しかっただろう。少なくとも一悶着《ひともんちゃく》はあったに違いない。しかし、約二百年のペルシア人の統治の間にファラオの正統な継承者は根絶やしにされていたのである。アレクサンドロス大王は幸運であった。

そして、歴史に自分の名を残すことに熱心な彼は、ナイル川の河口（ナイル川は南が源流で北へ向かって流れている）近くに、自分の名前を冠した大港湾都市を築くことを決めた。

アレクサンドリア（Alexandria）である。アレクサンドリアという都市はのちに他の地方でも建設されたが、このエジプトのアレクサンドリアが第一号で最大級の規模を誇った。それまでのエジプトの首都カイロは内陸にあり、地中海世界と深い関わりを持たない時代にはここでも良かったが、この時代には他の地方と交流するための大きな港のある都市が必要だったのである。

アレクサンドロス大王の死後、その部下がファラオの地位を継いで古代エジプト最後の王朝プトレマイオス朝（Ptolemaios／ＢＣ３０４頃～ＢＣ30年）を始めるが、その時、首都とされたのがこのアレクサンドリアであり、アレクサンドリアは商都としてだけでなく、世界最大の図書館が置かれ文化学芸の中心地としても栄えた。

『幾何学原本』で知られる数学者のエウクレイデス（Eukleides　またはユークリッド〈Euclid〉／生没年不詳）もここを活動拠点にしていたのである。ちなみにプトレマイオス朝最後の女王が「絶世の美女」として有名なクレオパトラ7世（Kleopatra VII／ＢＣ69～ＢＣ30年／在位ＢＣ51～ＢＣ30年）である。

アレクサンドロス大王はエジプトに長く留まるつもりは毛頭なかった。ペルシア帝国を滅ぼすという目的がまだ果たされていないからである。紀元前３３１年、アレクサンドロス大王は全軍を率いてエジプトを出撃した。最終目標はペルシア帝国の首都ペルセポリスである。恐れをなしたダレイオス3世は、ユーフラテス川以西のペルシア帝国領をマケドニア王国に割譲することを条件に講和を結ぶことを申し入れたが、アレクサンドロス大王はこれを一蹴し、再び両軍はティグリス川畔のガウガメラ（Gaugamela）で激突した。

アレクサンドロス大王のマケドニア王国軍は約五万に膨れ上がっていたが、ペルシア帝国軍も少なくともその二倍の十万はいたとされる（兵数については諸説あり）。しかし、訓練を重ねたうえに経験豊富なマケドニア王国軍に対して、ペルシア帝国軍は寄せ集めであった。

そして、ペルシア帝国軍の最大の弱点は、ダレイオス3世が指揮官だったことである。勇猛果敢で指揮官としての才能に恵まれているアレクサンドロス大王に対し、ダレイオス3世は勇気が足りなかった。彼はこの戦いで中央軍を指揮し、戦巧者のバビロニア地方の太守マザイオス（Mazaios／生年不詳～BC328年）は右翼軍を、バクトリア地方（Bactria　現在のアフガニスタン北部辺り）の太守ベッソス（Bessos／生年不詳～BC329年頃）は左翼軍を担当し、奮戦した左右両翼軍は、一時はマケドニア王国軍を圧倒したのに、肝心の中央軍がいち早く崩壊したため全軍も総崩れになってしまった。

アレクサンドロス大王は敵の最大の弱点であるダレイオス3世を強攻し、恐れをなしたダレイオス3世がさっさと戦場から逃亡したからである。

これでダレイオス3世のペルシア帝国の王としての権威も信望も地に落ちた。一時は逃げのびて太守ベッソスと合流したダレイオス3世だが、愛想を尽かしたベッソスに暗殺されてしまうのである。

また、追い詰められた太守マザイオスもアレクサンドロス大王に降伏し、忠実な部下となった。この事実から見ても、ダレイオス3世はいかに頼りにならない君主だったかが分かる。

こうなれば、もうアレクサンドロス大王に敵はない。古都バビロンを無血占領したアレクサンドロス大王は、降伏してきたマザイオスをこれまで通りバビロニア太守に任命した。帰順してきたペルシア人を自らの帝国の幹部として登用したのはこれが初めてのケースであり、以後、この路線は踏襲される。

もちろん、すべてのペルシア人が抵抗をやめたわけではない。古都スーサ（Susa「ハンムラビ法典」全文を刻んだ有名な石柱の出土地）を占領した時、アレクサンドロス大王は「ペルシア王」を名乗ったが、この時点ではまだダレイオス3世も逃亡先のバクトリア地方で生存しており、彼が暗殺された後も、太守ベッソスがペルシア王を名乗ったので、世界にたった一人のペルシア王だったわけではない。当然、アレクサンドロス大王などニセモノだと反発するペルシア人も大勢いただろう。

そうした抵抗を揉み潰しながら、ペルシア帝国の首都ペルセポリスへの関門であるペルシス門での戦いも、激戦の末に勝利したアレクサンドロス大王は、遂に紀元前330年1月、ペルセポリスを占領した。

この時、マケドニア王国軍の兵士たちは市内で略奪を繰り返し、多くの女性を強姦したと伝えられる。

それだけではない。5月に入って、アレクサンドロス大王は大きな決断を下した。ほとんど無傷で手に入ったペルセポリスの壮大な宮殿群をすべて焼き払うように命じたのである。

この行為はアレクサンドロス大王の東方遠征事業における最大の蛮行とも言われている。

■側近たちがアレクサンドロス大王の暗殺を計画した理由

紀元前330年5月、アレクサンドロス大王がペルシア帝国の首都ペルセポリスの壮大な宮殿を焼き払ったのは、かつてギリシア-ペルシア戦争の折、ペルシア帝国軍がアテネを破壊したことへの報復行為とも言われる。父フィリポス2世以来の悲願である「ギリシアの宿敵ペルシア帝国の脅威を永遠に消滅させる」という目的はこれで果たされた。

もっともフィリポス2世が首都ペルセポリスを攻め落とした後、ペルシア帝国を完全に消滅させることまで考えていたかどうかは疑問だ。ギリシア本土からペルシア帝国の勢力を完全に駆逐し、その体制を維持するためにせいぜい小アジア地方を傘下に収めるぐらいのところが、フィリポス2世の考えであっただろう。当時の状況あるいは常識から見て、マケドニア王国がペルシア帝国を滅ぼすことなど考えられなかったはずである。アレクサンドロス大王は「父をはるかに超えた」のだ。

ところで、ペルシア帝国の王ダレイオス3世はこの時点ではまだ生き残っていたので、アレクサンドロス大王は追撃の手を緩めず、同年夏、エクバタナ（Ekbatana　ハマダーン〈Hamadān〉の古名）を攻めた。これは現在のイラン中西部にある都市で、かつては古代メディア王国（Media）の首都であったが、この時点では「夏の都」と呼ばれるほどのペルシア帝国の中枢都市であった。既に述べたように、ダレイオス3世はそのさらに東にあるバクトリア地方まで逃げ、現地の太守であるベッソスの保護を受けていたのだが、この頃、ダレイオス3世のリーダーとしての不甲斐なさに絶望し、財宝と王位を奪おうと考えた太守ベッソスの意向で殺されてしまった。

一方、ダレイオス3世を取り逃がしたものの、エクバタナを占領し、ペルセポリス、バビロンなど、ペルシア帝国の五大都市すべてを制覇したアレクサンドロス大王は、ここでヘラス連盟軍を解散した。目的は果たした、帰りたい人間は帰っても良い、ということだろう。

しかし、これ以前からアレクサンドロス大王の胸には、人類史上誰も抱いたことのない巨大な野望が芽生えていた。それは世界征服、言葉を換えれば、マケドニア王国を主体とした全世界にまたがる帝国を建設することである。そのためには新しい軍隊が必要だ。

アレクサンドロス大王はヘラス連盟軍の解散と共に、新たな志願兵を募り、傭兵も雇い入れた。新た

「オレを信じる者はついてこい」ということだろう。多くの人間が彼のもとに残り、また、新たに集まった。常勝将軍としてのカリスマがアレクサンドロス大王にはある。そして兵士の立場から見れば、アレクサンドロス大王について行けば征服事業の分け前に大いに与《あずか》れる、という思いがあっただろう。

問題はその新しい帝国建設にあたって、アレクサンドロス大王がマケドニア王国以外の占領地の習慣も取り入れようとしていたことだ。確かに何もかもマケドニア流を押しつけることは、占領地の住民の反感を買う。マケドニア人が支配階級で、それ以外の人間は被征服民と位置付けられてしまうからだ。

アレクサンドロス大王はこれまでにもエジプトでは伝統的な王号であるファラオを受け継ぎ、ペルシア帝国を占領してからはペルシアの慣習も受け継いでいた。これも既に述べたように、いち早く降伏してきたバビロニア地方の太守マザイオスをそのまま再任してバビロニア地方の統治にあたらせたのも、その一環である。

これまで類例のない世界帝国を築くためには、そうした配慮が必要であることを、アレクサンドロス大王はその優秀な頭脳で感じとっていたのだろう。

ひょっとしたらそれはイッソスの戦い以来、捕虜としてアレクサンドロス大王のもとにあった、ダレイオス3世の娘である王女スタテイラ2世（Stateira II／生年不詳～BC323年）の影響があったかもしれない。

いくら父が不甲斐ないからといって、捕虜になった当初、彼女は父のライバルであるアレクサンドロス大王を嫌っていたはずである。しかしこの数年後、二人はギリシア人とペルシア人の集団結婚式で結婚するのである。「集団」とはいえ、結婚式は結婚式だ。彼女はいつの間にかアレクサンドロス大王を愛するようになっていたに違いないのだが、そのきっかけはこの時点にあったかもしれない。つまり、アレクサンドロス大王は、彼女の父ダレイオス3世の遺体をペルシア流の葬礼をもって丁重に埋葬し、父を殺した太守ベッソスを討つためにバクトリア地方へ進撃すると言ってくれたのである。

それは王女スタテイラの歓心を買うことだけが目的ではない。むしろアレクサンドロス大王にとって見れば、「逆臣ベッソスを討つ」というバクトリア地方侵攻の大義名分ができたことの方が大きかっただろう。

アレクサンドロス大王の「征服した敵の習慣も取り入れる」という方針は、まったく斬新なものであるが故に、多くの人間に理解されなかった。特に、最初の家臣団であるマケドニア人の中には少なからず反対派がいた。

従来のオリエント世界のやり方は、アッシリアであれ、バビロニアであれ、ペルシアであれ、勝利した民族が自らの習慣を征服された民族に押しつけるというものであったからだ。東の中華帝国（中国）においては、定められた文化的スタンダードに民衆だけでなく統治者も従わねばならないという前提があり、20世紀に至るまで続いた（第1巻「古代エジプトと中華帝国の興廃」参照）。

その点を考慮すれば、紀元前4世紀の人物であるアレクサンドロス大王の考えのユニークさが分かるだろう。こうした彼の発想は何に由来するのか？　天賦の才能なのか、それとも師アリストテレスの教えによるものか、今後の研究課題だろう。

いずれにせよ、アレクサンドロス大王はその短い生涯を通じて、側近であるマケドニア人らの反乱に悩まされることになる。その最初の事件がこの時期である。

マケドニア宮廷における重臣パルメニオン（Parmenion　ＢＣ４００頃～ＢＣ３３０年）とその息子で側近フィロタス（Philotas）を粛清したのは、ペルシア国の首都ペルセポリスを占領し、ヘラス連盟軍を解散したのと同じ紀元前３３０年のことだった。

もちろん、この二人だけではないだろう。アレクサンドロス大王の側近中の側近にも、彼の方針に不満な反対派のリーダーがいたということである。

バクトリア地方攻略は相当困難であった。何しろ砂漠地帯を進撃しなければならないのである。エジプトも砂漠が多いが、中心を流れるナイル川伝いに進めば水不足に悩まされることはない。

アレクサンドロス大王のもとに一致団結した「マケドニア帝国軍」（軍隊の性質が違うので、ヘラス連盟軍解散後のアレクサンドロス大王の軍隊をこのように呼ぶことにする）はバクトリア地方を占領し、その勢いに恐れをなして早々に退却した太守ベッソスをソグディアナ地方

（Sogdiana　サマルカンド付近のゼラフシャン川流域。「ソグド」とも言う）まで追跡し、処刑した。紀元前329年のことである。

しかしこの時、太守ベッソスを逮捕して引き渡してきたソグディアナ地方の豪族スピタメネス（Spitamenes）が帝国軍に反旗を翻した。その後の経過から見ると、そもそもベッソスを捕らえたことも、アレクサンドロス大王に恭順を示すためではなく、時間稼ぎと油断させるためであったと思われる。

ソグディアナ人は誇り高い民族である。また、近隣のスキタイ人（Skythai　現在のウクライナを中心に活動していた遊牧民族および国家）もアレクサンドロス大王の行動に批判的であった。

紀元1世紀頃に活躍したとされるローマ帝国の歴史家クルティウス・ルフス（Quintus Curtius Rufus）の『アレクサンドロス大王伝（Historiae Alexandri Magni）』は、スキタイ人の使節がアレクサンドロス大王に面と向かって言い放った批判を伝えている。

長文にわたるので一部だけ抜粋すると、彼はペルシアやバクトリアを征服し、インドさえ目指そうとしているアレクサンドロス大王を「盗賊」と決めつけ、次のように述べている。

なぜあなたには富が必要なのか――それがまた渇望を強いるだけだというのに。あなたは誰よりも飽食によって飢えを生み出し、多く持てば持つほど、持たぬものへの欲求がますます強まるのだ。

（『アレクサンドロス大王伝』クルティウス・ルフス著　谷栄一郎・上村健二訳　京都大学

学術出版会刊）

歴史家クルティウス・ルフスは「伝えられていることを一言一句、手を加えずに述べようと思う」（引用前掲書）と書き残しているから、この言葉は彼の創作ではなく、何かしら典拠があったものと思われる。

実際、歴史に名を残すことを明らかに日頃から意識していたアレクサンドロス大王は、何人かの伝記作者を雇っていたと伝えられるから、そうした史料をクルティウス・ルフスは参照していたのかもしれない。ただ残念ながら、ローマ時代の歴史家が参考にしたと思われる、そうした史料は現在すべて失われている。

では、この言葉を聞いたアレクサンドロス大王はどういう反応をしたか？　バビロニア王国やアッシリア王国の暴君であったら、いや暴君でなくても、こうした発言の主は重く罰しただろう。死刑にしたかもしれない。それ以前に、君主たちはそもそものような批判に耳を傾けようとはしなかったはずである。

だが、アレクサンドロス大王は聞いた。そして、こう答えた。「自分の幸運と諸君の忠告を用いよう」（引用前掲書）と。

これは本当のことなのか、それともアレクサンドロス大王の人格を美化しようとした伝記作者の創作なのか？　この辺りを判断する具体的な材料はまったくないが、私は本当のことだと思っている。少なくともアレクサンドロス大王には、それまでの大帝国の君主には見られなかった、民族の文化や習慣に対する寛容な姿勢がある。明らかに彼は多くの民族を包含した大帝国の理想形を模索していた。

もちろん、理想と現実が容易に一致するわけではない。アレクサンドロス大王は率直に帰順を申し入れてきた国家や人間に対しては確かに寛容だったが、あくまで服属を拒否する国家や人間に対しては、都市国家テーベのように徹底的に破壊し見せしめとした。彼自身は、自分がこれだけ寛容なのだからペルシア帝国のような専制国家に支配されるよりははるかにマシであり、ソグディアナ人もさっさと自分に従うべきだと考えていた。

しかし、現実は逆であった。彼らは二年にわたってアレクサンドロス大王に徹底的に反抗したし、その一方で異民族に対して寛容すぎるという不満を持つ側近の反乱に悩まされた。

ソグディアナ人の抵抗をようやく鎮圧したアレクサンドロス大王は、彼らとの融和を示すために、バクトリア豪族オクシュアルテス（Oxyartes）の娘ロクサネー（Roxane）を妻とした。彼はそれまで独身状態だったから、彼女は事実上の正妻である。それもマケドニア人たちには不満だったのだろう。なぜ被征服民から正妻を選ばなければならないのか、ということである。

この頃、アレクサンドロス大王にとっては側近中の側近とも言うべき若者たちが、こともあろうに主君に対する暗殺を計画し捕らえられた。それも一人ではない、九人である。

彼らはマケドニア帝国のエリート中核部隊であるヘタイロイの子弟から特に選ばれた若者たちで、将来は帝国の幹部になることが期待されていた。そんな股肱《ここう》の臣《しん》であるべきグループから暗殺されそうになったのである。

彼らは全員処刑されたが、アレクサンドロス大王は大きなショックを受けた。彼らがそこまで反抗しようとしたのは、アレクサンドロス大王がかつてのペルシア帝国の「王を神のように崇拝する形の礼」跪拝礼《きはいれい》を、新しい帝国の儀礼として取り入れようとしたことが原因とも言われる。人間と神々を峻別《しゅんべつ》し、奴隷制度はあっても支配階級の人間同士は基本的に平等であるという、長年ギリシア文化の中で育まれた良き伝統が、アレクサンドロス大王によって踏みにじられようとしていると、彼ら若者は危機感を抱いたのである。

アレクサンドロス大王にしてみれば、類例のない大帝国を築こうとしている自分は「神」に近い存在であり、そうした存在でなければ大帝国を維持できないと考えていたのだろう。とにかく彼は不満分子を粛清し体制を固めた。そして次なる征服目標に向けて進軍した。インドである。

しかし、ここでアレクサンドロス大王は生涯最大の挫折を味わうことになる。

■インド遠征中に味わった生涯最大の挫折

紀元前327年夏、アレクサンドロス大王はソグディアナ地方から南下してインドを目指した。翌紀元前326年には、伝説の英雄ヘラクレスも陥落させられなかったという岩山の砦《とりで》アオルノス（Aornos　現在のアフガニスタンのピル・サル峰）を攻略し、5月にはインダス川を越えてインドに侵入、パンジャーブ地方（Panjab）の大王ポロス（Poros／生年不詳～BC317年）と一大決戦に及んだ。ヒュダスペス（Hydaspes）河畔の戦いである。

アレクサンドロス大王は、この時も敵を囮《おとり》部隊に引きつけるという巧みな戦術で、敵の切り札であった約二百頭の象によって構成された部隊を撃破し、大勝利を収めた。インドにもマケドニア帝国軍の敵はいなかったのだ。ところが7月に入ると、アレクサンドロス大王と帝国軍は思いもよらぬ「敵」に悩まされることになった。雨である。

インドは雨期に入ったのだ。それまで通過してきたウズベキスタンやアフガニスタンではまったくあり得ない、バケツをひっくり返したような雨である。アレクサンドロス大王自身はこの先ガンジス川流域には肥沃《ひよく》な穀倉地帯があるという情報を摑《つか》んでいたため、さらに東に征服事業を進めるつもりだった。しかし、部下の兵士たちが反対を唱えた。その出来事を欧米で最も権威ある百科事典は次のように述べている。

When his army mutinied, refusing to go farther in the tropical rain; they were weary in body and spirit, and Coenus, one of Alexander's four chief marshals, acted as their spokesman. On finding the army adamant, Alexander agreed to turn back.

(Walbank, Frank W., Alexander the Great, ENCYCLOPEDIA Britannica)

つまり、ヒュダスペス河畔の戦いが終わった後、インドで雨期に遭遇したマケドニア帝国軍の兵士たちは肉体と精神が疲れ果て、将軍の一人であるコイノスは兵士を代表してその総意である固い決意(これ以上の進軍は拒否する)を伝えた。そこでアレクサンドロス大王もやむなく撤退を決意したというのだ。

「アレクサンドロス大王の世界征服事業が頓挫した理由は、兵士たちの疲労によるものである」なにしろ権威ある百科事典にもこう書いてあるのだから、これが定説であることは納得していただけるだろうが、私は違った意見を持っている。

確かに「兵士の疲労」が溜まっていたことは事実だろうが、アレクサンドロス大王の世界征服事業の頓挫は、「兵士の疲労（あるいは疲労による不満）」が原因と言い切ってしまうことには抵抗を覚える。それは歴史の真相を歪めてしまうと考える。

この『逆説の世界史』では、人間はどんな常識に基づいて動いているか、世界史に共通する法則があるかどうかを問題にしている。もちろん、時代によって常識が変わる場合もあるし、そもそも宗教の世界では根本的な倫理自体が個々の宗教によって違う場合も珍しくない。しかし、肌の色や宗教は違っても同じ人類である。人類に共通する法則はあるはずだ。そして私が「法則」と呼ぶものは、実はそれほど大層なものではなく、当たり前のことにすぎない。だからこそ、「常識」という言い方もする。それを基に、この征服事業が頓挫した理由を考えてみよう。

ところで、これを読んでいる「あなた」はビジネスマンだろうか？　ビジネスマン経験がまったくなくても、人間には想像力がある。それを駆使してちょっと考えていただきたい。

あなたは世界的な大企業の経営者で、新たにインドで営業展開を予定しているとしよう。そこで部下を派遣した。ところが、その部下が「疲れたので辞めさせてください」と申告してきたら、あなたはそれを無条件で認めるだろうか。余程の事情がない限り、つまり単純な疲労が原因ならば「辞めることはない、少し休め」と言うはずである。人間は休めば疲労から回復できる。当たり前の話だ、これを常識という。

ならば、なぜアレクサンドロス大王の兵士たちは「休ませてくれ」ではなく、一足飛びに「辞めたい（帰りたい）」と言い出したのか。

そして、アレクサンドロス大王もなぜあっさりと、つまり「疲れたのなら休めばいいではないか」と言わずに、兵士たちの帰国を許可したのか。おかしいではないか、これは常識に反する。

もっとも、こういう反論があるかもしれない。「遠征が長く続いたので、兵士たちは妻子のいる家庭が恋しくなったのだ」。確かに近現代の戦争においてはその見解は成立する。近代国家は基本的に国民に兵役の義務を課しており、それに基づいて徴兵された一般市民出身の兵士が、第一次世界大戦においても第二次世界大戦においても軍隊の大部分を占めていた。彼らは平和な家庭から突然戦場に送り出されたのだから、一刻も早く帰りたいと思うのは当然だ。

しかし、それは近現代の常識に基づく判断であって、古代の常識ではない。

確かに古代にも徴兵はあった。他ならぬアレクサンドロス大王自身が、ペルシア帝国の脅威を根絶するためにヘラス連盟軍を立ち上げた時、連盟軍の兵士たちの中には一般市民から徴兵された者も少なからずいただろう。

だが、覚えておられるだろうか。ヘラス連盟軍は所期の目的を果たしたということで、一度解散しているのである。この時、まさに妻子のいる家庭が恋しくなった一般市民の多くは帰国したはずである。

しかし、さらに遠征を進めるという、アレクサンドロス大王の宣言に対し、多くの兵士が残留した。ここからヘラス連盟軍はマケドニア帝国軍になったことは既に述べたが、ここで軍隊の本質もまったく変わったことにお気づきだろうか。

特に下級兵士の大多数は自ら軍人という職業を選択したのである。前近代の農耕社会において、財産である田畑を受け継ぐことのできる長男はともかく、田畑を持たない次男や三男には仕事がなかった。彼らはしばしば厄介者扱いされた。当然、嫁をもらうことも家庭を持つこともできない。だから家を飛び出し、都市で働いた。都市には様々な雇用がある。

前近代において最も大きな就職口といえば、それは軍隊であった。大国ならば数万人の需要がある。軍隊の仕事は基本的に戦争である。他の職業と比べて命を失うリスクが高い。しかし、例えばオリーブ畑で人に雇われて働くという選択肢があるにもかかわらず、自ら危険な仕事に飛び込んできた若者、それが下級兵士の大部分を占めるわけだが、彼らはどういう心情を持っているか、想像していただきたい。

戦争が続けば続くほど、酒と女と報酬が手に入る。もちろん出世もできるし、地位も名誉もついてくる。現代の階級で言えば、少尉はすぐに少佐や中佐になれるし、場合によっては将軍になることも夢ではない。同じ軍隊でも平時には絶対あり得ないことだが、戦争中ならいくらでもチャンスはある。

冷静に見れば、そんなチャンスをものにするのは千人に一人、あるいは一万人に一人かもしれない。しかも、この職業には戦死するかもしれないという高いリスクがある。

しかし、いやいや徴兵された市民とは違って、彼らは自らこの道に飛び込んできた者たちなのだ。故郷へ帰ってもろくな仕事はないし高収入を得ることもできないが、アレクサンドロス大王の世界征服についていけば可能性は無限大なのである。

歴史学者の多くは、この時、アレクサンドロス軍団の兵士はいつ終わるとも知れぬ戦いに疲れ果て前途に不安を抱いていた、という捉え方をするが、以上述べた理由で、実態はその逆だったと私は思う。

この常識を踏まえて、アレクサンドロス軍団にインドで起きた事態を考えていただきたい。極めて常識に反する、通常ならあり得ない事態ということが分かるだろう。既にチャンスを生かした者、つまり出世し、それ相応の地位や報酬を得た者は守りに入って、もう充分だと言うかもしれない。だが、それは極めて少数派であって、圧倒的多数の下級兵士たちはさらに戦争が続くことを望んでいたはずなのである。

それなのに、なぜ彼ら自身が無限の可能性を封じるような行動に出たのか？

ここで改めて読者の皆様にも考えていただきたい。兵士たちがなぜ休みたいとも言わず、一足飛びに帰りたいと言ったのか？

これが『逆説の世界史』の方法論だ。多くの学者がそうだと信じ、百科事典にすら最も適切だとして記載されている見解であっても、人類の常識、およびそこから導き出される歴史の法則に照らし合わせて考え直してみることである。

この場合の歴史の法則とは、「前近代の侵略戦争はリーダーの意思と下級兵士の欲望追求が合致した時に拡大するが、それが終息するのは、リーダーではなく下級兵士たちが望んだ場合である」ということだ。なぜそうなるかという理由が「人類の常識」であって、それについては既に述べたからいちいち繰り返さない。

そして、こういうフィールドに立てば、それぞれの時代の専門家でなくても自分の頭で様々な歴史上の疑問に対して解答を導くことができる。そういう知的作業を好む向きはここで一旦読むのをやめて、自分の頭で考えていただきたい。時間のない人には、すぐに私の解答をお教えしよう。

さて、それでは私の解答を述べることにする。考えるヒントはインドの気候である。

兵士たちの主力はギリシア出身である。標準的な温帯地方で気候の変化は穏やかだ。温度は夏でも暑い時で摂氏30度を若干超えるぐらい、降水量はマケドニア本国の都市テッサロニキ辺りでも年間500ミリメートルぐらい、湿度は低く乾燥している。

ところが、これに比べてインドは高温多湿の国である。兵士たちが帰りたいといったパンジャーブ地方はインド北部で、インドの中では比較的気候が穏やかな方だが、それでも夏には気温が40度を超え、雨も多い。現にこの遠征において、帝国軍は7月から始まった長雨にとことん悩まされたわけである。年間の降水量は1000ミリメートルを軽く超える。彼らの常識で言えば、雨が降れば気温は下がるはずであり、少しはしのぎやすくなるはずだが、実際にはほとんど気温は下がらず、これまでまったく体験したことのない高い湿度に悩まされたはずである。

彼らにとって出世とは、軍隊の階級が上がることと、征服によって増えた領土において土地の領主に抜擢《ばってき》されることであるが、彼らはインド遠征中に「こんな土地をもらってもしょうがない」

と思ったのではないか。彼らの育った環境を考えれば、「ここは人間の住むところではない」のである。

ちょうどこの地に侵攻したのが初夏だったのもまずかった。進軍するにつれ本国では考えられないほどの猛暑に悩まされた。単なる猛暑ならエジプト遠征で体験したかもしれないが、それと同時に本国では考えられないほどの長雨に見舞われたのである。いわゆるダブルパンチだ。もちろん、帝国軍であるから、中にはエジプトなど熱帯出身の兵士もいたには違いないが、主力はあくまでギリシア人である。

だから、秋から冬にかけての侵入だったら歴史は変わっていたかもしれない。その季節なら長雨に悩まされることもなく、十分に英気を養うことができたかもしれない。しかし、彼らにしてみれば、こんな土地からは一刻も早く脱出したいのである。

それに対して、当初アレクサンドロス大王が示したのは、「さらにインド中央部を目指せば肥沃な土地があるぞ」つまり報酬も地位も与えられるという「これまで通りのエサ」であった。

しかし、絶大な効き目があったこの誘惑も、今回ばかりは通じなかった。

なぜだかお分かりだろう。「インド中央部はこのパンジャーブ地方より高温多湿だから」である。大多数の兵士は現地の言葉を話せなくても、いくらかは話せる者がいただろう。そうした情報は隠しても兵士には伝わるものだ。古今東西、兵士は自分の生死にかかわる情報に敏感だからだ。

もちろん言うまでもなく、これも人類の常識だ。

「ナポレオン・ボナパルトはロシアの冬将軍に敗北したが、それ以前にアレクサンドロス大王はインドの夏将軍に敗北した」のである。

■世界征服の野望を阻んだ下級兵士の「セックス管理」

本書を読んでいる「あなた」は今どこにいるのだろうか？　書斎の中か、それともリゾートのデッキチェアの上だろうか？　いずれにしてもあなたは「読んでいる」。当たり前の話だが、それは字が読めるからである。別に冗談を言っているのではない。

現在も地球人類のすべてが読み書きできるわけではない。残念ながらまだまだ識字率の低い国もあるが、少なくともこの『逆説の世界史』の読者諸氏にとっては、「読む」ということは空気のように当たり前の行為であるはずだ。

しかし、ここで紀元前4世紀のアレクサンドロス大王の時代、あるいは彼の伝記をまとめたローマ帝国の人々が生きていた紀元後の数世紀を想像していただきたい。

この時代、読み書きができる人は極めて少なかった。上流階級の人々や学者たち、軍隊でも幹部の高級軍人は読み書きができたかもしれないが、圧倒的な多数を占める下級兵士たちはできなかっただろう。自分の名前ぐらいは書けたかもしれないが、少なくとも後世に残るような戦記や伝記を書く能力はない。現代なら実際に従軍した兵士、あるいは戦場を取材したジャーナリストが、実体験に基づいて戦記や司令官の伝記を書くことも可能だが、アレクサンドロス大王の時代では不可能であるということに、注目していただきたいのだ。

後世に史料として残されている伝記や記録は、実は従軍経験のない学者か、従軍経験はあっても高級幹部の視点から描かれたものがすべてであって、下級兵士からの視点のものはまるでないのである。

歴史を実際に動かすのは下級兵士である。

もっとも私は、何事も人民の力がすべて動かしているとする共産主義的史観からそう述べているのではない。いかにアレクサンドロス大王が世界征服を望んでも、圧倒的大多数の下級兵士が従わなければ、まさに「笛吹けど踊らず」でどうしようもないのである。

現代と違って、下級兵士の思想や行動は当時の史料には反映されていない。一見、反映されているように見えても実は違う。アレクサンドロス大王の伝記には「下級兵士が疲労を訴えたので、世界征服への行軍はインドで終了した」と書いてある。最終的にそのように伝記を書いたのは誰か？　幹部である高級軍人であり、歴史家である学者である。彼らは本当の意味での下級兵士の実感あるいは実態というものが分かっていない。

では、「お前は分かるのか？」と問われれば、「分かる」と答えよう。私には従軍経験はないが、これまでに多くの世界の戦史を研究し、特にいわゆるインテリに無視されがちな下級兵士の生態を研究していたからである。

彼らを動かすのは高邁《こうまい》な理想ではない。まずは「食えるか」であり、次に来るのが「セックスができるか」である。酒が飲める人間にとっては「女と酒が得られるか」という表現を使ってもいい。そしてその次に「収入が増えるか、出世できるか」が来る。これが下級兵士の本音なのである。

彼らは次男や三男であっただろう。なぜなら、長男は家を継ぎ、妻子を持ち、畑を耕したり、オリーブ園や森を管理したりする。いくら大戦争をやるからといって、長男たちを召集してしまえば、基幹産業である農業がストップし、国は滅亡してしまう。このことも歴史を見るのに大切な視点である。

現代の農業は機械化されている。だから、必ずしも壮健な男子の力を必要としない。老人や女性でも可能だ。昔の農業はそうはいかないのである。ブルドーザーで整地した畑に電動ポンプで水を引くというわけにはいかない。すべて手作業である。もちろん奴隷もいるから、ある程度はカバーできるが、農業とは現代とはまったく異なる重労働が必要な産業なのである。

ところで、本書を読んでいる「あなた」は、農作物に農薬を使うことについて賛成か？　あるいは遺伝子組み換えをした作物を好んで食べるか？　答えはどちらも「ノー」ではないだろうか。遺伝子組み換え作物も一応安全ということになっているが、私は正直言ってあまり食べたくない。多くの人の考えも同じであると思う。

では、ここで改めて考えていただきたいのだ。それならなぜ農薬や遺伝子組み換え作物はこの世に存在するのか？　多くの人に嫌われるものなら、なくしてしまえばいいではないか。

実は、それは農業の歴史を知らない人間の言い分なのである。農薬が発明されたことによって、農業という重労働は大きく軽減された。平たく言えば、楽になった。なぜなら農薬は害虫退治の切り札であるからだ。

人類は昔、農薬なしで害虫と戦っていたのである。これがいかにたいへんなことか、お住まいの土地で農薬発明以前にどのように害虫封じがなされていたか調べてみるといい。壮絶な戦いであり、明らかに人類の負け越しであったはずだ。切り札がないからである。

遺伝子組み換え作物も同じことで、害虫や除草剤に耐性を持たせる遺伝子操作をすることにより、農業に携わる人手を大きく減らし、コストダウンを実現した。だからこそ、現代では大々的に使われているのである。

紀元前4世紀には、農薬もなく、遺伝子組み換え作物もなく、ブルドーザーも電動ポンプもない。そういう時代に、マケドニア帝国軍の主力が、故郷へ帰れば農民として働かなければならない長男（正確に言えば農業の後継者）であったはずは、ないのである。

一方、次男以下については話はまったく逆で、故郷にいる限り、新しい土地でも開拓するか、都市に出て働く以外に「食う道」はない。しかし、戦争が始まれば話は別だ。軍隊という「大企業」が彼らの雇用問題を解決してくれる。

もっとも、兵士になるということはギャンブルでもある。成功すれば収入も地位も手に入るが、明日死ぬかもしれないのである。当然、彼らは男としての本能を手っ取り早く満たすことを求める。本書を読んでいる「あなた」が男性で、明日死ぬかもしれない事態に遭遇すれば、彼らと同じように考えるかもしれない。少なくとも想像はできるだろう。

もう一つ見逃せないのは、兵士の仕事はとどのつまり「殺人」であることだ。直接敵を倒すことが少ない高級軍人や、書斎の人である学者には分かりにくい感覚だが、通常は社会において人を殺すことは「悪」である。殺人はどこの国でもどんな時代でも重罪である。

しかし、戦争となると話は別だ。子供の頃から教えられた道徳に反し、また、他者の生命を奪うことに対する本能的な嫌悪感をも捨て去り、兵士は人を殺さねばならない。いかに敵とはいえ、人は人だ。それでも殺人への罪悪感を抱えて兵士としての任務を果たすことは、理性を捨てて野獣になれということでもある。

戦地で野獣と化した兵士が、女性に対してだけは紳士でいられるだろうか？　心理学者の意見を聞くまでもあるまい。野獣と化して男を殺す兵士は、女に対してはレイプ魔となる。そして、指導者はそういう機会を下級兵士に提供し続ける限り、征服事業を限りなく進めることができる。たとえ征服の過程で多くの兵士が戦死しても、あの軍団に入れば「酒も女も手に入る」となれば、いくらでも補充はきく。農耕社会である以上、世界のどこでも次男以下の立場は同じだからだ。兵士のなり手には事欠かないのである。

ところで、最近の日本は第二次世界大戦時の東アジアにおける「従軍慰安婦問題」で世界から批判を受けている。要するに、第二次世界大戦時の日本軍は植民地の女性を強制連行して（多くの慰安婦は朝鮮半島出身の女性だった）、その意思に反して軍専用の娼婦《しょうふ》にしたというのだ。

この問題のポイントだけ述べれば、大前提として戦前の日本は公娼制度を認めていた。つまり、自発的に娼婦になる女性もいたし、法律もそれを許していた。だから女性の意思に反して強制連行したという事実があったかどうかが、このいわゆる「従軍慰安婦問題」が日本軍の戦争犯罪であったかどうかの決め手になる。

日本を代表する新聞とされる『朝日新聞』は、かつて「強制連行を告白した日本人がいる」という大キャンペーンを張ったが、これは完全な誤報であり、二十数年後にようやく訂正した。強制連行の事実は確実な史料で確認されていないのが現状である。１９９３年に宮沢喜一政権の河野洋平官房長官（当時）が発表した「河野談話」もウラが取れていない。

なぜこの問題に言及したかと言えば、この背景に「兵士のセックスをいかにして管理するか」という歴史を通じての大問題があることに、多くの人間が気づいていないからだ。

戦前の日本軍に様々な問題があったことは事実だし、彼らの行為を正当化する気もまったくないが、少なくとも日本軍には下級兵士のセックス問題を軍の管理下に置くことによって士気を高め、現地女性に対するレイプ事件を未然に防ぎ、軍紀を維持するという意識はあった。だからこそ、こういう問題が生じたのである。

この問題について日本を非難してやまない世界各国の人々に真剣に考えていただきたい。軍隊が下級兵士のセックス問題をまったく考えないと、いったいどういうことになるか。

韓国の実例がある。日本非難の一角を占める韓国がアメリカ合衆国を支援するためベトナム戦争（Vietnam War／１９６４～１９７５年）に派兵した時、現地ベトナム人女性に対する韓国兵の強姦《ごうかん》が頻発し、韓国兵と現地女性との間に多くの子供が生まれた。これが「ライダイハン（Lai Dại Hán）」と呼ばれる子供たちであり、総数ははっきりしないが少なくとも数千人はいると言われる。

韓国は外国に対しては軍隊の女性への残虐行為を厳しく非難するが、自国の問題についてはタブー視し、良心的なマスコミが話題にすると弾圧している。その事例については、インターネット等で簡単に調べられるからここでは触れない。要するに、国家の都合で野獣になることを強制された兵士は往々にしてレイプ魔になるからこそ、兵士のセックス管理は極めて重大な問題なのである。

にもかかわらず、下級兵士のセックス管理問題はタブー視されてなかなか論じられない。例えば、「世界の警察官」を自負するアメリカ合衆国では、戦場帰りの兵士のPTSD（Post Traumatic Stress Disorder　心的外傷後ストレス障害）が問題とされるが、戦場帰りの兵士には必ず「女性に対して野獣化してしまった」という問題もあるはずである。しかし、それについて有効な対策を練っているという話は聞かない。ドラマなどでもあまり取り上げられない。国内最大のアメリカ軍基地がある沖縄県では、しばしば戦場帰りのアメリカ軍兵士による現地女性へのレイプ事件が起こる。これはもう何年も続いている傾向だが、アメリカ軍はこれを偶発的事故としてしか捉えておらず、セックス管理の問題に言及することはない。プロテスタントの禁欲的傾向、特に快楽的セックスを問題視する伝統に触れるのかもしれないが、根本的解決のためには、セックス管理の問題は快楽の問題ではない、という視点が必要だろう。

話をアレクサンドロス大王の時代に戻す。

これまで述べてきた下級兵士の「不満」に加えて、高級幹部も不満だったかもしれない。高級幹部は「酒と女」よりも「昇進と地位」を求める。例えば、征服した土地の領主に抜擢されることである。しかし、それもインド遠征では意味がなかった。「こんな暑い土地に住みたくはない」からである。

こうしてアレクサンドロス大王の世界征服の野望は頓挫した。

現代にたとえれば、「アレクサンドロス産業」という大企業の事業継続が困難になり、所属する社員つまり下級兵士たちの仕事もなくなったということである。そして、進軍が終わったということは、彼らの最も望む「セックス」を与えられなくなってしまったということでもある。このままでは反乱が起こるかもしれない。

では、そうした野獣と化した兵士たちを、またもとの忠実な市民に戻すにはどうしたらいいか。お分かりだろう、家族を持たせればいいのである。

アレクサンドロス大王の大事業「集団結婚式」の意味はそこにある。

■アレクサンドロス大王の急死で始まった後継者問題

インド遠征中に、下級兵士の反抗によって、それ以上の侵攻つまり世界征服を断念せざるを得なかったアレクサンドロス大王は、やむを得ずペルシア地方まで引き返すことにした。紀元前326年のことである。

帰路は大船団を用いた。現地インドで徴発し造船させたものだろう。アレクサンドロス大王は兵士と共にインダス川を下り、河口の都市パタラに到着した。しかし、世界征服を完全には諦めきれなかったのか、そこで側近ネアルコス（Nearchos／生年不詳～BC312頃年）に約二千隻の大船団を与え、その先にあるインド洋沿岸の調査を命じた。これまで陸軍主体だった征服事業を海軍主体にしようと考えたのかもしれない。

そこへ彼を激怒させる報が届いた。ペルシア地方の統治を任せたペルシア人太守たちが腐敗堕落を極め、人々を苦しめているという。

アレクサンドロス大王は直ちにペルシア地方に帰還することを決意した。ただし、この帰還は困難を極めた。灼熱《しやくねつ》のマクラン砂漠（現在のイラン南部）を通過するルートを取ったため、多くの将兵を失う羽目になったからである。それでもインドを出て二年目の紀元前324年2月、アレクサンドロス大王はペルシア地方の古都スーサにようやく辿《たど》り着き、ペルシア人太守たちの不正腐敗を徹底的に追及し、厳罰に処した。

そして春になると、アレクサンドロス大王の一大事業として知られる「集団結婚式」を挙行した。彼自身と側近のヘファイスティオン（Hephaestion／BC356〜BC324年）が、それぞれペルシア帝国の最後の王であったダレイオス3世の娘たち、スタテイラ2世とドリュペティス（Drypetis／生年不詳〜BC323年）と結婚し、マケドニア軍の高級幹部八十人もペルシア人女性を妻とした。

それればかりではない。さらに一万人の兵士も多額の持参金付きのペルシア人女性を妻としたのである。

この多額の持参金はもちろんアレクサンドロス大王が負担したのだろうが、このような思いきった政策を実行した目的はいったい何だろうか。

ここのところを代表的な百科事典である『ブリタニカ国際大百科事典』は「マケドニア人とペルシア人を民族融合させ、一つの優れた人種を生み出すというアレクサンドロス大王の政策を推進するため（原文：in furtherance of his policy of fusing Macedonians and Persians into one master race)」（Walbank, Frank W., Alexander the Great, ENCYCLOPEDIA Britanica）と述べている。

つまり、これが西洋史学界の通説的見解である。この見解は古くから伝えられているが、彼自身や盟友あるいは幹部はともかく、下級兵士については、私はそのようには考えない。

集団結婚式は征戦の頓挫というやむを得ぬ事情により生じた大問題、つまり下級兵士を「野獣」から「市民」に戻すために必要なセックス管理策であると考える。そう考えた方が、同じ年の夏に起こったオピス（Opis）騒擾《そうじょう》事件との関連性がより明確になる。

この事件はアレクサンドロス大王がオピスというティグリス川流域の町で、マケドニア人兵士一万人を除隊帰還つまり解雇しようとしたところ、不満を唱えた兵士たちが暴動を起こした事件だ（BC324年）。集団結婚式と違うのは、この時の一万人はすべてベテランの兵士だったことである。つまり、若手は妻を与えてとりあえず落ち着かせ、戦争がなければ利用価値が期待できない古参の兵士はここで整理しようとしたのだろう。しかし暴動が起こったので、アレクサンドロス大王は首謀者を処刑したが、残りの兵士は宴会に招いて供応したという。おそらくはその場で何がしかの退職金を渡したことも充分に考えられる。

アレクサンドロス大王自身はあくまで世界征服の野望は捨てていない。翌年、紀元前323年には海軍を主体としたアラビア半島周航計画を立てた。新たな征服地の物色のためであったようだが、そのために移動したバビロンの町で、彼は原因不明の熱病に倒れた。そしてわずか数日で人生の幕を下ろした。満三十二歳と十一か月だったという。

その突然の死について、古くから暗殺説を唱える者もいる。確かにアレクサンドロス大王への不満を唱える勢力はいくつかあった。その最大の勢力がペルシアとの融和を拒否するマケドニア帝国の国粋派とも言うべき人々だ。

しかし、そういう不満分子は既に粛清されていたし、他にこの時点で彼を殺すことによって直接の大きな利益を得る勢力が見当たらない。現に彼が突然の病気で後継者を指名することなく急死したため（「最も強き者が我が後を継げ」と遺言したとする説もあるが、これではやはり後継者は定まらない）、その死後、「ディアドコイ戦争（Wars of the Diadochoi／BC323～BC276年）」と呼ばれる大規模な騒乱が起こった。

「ディアドコイ」とは後継者を意味するギリシア語だが、この紛争が起きたこと自体、暗殺によって利益を確定できる勢力がいなかったことを示している。後継者の候補としては、最初の王妃ロクサネーが身籠もっていた胎児と側室バルシネ（Barsine）が産んだ庶子ヘラクレス（Herakles）がいた。

このため、「アレクサンドロス帝国」の幹部であるマケドニア人貴族および軍人たちがバビロンの町に集まり、合議によって後継者を決定しようとした。

この会議において庶子ヘラクレスを推す者はほとんどなく、アレクサンドロス大王の異母兄アリダイオス（Arrhidaios／BC358頃～BC317年）を推す者と、ロクサネーの出産を待ち男子が生まれたなら後継者とすべきだという意見を持つ者とが対立した。結局、妥協案が成立し、アリダイオスが、アレクサンドロス大王と共通の父の名を継いでフィリポス3世（Philippos III）となり、とりあえず後継者となるが、ロクサネーが男子を出産した場合は、共同統治者として遇するということになった。

しかし、これで話がまるく収まると考えた者は少なかっただろう。アリダイオスには知的障碍があった。それは生まれつきのものではない。知的障碍になったのはアレクサンドロス大王の母オリュンピアスが、息子のライバルである彼を葬るために毒を盛ったからだ、とする説が古くから伝えられている。

もしこれが事実だとしたら、アリダイオスから見れば、自分を不幸に陥れた人間の孫と一緒に大帝国を統治する形になる。アリダイオス自身は知的障碍のせいで憎しみを忘れていたとしても、側近たちが黙っていない。

要するに、この共同統治はうまくいくはずがないのである。

王妃ロクサネーは結局、男子を出産し、赤ん坊は直ちにアレクサンドロス4世（Alexandros IV／BC323〜BC310年頃／在位同じ）として即位したが、オムツの取れない赤ん坊と知的障碍者の「連合政権」であるから、実権は摂政《せっしょう》（国王代理）が握ることになる。

男子が生まれたならば後継者とするべきだと強硬に主張したのは、アレクサンドロス大王の戦友でもあった将軍ペルディッカス（Perdikkas／生年不詳〜BC321年）であった。

そのため彼が二人の王の摂政となったのだが、これに不満を持つ、アレクサンドロス大王の即位以来の老臣で、彼の遠征中に本国マケドニアの統治を任されていた行政官アンティパトロス

（Antipatros　BC397～BC319年）と、フリュギア地方の太守に抜擢されていた将軍アンティゴノス（Antigonos I　BC382頃～BC301年）などが同盟を組んでペルディッカスに対抗した。

摂政ペルディッカスも彼らに対抗するため、一度は行政官アンティパトロスの娘を嫁にもらって懐柔しようとした。しかし、孫であるアレクサンドロス4世の将来に不安を抱いた大王の母オリュンピアスは、自分の娘クレオパトラ（アレクサンドロス大王の妹）を嫁にもらわないかとペルディッカスに提案してきたため、ペルディッカスはこれを受け入れ、アンティパトロスの娘と離婚し、クレオパトラと結婚した。

当然、行政官アンティパトロスは激怒し、摂政ペルディッカスとの対立は深まったが、ひょんなことからこの対立は解消された。エジプト統治を任されていた将軍プトレマイオス（Ptolemaios　BC367頃～BC283年）が反旗を翻したため、その征討にペルディッカスが向かったところ、途中で部下の手によって暗殺されてしまったのである。陰でアンティパトロスが糸を引いていたのかもしれないが、真相は分からない。

とにかく摂政ペルディッカスが死んでしまったので、その後継者を決める会議が紀元前321年、今度は北シリア地方の都市トリパラディソス（Triparadeisos）で開かれた（トリパラディソスの軍会）。そして、アンティパトロスが摂政、アンティゴノスが軍事最高司令官を務めるという形で、またしても「連合政権」ができた。

問題は、摂政となったアンティパトロスが相当老齢だったことである。二年後の紀元前319

年にアンティパトロスは死ぬが、その時に摂政だけでなく軍事最高司令官の座も盟友の将軍ポリュペルコン（Polyperchon／ＢＣ３８０頃〜没年不詳）に与えると遺言した。アンティパトロスは王ではなく家臣なのだから、その地位を必ずしも息子に継がせる必要はない。そして、家臣の義務としてマケドニア帝国を崩壊に導かないためには、それなりの力量を持つ人間を推挙すべきである。その結果がポリュペルコンだったのだろう。

しかし、摂政アンティパトロスの実子カサンドロス（Kassandros／ＢＣ３５５頃〜ＢＣ２９７年）にとっては、大いなる屈辱であった。自分がその地位にふさわしくないということだからだ。そこでカサンドロスは、軍事最高司令官の座を奪われたアンティゴノス、中央に対する反乱者であるプトレマイオスと同盟し、将軍ポリュペルコンに反旗を翻した。

この後、両派のリーダーのうち、カサンドロスは自分の意思を持たないフィリポス３世の「代理人」である彼の王妃エウリュディケ２世（Eurydike II／生年不詳〜ＢＣ３１７年）と組み、ポリュペルコンはアレクサンドロス大王の母オリュンピアスと組んで、自己の権力を確立しようとした。

両者は熾烈《しれつ》な戦いを繰り広げた。その後、ポリュペルコンは紀元前３１８年に海戦でアンティゴノスに敗れ、マケドニア帝国を追われ、モロッソイ王国（現在のギリシャ北部）に逃げた。

そこはオリュンピアスの実家でもある。彼はそこに亡命していたオリュンピアスの紹介で、オリュンピアスと血縁のモロッソイ王アイアキデス（Aiakides／生年不詳〜ＢＣ３１３年／在位ＢＣ３３１〜ＢＣ３１３年）との同盟を締結することに成功した。

この援助でオリュンピアスを推戴した将軍ポリュペルコンはマケドニア帝国に進軍し、カサンドロスと組んでいたフィリポス3世とその妃エウリュディケ2世の軍を破って二人を捕虜とし、オリュンピアスの命令という形で二人を処刑した。

だが、紀元前316年にアテネから進軍してきたカサンドロスに敗れ、今度はオリュンピアスが王（フィリポス3世）殺しの大罪人として、カサンドロスに捕らえられ、処刑された。もちろん、彼自身が王殺しの汚名を着るわけにはいかないので、この時点では、カサンドロスはまだ幼かったアレクサンドロス4世とその母ロクサネーは軟禁するにとどめた。

一方、将軍ポリュペルコンはペロポネソス半島へ逃亡し、今度はカサンドロスとの同盟を破棄していたアンティゴノスと同盟した。敵の敵は味方というわけだ。

しかし、他のディアドコイに比べて老齢であった彼は、この後ほどなくして、歴史から消える。戦死したという記録はないから、どこかで自然死を迎えたのだろう。

将軍ポリュペルコンに替わって新しいリーダーとして台頭してきたのがマケドニア帝国出身の将軍リュシマコス（Lysimachos／BC360頃～BC281年）であった。戦上手な彼は行政官アンティパトロスの娘を嫁としたこともあって、めきめきと頭角を現した。

結局、紀元前311年、ディアドコイの四巨頭というべきアンティゴノス、カサンドロス、プトレマイオス、リュシマコスが講和を結んだ。

ほぼ同時期にシリア王国（Syria）においては、同じくマケドニア帝国出身の将軍であったセレウコス（Seleukos I／BC358頃～BC281年／在位BC305～BC281年）が事実上の独立王国（のちに「セレウコス朝」と呼ばれる）を形成しており、アレクサンドロス大王の帝国は事実上五つのブロックに分裂したのである。

哀れだったのはアレクサンドロス大王の血縁者である。彼らは、敵対勢力に推戴され利用されることを恐れたディアドコイたちによって、次々に暗殺された。アレクサンドロス4世はその母ロクサネーと共にカサンドロスに、その異母兄であったヘラクレスはカサンドロスの意を受けたポリュペルコンに、そして大王の妹クレオパトラはアンティゴノスにそれぞれ暗殺され、アレクサンドロス大王の血脈は完全に絶たれてしまったのである。

■アレクサンドロス神話が世界史に与えた影響

アレクサンドロス大王のディアドコイ（後継者）は当初、アレクサンドロスの学友でもあった将軍プトレマイオスがエジプトを、同じくマケドニア出身の将軍リュシマコスがトラキア（バルカン半島南東部）と小アジアを（在位BC306〜BC281年）、行政官アンティパトロスの子でありながら大王の血統を絶滅させたカサンドロスはマケドニア本国を（在位BC305〜BC297年）、マケドニア貴族の息子で将軍のセレウコスはシリア以東のアジア（バビロニア、メディア、バクトリア、インド北西部等）を押さえ、のちに彼らは自ら王と名乗り、それぞれ王朝を創始した。

アレクサンドロス大王の死後、その大帝国全体の軍事最高司令官に任命されていたアンティゴノスもシリアからエーゲ海まで勢力を広げ、彼を盟主とするキクラデス島嶼《とうしょ》同盟を発足させた。

強力な海軍を手にしたということだ。その頃に彼も王を自称するようになり、隻眼（モノフタルモス）であったことから、「隻眼王」（在位ＢＣ３０６～ＢＣ３０１年）と呼ばれた（アンティゴノス朝〈ＢＣ３０６～ＢＣ１６８年〉）。

とりあえず五大勢力に分かれたディアドコイの中で、最も強大だったのは隻眼王アンティゴノスであったため、他の四者、プトレマイオス、カサンドロス、リュシマコス、セレウコスは紀元前３１５年に反アンティゴノス同盟を結んだ。

紀元前３０１年、イプソス（Ipsos　現在のトルコ西部の地域）でセレウコス-リュシマコス連合軍と隻眼王アンティゴノスは対決したが、連合軍の兵士が投じた一本の槍がアンティゴノスに命中し、彼は戦死した（イプソスの戦い）。

だが、帝国の再統一を望んでいた隻眼王アンティゴノスが不慮の死を遂げたことで、アレクサンドロス大王の築いた大帝国は分裂へと向かうことになった。

この後、紀元前２８１年にはコルペディオン（Corupedium）の戦いで、セレウコス（即位してセレウコス１世）はかつての同盟者リュシマコスを敗死させ小アジア地方を奪い、アレクサンドロス大王の大帝国のうち、シリア以東のほとんどを獲得した。

また、アレクサンドロス大王の本国であるマケドニア王国は、隻眼王アンティゴノスの孫ゴナタス（Gonatas）が征服し、新マケドニア王国を建国、即位してアンティゴノス2世（Antigonos Ⅱ／ＢＣ３２０頃～ＢＣ２３９年／在位ＢＣ２７６～ＢＣ２３９年）となった。紀元前２７６年のことである。

一方エジプトでは、将軍プトレマイオス（即位してプトレマイオス1世／在位ＢＣ３０４〜ＢＣ２８３年）が地盤をしっかり固めてプトレマイオス朝（ＢＣ３０４〜ＢＣ30年）を創始した。ここにおいてアレクサンドロス大王の大帝国は、西からプトレマイオス朝、アンティゴノス朝、セレウコス朝となってようやく一時の安定に達した。アレクサンドロス大王が死んだのは紀元前３２３年だから、この時点で約半世紀が経過していた。

しかし、この後も小競り合いは続く。アレクサンドロス大王の築いた大帝国の後継者は遂に現れなかったということだ。

アレクサンドロス大王はそれまで人類が成し遂げたことのない大偉業の達成者であったため、彼の逸話は語り継がれ、伝説が形成された。彼の評伝の中では比較的実証的だとされているクルティウス・ルフスの『アレクサンドロス大王伝』も、大王がメソポタミアの「灼熱」の中で亡くなって七日経った時のことを「ここでわたしは、自分で信じていることよりも、むしろ語り伝えられていることを述べることにする」とわざわざ断りを入れて、次のように述べている。

ようやく朋友たちに遺体を顧みる余裕ができたとき、部屋に入った者たちは、それがいかなる腐敗にも損なわれず、それどころかどれほどわずかな変色もないのを目にした。（中略）そのため、遺体を自国のやり方で処置するように命じられたエジプト人とカルデア人は、最初はまだ息があるかのように、あえて手を触れようとはしなかった。その後、神に触れることが人間の身に許されますようにと祈ってから、彼らは遺体から内臓を取り除き、黄金の棺は香料で満たされ、頭には地位を示すしるしがのせられた。
（『アレクサンドロス大王伝』クルティウス・ルフス著　谷栄一郎・上村健二訳　京都大学学術出版会刊）

アレクサンドロス大王はエジプト式ミイラにされて葬られた（このミイラは確認されていない）のであるが、それ以前に炎暑の中まったく腐敗していなかったという「伝説」が語られていたのだ。クルティウス・ルフスはこの「伝説」を信じていなかったことは明らかだが、既に死の直後から彼の神格化が始まっていたという事実自体は、伝記作者として記録しておかねばならないと考えたからだろう。

アレクサンドロス伝説あるいは神話は、西欧社会では非常に有名であるから、いくつか取り上げておこう。既に取り上げたものもある。「ゴルディオスの結び目（Gordian Knot）」である。

Bridgeman Images／PPS通信社

セレウコス１世像
（フランス　パリ／ルーヴル美術館）

Alamy／PPS通信社

プトレマイオス１世像
（フランス　パリ／ルーヴル美術館）

Granger／PPS通信社

アンティゴノス２世の肖像
（ギリシアのコイン）

ギリシア神話に登場するフリュギア国の賢王ゴルディオスは、牛車の轅《ながえ》をロープで固く柱に結びつけ、「この結び目を解いた者はアジアの王になるであろう」と予言した。その後、何人もの人間がこれに挑戦したが、結び目は固く、どうしてもほどくことができなかった。ところが、アレクサンドロス大王は剣を抜くと結び目を一刀両断した。そこで現在でも解決不能に見えた問題を思い切ったやり方で解決することを英語で「cut the Gordian Knot」と言う。

名馬ブケファロス（284頁の写真参照）とのエピソードも有名だ。

まだ若い頃、父フィリポス2世のところにブケファロスという馬が献上されてきたが、稀代《きたい》の暴れ馬でどんな乗り手も振り落としてしまった。ところが、アレクサンドロス大王だけは見事に暴れ馬を乗りこなした。舌を巻いた人々はなぜ乗りこなせたか聞いたところ、アレクサンドロス大王は「この馬は自分の影におびえていたのだ。だから太陽に向かせ自分の影が目に入らないようにしたのだ」と答えたという。

アレクサンドロス大王は初めて海中探査をしたという伝説もある。

巨大なガラスの容器を作らせ、その中に自ら入り、船の上から海中に下ろさせることによって観察したというのだ。彼の家庭教師がギリシアを代表する哲学者アリストテレスであったというのは伝説ではなく事実だが、アリストテレスから学んだ学問あるいは学問への好奇心が彼の世界征服に明らかに影響を与えているし、また後世の人間もそうした事実があったからこそ彼を人類最初の「潜水艇搭乗者」にしたのだろう。

哲学といえば、こういうエピソードもある。

都市国家コリントの哲学者ディオゲネス（Diogenes／BC400頃～BC325頃）は、何もせず終日大きな木の樽《たる》の中で暮らしている男だった。興味を持ったアレクサンドロス大王（こういうところが戦争一点張りの他の王とアレクサンドロス大王の違いである）は訪ねて行って「私は世界の王だ。何か望みはないか？」と問うたところ、ディオゲネスは「あなたがそこに立っているので日陰になってしまう。どいてくれないか」とのみ答えた。アレクサンドロス大王は嘆息して「もし私がアレクサンドロスでなければディオゲネスでありたい」と言ったという。

もちろん優れた武将であったことを示すエピソードもある。

前出の名馬ブケファロスのエピソードもそうだが、ある時は砂漠の遠征で水が尽き、多くの兵士が渇きに悩まされていると、やっとの思いで探しだされた一杯の水がアレクサンドロス大王のもとに運ばれてきた。しかし、自分の分しかないと知ったアレクサンドロス大王は、皆の目の前でその杯の水を砂漠に捨てた。自分だけが飲むわけにはいかないということである。兵士たちはますますアレクサンドロス大王に対する敬愛の念を深めたという。

ペルシアにおける集団結婚式は伝説ではなく事実で、既に分析したように、これを単純な「人種融合への試み」と考えるのは誤りだが、そのような要素がまったくなかったとは言えないし、アレクサンドロス大王以外の王者にそれが可能だったとも思えない。だいたいそういうアイデアを彼以外の覇者が思いつくことさえなかったのである。その意味でアレクサンドロス大王が後世に神格化される材料を豊富に持っていたことは間違いない。

そして彼の凄さは、ヨーロッパ社会を超えてイスラム社会にまで英雄伝説を残したことだ。イスラム世界では彼のことを「イスカンダル」と呼ぶ。この理由について、地中海社会では「Aliksandar」と表記したが、イスラム社会の共通言語であるアラビア語ではalが定冠詞（英語のthe）であり、しかも人名にも定冠詞をつけるのが一般的であるため、「Aliksandar」が「al-Iskandar（アル・イスカンダル）」と呼ばれるようになったとするのが一応の定説である。

しかし、字面をよく見ていただきたいが、「Aliksandar」をアラビア語的に解釈すれば「al-iksandar」つまりイクサンダルになるはずで、イスカンダルにはならない。従って、完全に説明ができたとは言えないのである。発音しにくいかしやすいかの問題かもしれないが、今後の研究課題だろう。

それにしても多くのイスラム教徒は、自分たちの英雄であるイスカンダルが実はアレクサンドロス大王の「影」であることを知らなかった。逆に言えば、彼の世界史に与えた影響はそれほど大きかったということでもある。

現代でもヨーロッパ社会では息子にアレクサンドロス（英語ではアレキサンダー）と名付ける親は少なくない。それはすべて二千三百年も前の英雄アレクサンドロス大王に基づくものなのである。

最近はあまりにも神話や伝説で肥大化したアレクサンドロス大王の事績を実証的にのみ評価するミニマリズム（最小限評価主義）が、アレクサンドロス研究の主流となりつつあるが、こうした傾向は彼の否定的側面だけを大きく取り上げるような問題点があると私は感じている。

いずれにせよ、現代の研究者も大いに悩まされるほど、アレクサンドロス大王が巨大な存在であることは間違いない。

さて、アレクサンドロス大王のディアドコイの子孫たちが目先の領土拡張にうつつを抜かしている間、彼らにとっては未開の地であった西ヨーロッパのイタリア半島で、恐るべき強大な国家が着々と成長を遂げていた。ローマである。

だがローマの興隆史に入る前に、ここで改めてギリシア文化全般を振り返っておこう。政治も軍事もその背景には方向性を決定づける思想や哲学がある。それを踏まえておかなければ、本当の歴史は分からないからだ。

第四話　ギリシア・ヘレニズム文明の賢者たち

■哲学者ソクラテスを殺したギリシア文明の汚点

　ギリシア文明、それは文化も政治もすべて含めてという意味だが、その最大の功績は哲学者ソクラテス（Sokrates／ＢＣ４６９頃～ＢＣ３９９年）を生んだことかもしれない。もしそうだとすれば、ギリシア文明の最大の汚点はそのソクラテスを「殺した」ことになる。

　なぜならソクラテスの死は自然死ではなく、アテネというポリスの市民が告発し、法廷が死刑を宣告した結果の刑死だからだ。まさにギリシア文明によってソクラテスは殺害された。しかもどう考えても不当な判決によってである。

　しかし、逆に考えればこうも言える。ソクラテスは理不尽に殺されることによって、多くの人々に感銘を与え、歴史に名を残したのだ、と。そうだとすれば、これはギリシア文明の汚点どころか「功績」になる。

　注意すべきは、ソクラテス自身はまったく著述を残していない点である。紀元前5世紀に活躍した儒教の開祖孔子（Kongzi／BC551頃〜BC479年）も、ソクラテスとほぼ同時代のブッダ（ゴータマ・シッダールタ）も、彼らの四百年ほど後に出現したキリストも、すべて「自らの主張を著述する人」ではなかった。超一流の思想家は著作の必要を認めないのかもしれないが、とにかく彼らは語るのみで、語られた言葉は弟子が記録した。

我々がソクラテスの言行を知ることができるのは、主に弟子プラトン（Platon／BC429頃〜BC347年）が残した著作によるのである。クセノフォン（Xenophon／BC430頃〜BC355年以後）という別の弟子もソクラテスの言行を書き残してはいるが、質量ともにプラトンの著作（ソクラテスと友人などとの対話形式をとっているので「対話篇」と呼ばれる）には及ばない。

Erich Lessing／PPS通信社

ソクラテス像
（イギリス　ロンドン／大英博物館）

Erich Lessing／PPS通信社

プラトン像
（フランス　パリ／ルーヴル美術館）

ところが問題は、プラトンがのちに哲学者として大成したことだ。つまり、プラトンの描くソクラテスはプラトン自身の哲学、思想による美化や誇張があるかもしれないのである。哲学のうえではこれを「ソクラテス問題」という。

幸いなことに、ソクラテスの言行は弟子以外の者による記録にも少しは残っている。それによると、彼は当時の都市国家アテネで相当な有名人であったらしい。容貌は醜く、ずんぐりとした体型で極めて健康であった。靴を履かず、いつも裸足で「靴屋に意趣返しをするために生まれてきた男」などと揶揄《やゆ》され、夏も冬も単衣《ひとえ》の着物で過ごしていた。戦争に従軍した経験もあり、七十歳を超えた頃に妻クサンティッペ（Xanthippe／生没年不詳）との間には三番目の子が生まれた。

現代とは栄養事情がまったく違い、平均寿命もうんと短かったのだから、この体力は驚異的だろう。そして町の広場の一角に陣取って、様々な市民と問答するのが彼の日課だった。その弁舌は極めて巧みで多くの人々を魅了した。

このソクラテスの妻クサンティッペは昔から悪妻だという伝説がある。西欧社会ではよく知られたエピソードなのでいくつか紹介しておこう。

ある時、ソクラテスは若者に言った。「結婚したまえ。もし妻が良妻ならば幸せになれるし、悪妻ならば哲学者になれる」

またある時、妻クサンティッペが散々ソクラテスを罵ったあげく、頭から水をぶっかけた時、ソクラテスは「雷鳴の後に雨が降るのは当然だ」と平然としていたというのである。

ところで、なぜソクラテスは毎日のように街に出て、人々と問答を繰り返していたのか？

ソクラテスはある時、アポロン神によるお告げを受けた。

「デルフォイの神託」である。アテネの西北パルナッソス山麓の都市国家デルフォイにある、ギリシア最古の神託所であるアポロン神殿に弟子を派遣し、ソクラテス自身に対するアポロンのお告げを受けたのである。

かつて私もこの地を訪れたことがあるが、神殿の入り口には「汝《なんじ》自身を知れ」という言葉が刻まれている。古代ギリシア人の神々への信仰のスタンスは、限りなく偉大な神々に対して、人間は著しく卑小な存在であるというものであった。

こうした神々を信仰していたソクラテスは、自分の「知」をさらに高めるために神々の力を借りようとしたのだろう。しかし、弟子に託した質問「ソクラテス以上の賢者はいるか？」に対し、神がかり状態になった神殿の巫女《みこ》が口走った神託は、「この世にソクラテス以上の賢者はいない」という驚くべき内容であった。

神々を信じるソクラテスだったが、このお告げばかりはにわかに信じ難く、本当に真実なのか自ら確かめてみよう

アポロン神殿（ギリシャ　デルフォイ）

と考えたのである。そして、その手段というのが、当時、賢者として評判が高かった人々を片っ端から訪ね、問答を仕掛けることであった。自分より賢い者がいれば相手をへこます前にへこまされると思ったのである。ところが、いくら問答を重ねても、論破するのはソクラテスの方で、「賢者たち」ではなかった。そこでソクラテスは気がつく。「自分は確かに無知だ。しかし、少なくとも自分が無知であることは知っている。しかし、彼らはそのことにも気がついていない。ということは、その分だけ自分の方が賢者である、ということになる」

哲学史上有名な「無知の知（自分が無知であることの自覚）」である。ソクラテスはまずこの言葉で哲学史に名を残すことになった。

この過程においてソクラテスは多くの、特に「自分は賢者だと思い込んでいる連中」に憎まれることになった。彼らは、ソクラテスが故意に自分たちに恥辱を与えようと画策している悪人だと考えたのである。

大衆的には人気を博した部分もあった。醜男としか見えないソクラテスが、賢さを鼻にかけている「賢者たち」を次々に論破していくからだ。

さて、ここでこの章の第二話で述べた、世界最初のデマゴーグ（扇動家）と言うべき、あるいは民主政治下におけるトリックスターとも言うべきアルキビアデスのことを思い出していただきたい。ソクラテスとはまったく対照的な美青年であり、のちに人類全体の政治史の中でも一つの典型となった政治家アルキビアデスと、哲学者ソクラテスは一時親しい関係にあった。アルキビアデスの方がソクラテスのファンであったのだ。

もっとも、ソクラテス自身は多くのアテネ市民とは違って、同性愛に溺《おぼ》れていたわけではない。しかし、アテネ市民は政治家アルキビアデスをソクラテスの生んだ「作品」と見た。市民が受け入れ難い、彼の政治家としての資質、例えば変節ぶりや節操のなさ、それを可能にする巧みな弁舌は、師ソクラテスが彼に与えたものだと、多くの人々が考えるようになったのだ。

ここでまた、既にギリシア政治史の部分で語ったアテネとスパルタの長い抗争を思い出していただきたい。

デロス同盟の結成で最盛期を迎えたアテネだが、戦争によって領土や権益を拡大していく「帝国主義」は、ギリシア全体の反発を招き、遂にアテネはスパルタを盟主とするペロポネソス同盟に敗れた（ペロポネソス戦争　ＢＣ４３１～ＢＣ４０４年）。

長年続いたペロポネソス戦争の最終的な敗北を招いたのは、アルキビアデスの無謀な主戦論であり、その後、スパルタに降伏したアテネでは、民主政を否定した「三十人僭主《せんしゅ》政」という独裁政権が生まれた。その独裁政権で中心人物となった政治家クリティアス（Kritias／ＢＣ４６０頃～ＢＣ４０３年）も、若い頃はソクラテスの弟子だったのだ。

ペロポネソス戦争はアテネの人心をも荒廃させた。政治家アルキビアデスのようなデマゴーグが出現したのも、その原因の一つには、この人心の荒廃、それによる社会の混乱があった。こうした中、人心を操るためのテクニックとして弁論術がもてはやされるようになった。

これは多くの市民により政治の方向性が決められる民主政治が行なわれていたアテネ特有の現象で、同時期のペルシア帝国などでは絶対にあり得ないことだ。

そして、社会の中で地位の向上を求める若者たちに弁論術などを教える専門家が、職業として成立するようになった。彼らのことを「ソフィスト（sophists）」と呼ぶ。原義は「賢い人」だが、彼らの中には愚かな大衆を説得するために、現代の悪徳弁護士のような詭弁《きべん》を教える人物も少なからずいた。当然、ソフィストは社会の荒廃を招いた輩《やから》としてアテネ市民の憎しみを受けることになる。

現代でも人気のあるギリシア喜劇の作者アリストファネス（Aristophanes／ＢＣ４５０頃～ＢＣ３８５年頃）は、その作品『雲（Nephelai）』（ＢＣ４２３年）に、こうしたソフィストの代表者として「現代の有名人」ソクラテスを登場させた。この戯曲の中でソクラテスは黒を白と言いくるめる詭弁の名人であると同時に、ゼウスの存在を否定し、雨は（天空神ゼウスが降らせるものではなく）雲が降らせるものだと主張する「無神論者」として描かれている。

しかしソクラテスは、これに対してのちに裁判における弁明で述べたように、一切抗議などはしなかった。他人の評価など意に介さなかったのだ。

とはいえ、人気作家の書いた喜劇である。上演されるたびに市民の誤解は深まっていった。政治家のアルキビアデスやクリティアスという「弟子たち」がアテネを不幸に陥れたのは歴史的事実だが、喜劇作家アリストファネスの影響もあって、根源の責任は、そもそもソフィストとして彼らを教育したソクラテスにあると、多くの市民が考えるようになったのである。

ソクラテスへの告発はこうした社会的背景のもとで行なわれた。だが、それでも当初からソクラテスの死刑は避けられない運命だったのではない。

当時の国法に基づく処罰は二段構えであった。まず、陪審員にあたる数百名の市民が、告発と被告の弁明を聞き、有罪か無罪かを投票する。次に、有罪となった場合は罰金刑にするのか死刑にするのか、それも投票で決定するというシステムであった。

「裁判」の経過を具体的に述べよう。

紀元前３９９年、ソクラテスはアテネの詩人メレトス（Meletos）らによって「アテネの神々を否定し若者を堕落させた」という罪で告発された。メレトスを操っていたのは、ソクラテスを憎んでいた政界の有力者アニュトス（Anytus）であり、ソフィストのリュコン（Lykon）だった。告発状に名を連ねていたのはこの三人である。

公開裁判にかけられたソクラテスは、告発に対し大勢の市民の前で弁明した。『ソクラテスの弁明（Apologia Sokratous）』である。

これを書いたのは弟子のプラトンだが、彼の論評や注釈はなく、あくまでソクラテスの肉声をそのまま伝えるという体裁をとっている。ちなみに、既に述べた「デルフォイの神託」や「無知の知」も、初出はこの『ソクラテスの弁明』である。あくまで対話を武器とするソクラテスは、告発者メレトスをも法廷に引っ張り出して問答を仕掛ける。

ソクラテス　世に神霊《ダイモニヤ》の働きは信ずるが神霊《ダイモネス》は信じないという人があろうか。
メレトス　一人も無い。
ソクラテス　何という有難い事であろう、裁判官諸君に余儀なくされて、君がついに答をするに至ったのは。そこで君の主張するところに従えば、それが新しきにせよ、旧《ふる》きにせよ、私はとにかく神霊の働きを信じかつ教える者である。いずれにしても私が神霊の働きを信ずることは、君が訴状においても誓っている通り、君の言明するところである。しかるにもし私にして神霊の働きを信ずるならば、私はまたきわめて必然に神霊をも信ずる者でなければならない。そういうわけではないのか。まったくその通りだ——と私は推定する、君が答えないから、賛成と見做《みな》して。ところが神霊をばわれわれは神々もしくは神々の子と解していはしないのか。賛否を言明したまえ。

メレトス　まったくそうだ。

ソクラテス　すると、もし私が、君も許す如《ごと》く、神霊を認めているものならば、そうしてその神霊が神々の一種であるならば、君の説は、前にもいったように、謎であり冗談であるというべきであろう、私は神々を認めない者でしかも神霊を認めるからまた神々を認める者でもあるということになるのだから。

(『ソクラテスの弁明・クリトン』プラトン著　久保勉訳　岩波書店刊　※原典を問答形式に分かりやすく改変)

ソクラテスはこのようにあくまで論理的に相手を論破していったのだが、おそらく賛否同数にならないように、五百一名いたと考えられる市民(陪審員)の多くは、ソクラテスの論理に共感するよりも、その態度に反感を抱いた。人間は感情の動物だからである。今でも場の空気が読めずに率直に言ってしまい反感を買う人間がいるが、ソクラテスはまさにそういうタイプの人間だったようだ。

■『ソクラテスの弁明』から読み解く「死刑の覚悟」

都市国家アテネの法廷に告発された哲学者ソクラテスの態度は実に堂々としていたのだが、それを彼の不遜さ、傲岸さの表われだと考える者もいた。自分を告発した詩人メレトスを、「親愛なるメレトス君」などと呼びかけながら皮肉たっぷりにやり込めるからだ。例えばこんな調子である。

ソクラテス　私を除いたアテナイ人はみんな彼らを善良かつ有徳にするのに、ただ私ばかりが彼らを腐敗させるように見えるね。君の説はそうなのか。
メレトス　いかにも、私の説はその通りである。
ソクラテス　君の認められる通りなら、私は非常にみじめな人間だ。だが一つ答えてくれたまえ、君は馬の場合にもまた同様だと思うのか。あらゆる人間が彼らをよく躾《しつ》けて、ただ一人だけが彼らをいけなくするのか。むしろその正反対に、彼らをよく躾けることが出来るものはたった一人かもしくはごく少数の人すなわち調馬師だけで、大多数の人が彼らを取扱ったり使用したりするとかえってそれを悪くするのではないのか。
（『ソクラテスの弁明・クリトン』プラトン著　久保勉訳　岩波書店刊　※原典を問答形式に

分かりやすく改変）

詩人メレトスの言説のように、たった一人で「彼ら」つまり若者を堕落させることなど不可能だと、ソクラテスは論理的に証明しようとしているのだが、聞きようによってはアテネ市民の方が若者を堕落させ、それをソクラテス自身が救済しているように聞こえないこともない。こういうところが市民の反感を買ったのである。

しかもソクラテスは、自分の生殺与奪の権を握っている市民陪審員たちにも、良く言えば「堂々」と、悪く言えば「傲岸」に語りかけた。

私に対する多大の敵意が多衆の間に起っていることが真実であることは確かである。そうしてもし私が滅ぼされるとすれば、私を滅ぼすべきものはこれである。それはメレトスでもなくアニュトスでもなく、むしろ多衆の誹謗《ひぼう》と猜忌《さいき》とである。それはすでに多くの善人を滅ぼして来た、思うにまた滅ぼして行くであろう。私がその最後だろうというような心配は決して無用である。

（引用前掲書）

こんな言い方をされれば、よほど理性的な人でないと腹を立てるだろう。そのため、死刑にするほどではないが、とにかく有罪にすべきであると考えた陪審員が多数を占めた。評決は約六十票の差で有罪と決定した。

そこで今度は量刑をどうすべきかという段階に入った。ところが、この段階における弁論でも、ソクラテスは追放刑か罰金刑を望めばそれで済む可能性が大であったにもかかわらず、「プリュタネイオン（prytaneion）における食事」を要求した。それは通常「ポリスによる接待」を意味し、当然、ポリスへの功労者に与えられる褒賞ではあっても刑罰ではない。正反対のものだ。

このソクラテスの「人を食った」態度に、詩人メレトスらが要求した死刑を支持する陪審員がさらに増えてしまい、最終的には有罪決定の時に無罪に投票した人から八十票もの票が死刑支持に流れ、三百六十一票対百四十票（総数はもともと五百票で、死刑支持は三百六十票とする説もある）で死刑が決定してしまった。

傍《はた》から見れば、ソクラテスは無罪を主張しながらも、まるで死刑になりたがっているように見えただろう。いったいこれはどういうことなのか？

『ソクラテスの弁明』を詳しく分析すれば、どのような場合でも信念に基づく態度を変えてはならない、というソクラテスの決意に気がつく。

都市国家デルフォイでアポロン神から「ソクラテス以上の賢者はいない」という神託を受けてから、ソクラテスは、賢者を自称しあるいは人から賢者と讃《たた》えられる人物に片っ端から問答を仕掛け、まさにこの法廷でメレトスに行なったようなやり方で次々と彼らの「賢者」の仮面を暴いていった。そうすることが神から与えられた使命だとソクラテスは考えていたのであろう。

もしそのことで、まさにこの法廷において起こったように大衆から憎しみを買ったとしても、その結果を恐れるが故に真理の追究を諦めることは決してしてはならない、という覚悟があったに違いない。

これは想像だが、ソクラテスはペロポネソス戦争以来、ソフィストによって道徳的な退廃を迎えてしまったアテネというポリスの市民に、詭弁に頼ることなく、知的に冷静に物事を考える姿勢を学習してもらいたかったのかもしれない。当時のアテネはデマゴーグの詭弁に惑わされ、死刑にすべきではない人間を死刑にしてしまう「国」だった。まさにアテネの法廷において、ソクラテスが自分の言葉で指摘しているように、「多衆の誹謗と猜忌」が「多くの善人を滅ぼして来た」のである。

ソクラテスには妻もいたし、幼い子供もいた。しかし、自分は七十歳を超えた年齢に達していて死を恐れてはいなかった。

弁明において明確に否定したように無神論者でもない。それどころか魂の不滅あるいは来世を信じていた。つまり、死への恐怖を和らげる信仰は持っていたのだが、それと目前の死に対する恐怖は別のことである。

いくら「死後の生」を信じていたとしても、目前の死をできるだけ避けようとするのは人間の本能である。ましてやソクラテスは裁判の場でも死刑を避けられたし、それから約一か月間、死刑執行まで拘禁されている間にも逃亡のチャンスはあった。

注意すべきは、毒杯をあおるという、死刑執行よりは自殺強要に近い形で殺されるまで、相当な時間があったことである。いくら固い信念の持ち主でも、死刑が確定してから一か月も時間があっては、決心が揺らぐことはあり得るだろう。しかし、ソクラテスの決心は揺るがなかった。

なぜ、という疑問に答えたのが、プラトンの著作『クリトン（Kriton）』である。死刑執行が差し迫った日の夜明け、ソクラテスの古い友人で金持ちのクリトンがこっそり獄舎にやって来て、逃亡の準備はすべて整っている、これが死を免れる最後のチャンスだとソクラテスを説得するという「対話篇」だ。もちろん、その逃亡とはカネを使った不正手段ではあるのだが。

クリトンは最初は情に訴える。君という親友を失いたくないし、もしこのまま死刑を執行させてしまえば、なぜクリトンは財力を使って親友を助けなかったのだと社会的にも非難される、逃亡ルートも亡命先の確保もできている、と。

だが、ソクラテスはまったく興味を示さないので、クリトンは今度はこのままここに留まることはメレトスらの思うツボだし、君の息子たちも孤児になってしまうではないか、彼らを養育する義務があるではないか、と告げる。人の子の親たるもの、子の幸福を考えるのは当然なのに、それが果たせないではないかと説得していて、さらに、妻子たちも一緒に逃亡できるとほのめかしているのである。大抵の男なら決意が揺らぐだろう。

この判決が不当であることは、ソクラテスも充分認識している。ただし、ソクラテスは有罪判決を自ら招いたのだ。自分の信念を貫き、アテネ市民に警鐘を与えるためである。だから、すべて覚悟のうえで、今さら信念を曲げるつもりはない。

だが、クリトンの篤い友情はありがたいことだから、ソクラテスはなぜ自分が逃げるつもりはないのか、なぜクリトンの説得に応じないのかを、問答によって分からせようと試みるのである。

この問答は複雑かつ長文にわたるので、『ソクラテスの弁明・クリトン』（プラトン著　久保勉訳　岩波書店刊）、『ソークラテースの弁明・クリトーン・パイドーン』（プラトーン著　田中美知太郎・池田美恵訳　新潮社刊）、『ソクラテスの弁明・クリトン』（プラトン著　三嶋輝夫・田中享英訳　講談社刊）などを参考にしながら内容を簡略化する。機会があれば原典の方も読んでいただきたい。ここではあくまで分かりやすくするため、現代的表現も使って再現してみよう。

ソクラテス　アスリートは、すべての一般人の意見をアドバイスとして重んじるだろうか？　それとも医者とかコーチとか専門家の意見を重んじるだろうか？
クリトン　それは専門家の意見だ。
ソクラテス　すると、そのアスリートが尊重すべきはそうした専門家の意見や批判であって、一般人の非難や賞賛は気にしてはならないのだね？
クリトン　分かりきったことさ。
ソクラテス　じゃあ、そのアスリートは練習や食事についてもそうした専門家の意見に従って決めるべきであり、大勢の一般大衆の意見よりも専門家ただ一人の意見に従うべきなんだね？
クリトン　その通り。
ソクラテス　オーケイ。ところが、アスリートが専門家の意見を受け入れず、逆に一般大衆の意見に従うとすれば、その結果、不幸な事態になりはしないかね？
クリトン　もちろん、なるだろうね。

ソクラテス　それならその不幸とはどんなものかな。それは具体的にどの部分に影響を与えるだろう？

クリトン　もちろん身体《からだ》に関することだろうさ。

ソクラテス　そうだろう。だから他の場合においても同じなのさ。先ほどから論じている「正義と不正義」「美と醜」「善と悪」などに関しても、我々は一般大衆の意見に従うべきなのだろうか、それともたった一人でもいいから優れた専門家の意見に従うべきなのだろうか。もし、このような問題について優秀な専門家の意見に従わなければ、我々は重大なものを損ねてしまうことにはならないだろうか。それとも、そんな事態はまったくあり得ないか？

クリトン　いや、あると思うね。

ソクラテス　それじゃ、アスリートが専門家のアドバイスに従わなかったために、本来健康を保てたはずの身体を壊してしまったとしたら、それでもなお生き甲斐《がい》というものがあるだろうか？　この場合、壊してしまうのは身体だろう？

クリトン　そうなるね。

ソクラテス　だろう？　アスリートは健康が損なわれた身体になっても生き甲斐というものがあるだろうか？

クリトン　いや、生き甲斐などない。

ソクラテス　それなら、不正によっては損なわれてしまうが、正義によっては力づけられる「もの」が、大きく損なわれることがあったとして、そういう場合、我々には生き甲斐があるだろうか？　それとも、我々は、そんなものは身体よりは価値が低いと考えているのだろうか？
クリトン　決してそんなことはない。
ソクラテス　むしろそちらの方が尊い？
クリトン　はるかに尊いよ。
ソクラテス　愛する友よ、そうだとすると、我々は一般大衆が我々について述べることはあまり気にせずに、できれば、ただ一人の「正義と不正義の専門家」の言うことを重視しなければならないわけだ。すると、今まで君が述べた意見で、まず正しくないのは、君は「正義、不正義」について一般大衆の見解を尊重しなければいけないと主張したことだ。

現代人にも分かりやすいようにかなり意訳したが、「対話篇の呼吸」を少しは感じ取っていただけただろうか。

そしてソクラテスは目の前にいる旧友クリトンではなく、「国法」と対話を始める。一人二役である。

とにかく一般大衆が何を言おうと、その意見に従うのは正しくないということはクリトンも納得したので、今度は「優れた専門家の意見」つまりソクラテス自身の意見に沿って話が進められる。そこのところでソクラテスはもし自分がクリトンの勧めに従って逃亡を試みた場合、正義の象徴であるべき国家と国法に意思があればソクラテスに何を言うかを、自作自演で述べたのである。

つまり、ソクラテスはわざわざ自分を国法の立場において、その立場から見て、自分が死刑を逃れるために今さら逃亡することは、国法を尊重する人間なら絶対に実行すべきではないと、旧友クリトンに説いたのである。クリトンも引き下がらざるを得なかった。

こうしてソクラテスは国法に従い、翌日の夕方に与えられた毒ニンジンのジュースを自らあおり、徐々に衰弱して死んだ。享年七十であった。

ソクラテス自身は著作を残さなかった。弟子のプラトンやクセノフォンが著作で彼の人となりや哲学を伝えなければ、今でもソクラテスは喜劇作家アリストファネスの『雲』に描かれているような、巧みな弁論で人を操るペテン師と思われていたかもしれない。

しかし、ペテン師とはまったくの誤解で、ソクラテスはむしろ人類史上初めてと言ってもいい完成された哲学者であった。そのうえ、たとえ国法が自分を死に追い込むものであっても遵守すべきだと信じ従った良き市民であったことを、後世に伝えなければならないと考えた人々がいた。

その代表が、著作者としての素晴らしい才能を持った弟子のプラトンであったのだ。もちろん、プラトンも哲学者であり歴史家ではないから、その著作に登場するソクラテスは現実のソクラテスと完全に一致するかどうか確実ではない。

クセノフォンがソクラテスのことをもっと書き残していてくれれば、双方を比較し実像を探求できるかもしれないが、著作の量は圧倒的にプラトンが多いのである。

■弟子プラトンが「イデア論」で証明しようとしたソクラテスの「霊魂不滅論」

続いて『パイドン（Phaidon）』について述べることにしよう。

プラトンによるこの著作にもソクラテスが登場し、魂の不滅を語るからである。ソクラテスは魂の不滅を信じていた。プラトンはそう書いているし、ソクラテスがそう信じていなければ、あれほど従容《しょうよう》として死を迎えられなかっただろうから、そのことは事実だろう。『パイドン』においてプラトンは、なぜ魂は不滅であるかを証明するために、「イデア（idea）」という概念を持ち出すのである。「イデア」は師匠ソクラテスの「霊魂不滅論」を弟子プラトンが継承し、発展させたものと考えられる。

題名のパイドンはソクラテスの友人で、臨終にも立ち会った哲学者だが、彼が友人の同じく哲学者エケクラテスにその様子を聞かれ、語り始めるところから著作は始まる。そして回想シーンとなり、クリトンが説得を断念した処刑日当日の朝、友人のパイドン、クシミアス、ケベスと、ソクラテスは対話を始める。

まずは順番が逆と思えるのだが、「霊魂不滅論」の証明の前に霊魂が不滅であることを大前提にして話は始まる。

話の流れで人間はなぜ自殺してはならないのだろうか、という疑問が論ぜられることになり、友人ケベスの疑問にソクラテスが答える。

「(前略) ケベス、僕には正しく語られていると思われる。すなわち、神々はわれわれ人間を配慮する者であり、われわれ人間は神々の所有物 (奴隷) の一つである、と。君にはそうだと思われないかね」

「そうだと思います」とケベスは答えました。

「それなら、君にしたって、君の所有物の一つが、君がそれの死を望むという意思表示もしていないのに、自分自身を殺すとすれば、それに対して腹を立て、もしなにか処罰の手段をもっていれば、処罰するだろう」

(『パイドン』プラトン著　岩田靖夫訳　岩波書店刊)

ソクラテスはこのように述べて、自殺を完全に否定する。キリスト教徒の読者に念のために言うが、この時代設定は紀元前399年で、著作自体が書かれたのもそれから数年後である。つまり、まだイエスはこの世に降臨していないし、当然、キリスト教も誕生していない。もちろんソクラテスが信じていたのは複数の神々であって唯一神ではないが、「自殺否定論」はギリシアで既に生まれていたのである。

この『逆説の世界史』の読者には、ギリシアの文明つまり科学や哲学が、キリスト教全盛だった中世ヨーロッパの暗黒時代にはまったく顧みられず、むしろイスラム社会で保存されていたことをお伝えしたが、その理由もお分かりだと思う。

キリスト教が盛んになるにつれ、ヨーロッパの人々は「ソクラテスはキリスト教を知らなかった（本当の神の教えに触れていない）。故にその言説に見るべきものはない」と考えるようになっていったのである。

もっとも、それはのちのキリスト教神学に、ソクラテスの影響がまったくないという意味ではない。ソクラテスの自殺否定論はおそらくルネサンス以降に、明らかにキリスト教の自殺否定論に強い影響を与えている、と考えられる。

話を『パイドン』に戻そう。議論はいよいよ本題に入る。

友人ケベスはさらに「霊魂不滅というが、その証拠はどこにあるのか。仮に魂があったとしても、それは肉体の消滅と共に砕け散るのではないか？」とソクラテスに迫る。ソクラテスは、ならば徹底的にそれを考察してみようと受けて立つ。

まず、すべてのものには「対《つい》」つまり対立概念が存在することを指摘する。「増加と減少」「結合と分離」のようにである。

従って、「生」という概念に対立する「死」は一対のもので、「生」から「死」が生じるなら、「死」から「生」も生じると説く。これがソクラテスの霊魂不滅論だが、肉体は滅んでも魂が死後の世界に残るという単純なものではない。「生」と「死」は相互作用であって、一方通行ではないと主張しているのだ。

そして話はプラトン哲学の基本理念である「イデア論（theory of Ideas）」に進む。

この辺りから、プラトンはどうやら師ソクラテスの理論を継承しながらも発展させ、独自の領域に踏み込んでいると、多くの学者が指摘している。

ソクラテスは他ならぬプラトンの著作『ソクラテスの弁明』において、「無闇に死を恐れることは、知らないことを知っていると思い込む最悪の無知に陥ることだ」と述べている。「無知の知」を自覚することで歴史に名を留めたソクラテスにふさわしい言葉だが、論理的に解釈すれば、ソクラテスは「死を知らなかった」ことにもなる。

しかし一方で、ソクラテスは魂の不滅（＝死後の世界の存在）を確信しているようにも見える。おそらくプラトンはソクラテスの考えを発展させることによって、自分も確信している魂の不滅を証明しようとしたのだろう。そのために『パイドン』は書かれた。

それ故、この著作に登場するソクラテスは、歴史的実在であるソクラテスというよりは、プラトンによって理想化されたソクラテスと考えるべきだ。もちろん、『ソクラテスの弁明』はプラトンの著作だから、そうした理想化は既に行なわれていたのだが、「弁明」のソクラテスは喜劇作家アリストファネスの『雲』よりも、実在のソクラテスに近いと考えられるのである。

プラトンが霊魂不滅を確定的なものと証明するために用いた理論が、「イデア論」であった。イデアとは――。

プラトン哲学の用語。「見ること」を意味する動詞イデーンideinの派生語で、本来は「見られたもの」、形、姿、さらに物の形式や種類をも意味した。

プラトン哲学では、肉体の目によってではなく、魂の目によって見られる形を意味する。日常の生の流れのなかでわれわれのかかわる個別の感覚事物や、われわれのなす個別の行為は、それらをそのもの自体として切り離してみるとき、いずれも、ある観点からみれば美しく、正しいものであっても、他の観点からみれば醜く、不正なものとして現れてもくるが、イデアはいかなる観点からみても、たとえば、「美のイデア」についてはそれはいつも美しく、「正のイデア」についてはそれはいつも正しい。

（『日本大百科全書〈ニッポニカ〉』「イデア」の項　小学館刊）

というものである。

つまり、時空を超越した永遠の実在であり、あらゆるものの原型でもある。

では、イデア論はどのように霊魂不滅論と繋がるのだろうか？

■プラトン哲学を批判したアリストテレスの論点

プラトン哲学の基本概念である「イデア論」が分かりにくいと思うので、さらに説明しよう。

例えば、我々が日常目にするものの中で、「美しいもの」は確かに存在する。ものによっては人の評価が「美しい」「美しくない」と対立する場合もあるが、万人が一致して「美しい」と評価するものは確かに存在する。

では、それが絵画であれ、彫刻であれ、美人であれ、そこに共通する「美」とは、具体的にはいったいどんなものだろうか？　様々な事物において「美しい」という評価が成り立つためには、それらを「美」たらしめる共通した「何か」があるはずである。

それをプラトンは「美のイデア」と呼んだ。美の最も純粋な原型ということである。そう考えれば「美」だけでなく、「善」にも当然「善のイデア」が存在することになる。

つまりプラトンは、人間が「あれは美しい」とか「これは善である」という評価を下すのは、もともと人間が「美」や「善」のイデアを知っているからだと考えたのである。

そう考えると一つの大きな疑問が生ずる。人間が知識を得るためには、経験するか学習するかのどちらかの方法を取らねばならない。しかし、人間は誰に教えられたわけでもないのにイデアを知っている。これはいったいどういうことか?

そこでプラトンは別の世界（死後の世界というよりも、現世とは異なる理想的な環境としての「イデアの世界」と考えた方が正確）があり、かつて人間の魂はその世界に住みイデアを直視していた、と考えたのである。だから魂はイデアのことを経験的に知っている。だが、その魂はのちに堕落し、現世の人間に宿るようになったので、イデアの存在は知っているものの、完全な形では知らないという事態が生ずるに至った。

ここで有名な「洞窟の比喩」が使われる。プラトンの代表的著作『国家』に登場する比喩だ。

「すなわち、人間を、洞窟状の地中の住居にいるかのように見るのだ。それは、光明のあるほうへ、長い奥行をもつ入口が、洞窟の幅に開いているとしよう。人間は、この住居に、子どものときから、手足と頸を縛られたままでいるので、そこにそのままとどまっていて、前方しか見ることができず、頭をめぐらすこともできない。彼らのためには、上方から、後方はるかのところに火が燃えていて、この火と、その囚人とのあいだには、高めに道がついているとしよう。そしてその道に沿って、いいかね、ちょっとした城壁のようなものができていると見てくれたまえ。つまりね、人形使いたちが、自分たちの前面に置いておいて、その上に人形などを出してみせる、あの台のようなものだよ」

（『世界の名著7　プラトンⅡ』田中美知太郎責任編集　中央公論社刊）

要するに、人間はこうした世界にいるというのだ。

人間が見ているあらゆる事物は、実際には人間の背後に実在するイデアの影にすぎない。ならば人間がその縛《いまし》めを解いて洞窟を脱出し、それぞれの真の姿であるイデアを直視し、すべてのイデアを照らして直視できるようにしている太陽を見るべきだ。そして、その太陽こそ、あらゆるイデアの中で最高のものである「善のイデア」としたのである。

そう考えれば、学問して真理を探究することは、実際には既に知っているイデアを思い出す行為であることにもなる。つまり、学問とは「想起（anamnesis　アナムネーシス）」と同義ということだ。これがプラトンの「想起説」である。

では、個人個人が想起に励み真理を追究すれば、理想的な社会が実現するのだろうか?

そうはならないということを、プラトンは経験的に知っていた。他ならぬ師ソクラテスは真理を追究していたのに、国家によって有罪とされ、処刑されてしまったではないか。それ故、個人個人の努力とは別に、国家も理想的な国家となるためには何かを実現しなければならない。それをプラトンは四つの徳としたので、一般的にはこれを「プラトンの四元徳《しげんとく》（cardinal virtues）」と呼んでいる。それは「知恵」、「勇気」（特に国を護《まも》る意識）、「節制」であり、国民がその三つを実践した結果、国家全体において「正義」という、具体的にはソクラテスを死刑に追いやらないような四つ目の徳を実現した体制ができると考えたのである。

この四つの中に「節制」が入っているのは、プラトンの出身ポリスであるアテネが、様々な事情から欲望を追求する国家になり、その結果、ペルシア帝国に勝った栄光あるアテネの没落を招いたという歴史的反省によるものかもしれない。

そしてもう一つ歴史的影響として考えられることは、アテネが没落への道を辿《たど》る過程において、デマゴーグやポピュリストの影響が強くあったことである。当然、政治家や指導者はそうしたものであってはならない。

そこでプラトンはソクラテスの口を借りて、『国家』において次のように述べる。

「哲学者たちが国々において王となるのでないかぎり、あるいは、今日王と呼ばれ、権力者と呼ばれている人たちが、真実に、かつじゅうぶんに哲学するのでないかぎり、つまり、政治的権力と哲学的精神とが一体化されて、多くの人々の素質が、現在のようにこの二つのどちらかの方向に別々にすすむことを強制的に禁止されるのでないかぎり、親愛なるグラウコン（プラトンの兄　※引用者註）よ、国々にとって不幸のやむことはないし、また、人類にとっても同様だとぼくは思う」

（引用前掲書）

つまり、政治家は同時に良き哲学者でなければならない。王は哲人王でなければならず、そうした王によって行なわれる哲人政治こそ理想だとする考え方である。

ここには学問と政治とは一線を画すべきだという考え方はない。むしろ理想の国の実現を目指すために、哲学者は人材を育成すべきなのである。

そこでプラトンは、人類最初の総合大学ともいうべき学園アカデメイア（Akademeia）を開設し、現実の政治にも関わる一方で、多くの弟子を育てた。

十七歳の時にアカデメイアに入学した、プラトンよりも四十歳以上年下の若者こそ、のちにプラトン哲学に対する最も有力な批判者となるアリストテレスであった。

では、アリストテレスの哲学とはいかなるものか？

その問いに答える前に、世界史の視点から興味深い点に触れておこう。

プラトンとは一世紀の差があるが、人類の長い歴史を考えれば「ほぼ同じ時期」に、中国では孔子が自らまとめた哲学「儒学」を理想の政治学として全土に広めようと考え、弟子を多数育成すると同時に、各地を放浪し自分を採用してくれる国王、諸侯を求めていた。

第1巻「古代エジプトと中華帝国の興廃」で述べたように、秦《しん》による中国全土の統一が果たされたのはこれ以降の紀元前221年のことで、当時は小さな公国、侯国が並立していた。そこで孔子は自分を採用し、儒学を政治の根本に置く国が出現すれば、当然、その国は栄え、それを見習う国が続出し、結果的に乱世は終息すると考えていた。

ある時、弟子が孔子に「美しい宝玉があったとして、それを箱に入れてしまっておくのが正しいのか、良き買い手を探して売るのが正しいのか？」と尋ねたところ、孔子は「之《これ》を沽《う》らんかな、之を沽らんかな。我は賈《こ》を待つ者なり（売るとも、売るとも、私は買い手を待っているのだ）」（『論語』子罕《しかん》第九）と答えた、と伝えられている。

これは弟子が孔子を宝玉に、買い手を諸侯にたとえたとされている。

孔子はプラトンのように常設した学園は設けず、諸国を放浪する中で弟子を育成したのだが、そうしたのは何とかして自分の儒学を採用してくれる政権を探すためだったようだ。

その政治理想つまり儒学とは、孔子が生まれる以前の、周《しゅう》王朝最盛期の理想的な政治に帰り、道徳の根本に子が親に対して尽くす心「孝」を据えれば理想の国家が実現できるというものであったが、孔子はこれを達成することはできなかった。

一方、プラトンは一時期弟子である都市国家シラクサ（現在のシチリア島東部）の僭主《せんしゅ》ディオニュシオス１世（Dionysios I／ＢＣ４３０頃～ＢＣ３６７年）の一族ディオンに呼ばれ、哲人政治を実現しようとした。結局、ディオンは暗殺され、試みは失敗に終わった。

プラトンと孔子の哲学はまったく違うが、方法論

Bridgeman Images／PPS通信社

アリストテレス像
（イタリア／ローマ国立博物館）

を伴わない観念性の強い理論である点は共通性がある。

そして、彼らの後継者たちは社会の中で理想をどのように実現していくかという方法論にも留意するようになっていく。人類の文化の中では、何事も一足飛びに実現するわけではないのだ。

ちなみに肉体的な欲求を度外視した精神的な愛情のことを「プラトニック・ラブ（Platonic love　プラトン的愛）」と呼ぶが、この言葉自体はプラトンの時代にはない。もっとずっと後世、中世暗黒時代後のルネサンス期に、ヨーロッパでプラトンが再認識され、イデアのような純粋な愛そのものを追求する姿勢を「まるでプラトンのようだ」と考えた人々が、この言葉を使うようになった。

さて、アリストテレスの哲学である。

マケドニア王国の都市スタギラ（Stagira）に生まれたアリストテレスは、若くしてプラトンのアカデメイアに入学し、二十年にもわたって学問に励んだ。プラトンから直接教えを受けたこともあったらしい。そして、プラトン哲学に強い影響を受けたものの、最後まで反発を覚えたのがまさにプラトン哲学の極めて観念的な部分である「イデア論」であった。

その姿勢はルネサンス期のラファエロ・サンツィオ（Raffaello Sanzio／１４８３〜１５２０年）の名画『アテネの学堂（Scuola di Atene）』に見事に示されている。

画面中央向かって、左側の天を指さしている老人がプラトン、右側の手のひらを地にかざしている中年男性がアリストテレスで、天は観念論、地は現実論を象徴している。

アリストテレスの生涯を通じての主張は、イデアの存在を客観的に証明することも検証することも不可能ではないか、ということであった。当然、そのようなイデア論を哲学の根幹に据えるわけにはいかない。

例えば、「アカデメイア（学堂）」という建物がある。プラトンはこうした建物にもイデアがあり、仮に現実のアカデメイアをすべて破壊したとしても、人々の心の中に存在する理想型は残り、それがあるからこそいつでも再建できる、と考えた。ただし、その理想型に基づいて新たなアカデメイアが建てられたとしても、それは理想型の「影」の一つにすぎない。アカデメイアの本体はあくまで現実の建物ではなく、それを徹底的に破壊した後も心の中に残る理想型であり、それをプラトンは「イデ

Bridgeman Images／PPS通信社

ラファエロの『アテネの学堂』（バチカン市国／バチカン宮殿）
ルネサンス期のローマ教皇ユリウス2世の命によるフレスコ画。観念論のプラトン（中央左）は天を指さし、現実論のアリストテレス（同右）は掌を地に向けて議論を戦わせている

ア」と呼んだのである。

しかしアリストテレスは、イデアが存在するかどうかを客観的に証明できないことから、次のように主張した。

確かにアカデメイアという建物（あるいは概念）はこの世に存在する。しかし、それはイデアの影としてではなく、それぞれが一つの形相《けいそう》（eidos　エイドス）なのである。

では、形相とは何か。それは一般に「材料」と呼ばれるもの（例えば大理石）によって組み立てられたものが何であるかを決める、それぞれの定義あるいは本質で、この材料をアリストテレスは「質料（hyle　ヒュレー）」と呼んだ。言うまでもなく、質料は様々なものに変わる可能性を秘めている。大理石の石材なら神殿を建ててもいいし、学堂でも個人の住宅でも建てられるが、この神殿、学堂、住宅が形相である。

そういうイデアが別個に存在するのではなく、質料の持っている別のものに変化する可能性（＝形相）が、結果的にこうした現実の建物を生み出す。言葉を換えれば、現実に存在する事物は常に、現実に存在する質料と不可分の関係にあるということだ。

もちろん魂もその例外ではない。

■アリストテレスはアレクサンドロス大王に影響を与えたか

プラトンにおいては、「魂（プシケ　Psyche　霊あるいは霊魂とも同義）」はイデアと同じく、肉体とは別個に独立して存在するものであった。

プラトンは学問を「想起（アナムネーシス）」と捉えていた。魂と肉体がそれぞれ独立して存在するとする「霊肉二元論」の立場を取らなければ、この説を主張できないことは理解していただけるだろう。今の肉体に自分の魂が存在しない時にイデアを見ていた、というのがプラトンの考え方だからだ。そして、当然ながら肉体が滅びても、つまり人が死んでも魂は死なないことになる。それぞれ独立したものであるからだ。

しかし、アリストテレスはそうは考えなかった。イデアと同じく、魂の存在は客観的に証明できないからだ。それ故、アリストテレスは魂を肉体から独立したものではなく、身体の、例えば手足を動かすのと同じような、機能と捉えた。

魂の存在は客観的に証明できないが、人間が肉体的機能として思考する能力を持っていることは事実だからだ。そしてその思考能力つまり理性こそ、魂の機能の最高のものだと考えたのである。

プラトンは哲人王（philosopher kings）、つまり優れた哲学者でもある王によって統治された国家を最上とし、アテネなどで行なわれていた民主政には否定的だった。実際にプラトンの生きた時代は民主政治の没落期で、師ソクラテスが民衆の合意で処刑されてしまったことも、民主政を低く評価する要因となった。

物事の見方についてプラトンと対照的な立場を取るアリストテレスも、この点ではプラトンと同じで、民主政よりも君主政を優越した政治体制とした。もちろん、その根拠はプラトンとは違う。

アリストテレスにとっても、哲学の目的は最高の善を求め幸福を実現することだが、イデアを否定しているのだから、最高の善は人間の肉体を離れた別のところ（理想の世界）にあるわけではない。

また同時に、人間は国家的動物（ゾーオン・ポリティコン）でもある。野獣と違って基本的に共同体の中で生きるからだ。従って人間の求める最高善は共同体をいかにして善なるものにするかという政治学によって探求できるのであり、それは同時に人間の生き方つまり倫理学を探究することでもある。

アリストテレスは政治体制をまず支配者の数によって三種類に分けた。単独支配、少数支配、多数支配である。

このうち単独支配の良い形態が君主政、悪い形態が僭主政、同じく少数支配の良い形態が貴族政、悪い形態が寡頭政、多数支配の良い形態が民主政、悪い形態が衆愚政であるとした。政治形態は六種類に分類されるということだ。

その優先順位もつけられる。優先順位は当然、「良い形態」から始まり、一位が君主政、二位が貴族政、三位が民主政になるが、「悪い形態」の中では僭主政が優先されるのではない。

もう一つの評価基準である、政治が個人の幸福を求めるか全体の幸福を求めるかという点で、衆愚政の方が上であると考えたアリストテレスは、四位を衆愚政、五位を寡頭政、六位を僭主政とした。

注意すべきは、これは現実的な選択肢であって、例えば優れた君主としてふさわしい人間あるいはエリート集団がいなければ、国は民主政によって運営されるべきだという考え方にもなる。

そうした考え方が土台になっていたためか、アリストテレスの考える理想の国家の規模は、あくまでアテネなどのポリスのような規模であった。丘の上に立てば全体を見渡せるぐらいの小規模な共同体である。つまり、世界帝国というような考え方は微塵《みじん》もなかった。

ここで注目すべきは、人類最初の世界帝国を築き上げたアレクサンドロス大王の若き日、家庭教師として様々な学問を教えたのがアリストテレスだったことである。

では、アレクサンドロス大王はアリストテレスの哲学の影響を受けただろうか？　アレクサンドロス大王の父フィリポス2世が家庭教師としてのアリストテレスに期待したのは、哲学教育よりはマケドニア王国の王子としてふさわしい教養を身につけさせることだっただろう。アリストテレスはあらゆる学問に精通していたから、初歩の数学や古典文学はその教科に入っていたはずである。

しかし、いかに初等中等教育が担当だったとはいえ、アリストテレスのような大哲学者の影響を、アレクサンドロス大王がまったく受けないということがあり得るだろうか？

実はこの点について、多くの研究者は否定的である。例えば国家観一つを見ても、小規模なポリスを理想とするアリストテレスに対して、アレクサンドロス大王が目指したのは世界帝国である。方向性としては正反対だ。

だからこそ多くの先達は、アリストテレスがアレクサンドロス大王に与えた影響を大したものではないと考えるか、あるいは逆に、アリストテレスの政治学に対してアレクサンドロス大王は批判的で受け入れなかったと考えるか、そのどちらかなのである。

私はそのどちらでもない。アレクサンドロス大王がアリストテレスから受けた最大の影響は「イデアは存在しない」ということではなかったか。これはアリストテレス哲学の根幹にある主張である。

ここで、以前に述べたアレクサンドロス大王の征服事業を思い出していただきたい。それまでの征服者にまったく見られないアレクサンドロス大王の特徴は、支配した国々の習慣を取り入れて国家を統治しようとしたことである。

プラトン的イデア観によるならば、国家の理想的な支配形態、あるいは人間に共通する慣習は一つであり、それはギリシア的世界観に由来するものである。この考えを取るならば、アレクサンドロス大王によって征服された様々な国々や民族は、その唯一のイデアに合わせて、自らの慣習を変えるべきであるということになる。しかし、アレクサンドロス大王はそうは考えなかった。

アレクサンドロス大王が大いなる知性の持ち主であることは誰も否定しないだろう。そういう知性のある人間なら若く未熟な時代でも、目の前にいた当時最大の哲学者に、「先生、存在とはいったい何ですか?」と質問した可能性は大いにあり得る。また、当人が訊かなくても、アリストテレスは教えたに違いない。なぜならその質問は、アリストテレスの考える思想の根幹にある真理だからである。

こういう〝真理〟を教えられたアレクサンドロス大王の立場で言えば、被征服民の慣習一つを取ってみても、「質料(ヒュレー)」と一体になった「形相(エイドス)」である。それが建物でも、マケドニア王国にはマケドニア王国にふさわしい質料があり形相があり、ペルシア王国にはペルシア王国にふさわしい質料があり形相がある。ギリシア的イデアによって建物を統一する必要もない。それぞれの気候風土に応じた長所を生かせばいいのであり、建物だけでなく人間の慣習に関しても同じことが言える。

古代において、戦争の事後処理とは、勝った側が負けた側に自らの宗教や慣習を押しつけることであった。同じ民族間の利権についての争いならともかく、異民族同士の戦争はそれぞれが持つまったく違う宗教のもたらすアイデンティティのぶつかり合いになる。

「正義は必ず勝つはず」であるから、負けた側の神は勝った側に否定され、負けた側の民もその宗教や慣習を否定される。それがアレクサンドロス大王以前の人類の常識であった。

アレクサンドロス大王はそうした常識を変えた。常識を変えた以上、そこには何らかの強い影響力を持つ思想があったと考えるべきで、それを私は、アリストテレスの「イデア否定」という現実主義がもたらした、と考えている。

しかし、アリストテレスとプラトンの違いは、中世のヨーロッパ社会においては明暗を分けた。明とはプラトンであり、暗とはアリストテレスである。

アリストテレスの著作は、プラトンの著作に比べるとまったく整理が行き届いていないと言っても過言ではない。著作なのか、それともノートなのか、どちらが先に書かれたかなど、未だに分からないことが多い。新しい資料はもう見つからないだろうから、この辺りは永遠の謎であろう。彼の著作は長い間忘れられていた。プラトンの著作については、こういうことはほとんどない。

そのことを確認したうえで、のちにヨーロッパを席巻したキリスト教の立場で両者を比較してみよう。

言うまでもなく、二人は紀元前、キリストの生誕以前に生まれて死んでいった人間である。当然、キリストのことは知らない。

それでもプラトンはキリスト教の立場から見て正しい「霊肉二元論」を取っている。天国とか神の救いについては何も知らなかったが、知らない割には人間というものをよく捉えている。キリスト教の立場で言えば、こういう評価になる。

アリストテレスはどうなるか？　もうお分かりだろう。そもそも霊肉二元論を否定しているところが根本的な間違いである。いかにキリストの存在を知り得なかったとは言え、「神の王国」を予測していたかのように見えるプラトンに対して、アリストテレスは論外だということになり、その根本的な錯誤を大前提にしたアリストテレスの学問体系も、研究する価値のない砂上の楼閣ということになってしまうのである。

もちろん、キリスト教の中にも、スコラ哲学者トマス・アクィナス（Thomas Aquinas／1225頃～1274年）のように、アリストテレスに注目する動きはないわけではなかったが、ヨーロッパ社会で本格的に見直されるようになったのは、キリスト教の強い支配力から自由を求める運動が始まった、ルネサンス期になってからである。

しかし、アリストテレスの考え方は、東西思想の融合というヘレニズム（Hellenism）文化に影響を与えたと言えるのではないか。

ヘレニズム文化とは、一般的にペルシア、インドなどの東方文化とギリシア文化との融合で、民族を超越する普遍的性格を持つようになった文化と考えられているが、イデア的、あるいはキリスト教的、イスラム教的に、真理を一つしか認めない精神世界では、思想、文化の融合ということ自体が、そもそもあり得ないのである。

例えば、のちの大航海時代に世界を席巻したスペイン、ポルトガルという二つの海洋帝国は中南米を征服したが、そこにヘレニズム文化のように大きな、キリスト教文化と中南米の現地文化の融合が生まれたか。タバコを吸うような生活習慣などでは、ヨーロッパ文明も多少の影響を受けたが、根本のところで、キリスト教文化は中南米の先住民の文化を徹底的に破壊し、従属させた。

そういう観点で歴史を見れば、まさにアレクサンドロス大王の帝国とは、アリストテレス的、言葉を換えれば、多神教的、多元的価値観を持つ哲学によって成立したものであり、それがさらに発展し、完成したものがローマ帝国という見方もできるわけである。

■逆説史観で選ぶギリシア・ヘレニズム文明の七賢人

古代ギリシア人の中にはギリシア文明そして後続するヘレニズム文明の発達に貢献し、人類全体の文明に大きな影響を与えた天才たちがいる。文字通り多士済々《たしせいせい》ではあるのだが、ここではその中から特に七人を選び、その生涯と業績を振り返り、この章を締めくくろうと思う。

ただ、それは古来「ギリシア七賢人」として伝えられている人々ではない。この七人とは、アテネの立法者ソロン、ミレトスの哲学者タレス（Thales／BC624頃～546年頃）、スパルタの民選長官キロン（Chilon／生没年不詳）、プリエネの僭主ビアス（Bias）、リンドスの僭主クレオブーロス（Kleoboulos）、ミティレネの調停者ピッタコス（Pittakos／BC650頃～BC570年頃）、ケーンの農夫ミソンのことだが、ギリシア文明だけからの選択であり、また政治家に偏りすぎている。

そこで、「ギリシア・ヘレニズム文明七賢人」を私の独断と偏見で選ぶことにした。もちろん、ソクラテス、プラトン、アリストテレスは別格扱いである。この点をお含みおき願いたい。

一人目の賢人は謎の詩人ホメロスである。生没年不詳だが、紀元前8世紀末頃に活躍した吟遊詩人で、西洋文学の古典中の古典の叙事詩、『イリアス』と『オデュッセイア』の作者と考えられている。

イリアスとは「イリオン（トロヤの別名）の歌」という意味。つまり、長きにわたったギリシアとトロヤとの戦争のことを題材にし、「トロヤの木馬」という奇手を考えたのがギリシア側の名将オデュッセウスである。叙事詩『イリアス』はギリシア軍総大将の王アガメムノン（Agamemnon）と優秀な軍人アキレウス（Achilleus）が諍《いさか》いを起こし、アキレウスが戦線離脱したところから物語が始まる。士気の低下を憂えたアキレウスの親友パトロクロス（Patroklos）はアキレウスの武具を身につけて出陣するが、トロヤ王プリアモス（Priamos）の王子ヘクトル（Hector）に討ち取られてしまう。そして親友の死を知ったアキレウスは戦線に復帰し、逆にヘクトルを討ち取るという、十年間に及んだトロヤ戦争の中の一エピソードが描かれている。

また、叙事詩『オデュッセイア』は戦争終了後、オデュッセウスがいかに苦心して故国へ帰ったかという物語だ。

　トロヤ戦争の全体は全部で七つの叙事詩に描かれていたようなのだが、この中のパート2にあたる『イリアス』とパート7にあたる『オデュッセイア』だけしか現存していない。あらすじは言い伝えられているので、この両作品には載っていない英雄アキレウスの最期も分かっている。アキレウスが生まれた時、母は息子を不死身の体にしようと赤ん坊の両のかかとを持って逆さにし、冥府の川の水に浸した。しかし、その握ったところには水は触れなかったため、そこを弓矢で狙われアキレウスは殺された。「アキレス腱《けん》」の語源である。

　詩人ホメロスは西洋文学の祖とも言える人物であるが、学者によっては、ホメロスは架空の人物であるとする。確かに、たまたま残った二編が二つとも同一作者であるとするのは不合理であるという考え方も成り立つからだ。

　二番目の賢人はヘシオドスである。彼はホメロスと違って、やはり生没年不詳であるものの確かに実在したとされる人物だ。ホメロスと同じく紀元前8世紀頃に活動したと推定される。その作品として確実なものが詩集『労働と日々』であり、ここに収められた数百の詩でヘシオドスは労働こそすべての善の根源であるという、古代においては極めてユニークな思想を語っている。なぜユニークなのかはお分かりだろう。通常の古代文明圏では労働とは身分の低い人間がやるものであった。もちろんギリシア文明には奴隷が存在したから、そういう考え方とまるで無縁であったわけではない。だが、その本質は「ダイエット文明」であるから、ギリシアでは他の文明圏では生まれなかった労働＝善という考え方が生まれたのである。

第三の賢人はソロン。古代アテネの政治家であり詩人でもあった。政治改革のリーダーで、練達の調停者でもあった。ソロンの時代、政治は混乱の極致にあった。王および僭主、貴族、市民が対立し、市民の力が伸びてきていたのに、政治制度の中に、それに対する受け皿がまったくなかった。市民を財産別に四階級に分類し、階級ごとに政治の参加資格を定めた。それを実現し保障するため、多くの法律を制定し誤るところがなかった。ギリシア民主政を定着させた功労者を一人だけ挙げるとしたら、このソロンになるだろう。

第四の賢人は古代ギリシアの哲学者デモクリトス（Demokritos／BC460頃～BC370頃）。紀元前5世紀に活躍した人物だ。彼の名はあまりなじみがないと思う。実際、西洋文明ではルネサンス期頃まで忘れ去られていた。彼が本格的に再評価されるきっかけを作ったのは、近代の科学者ジョン・ドルトン（John Dalton／1766～1844年）であった。原子論である。

原子論とは、すべての物質は極小で分割不可能な粒子で構成されている、とする理論である。原子のことを「アトム（atom）」と呼ぶが、もともとギリシア語の atomos に由来し、「テムノー（切る）」に「ア（否定の接頭語）」を冠し、「分割不可能なもの（最小単位）」とした言葉だ。簡単に言えば、物質とは何でできているか、その究極の材料（元素）は何かという疑問に答えた理論だ。デモクリトスは、どんな物質でも分割可能なのだから、徹底的に分割していけば、最後は根源の粒子であるアトムになると考えた。原子論を確立したのである。

しかし、そういう考え方はそれ以後、すべては神が創ったというキリスト教の影響もあったのだろうが、西洋文明ではまったく受け継がれることはなかった。むしろ全盛を極めたのはアリストテレスも支持した「四元素説（theory of four elements）」で、これはすべての物質の根源は火・空気・水・土の四つの元素から構成されるとする説である。

四元素説は、火が物質の急激な酸化という状態であり、水もたまたま液体という状態であることの認識がなく、「火が燃える」「水が流れる」といった、いわば目先の現象に振り回されているのだが、それでも近代になってドルトンが改めて化学の立場から原子論を提唱するまでは、有力な「学説」だったのである。

もっとも、現代では原子にも「核」というさらに分割できる部分があることが発見され（これが原子力の源である）、小さな物質の構成単位（クォークなど）が提唱されているので、原子論そのものが修正を余儀なくされてはいるのだが、紀元前の昔に目先の現象に振り回されずに原子論を唱えたデモクリトスには一定の評価が与えられるべきだろう。

続いてギリシアからヘレニズムの時代に移ると、まず挙げなければならないのは、マケドニア王国のアレクサンドロス大王であろう。これが通算では五人目の賢人ということになる。「ヘレニズム文明を創った」こと自体が大功績なのだが、これは彼の意図したことではなく、あくまで結果である。彼の世界史上に輝く偉業は、様々な民族の慣習をも取り入れて成り立つ「理想の帝国」を実現しようとしたこと。これは、アレクサンドロス大王以後は珍しくなくなったかもしれないが、彼の時代においては空前のユニークな試みであった。これも改めて認識すべきだ。

第六の賢人は古代ギリシアの数学者・天文学者のユークリッド。この人物も生没年不詳だが、紀元前4世紀から紀元前3世紀にかけて、アレクサンドロス大王の大帝国が崩壊した後、エジプト王国のプトレマイオス朝の首都となった、古代最大の学芸の中心地のアレクサンドリアで活動した。人類最高の数学者の一人である。

彼の『ストイケイア（Stoikheia）』（『幾何学原本』、あるいは『原論』）は20世紀初めまで現役の数学の教科書として使われた。その特色は、それまで発見確認されていたピタゴラスの定理（Pythagorean theorem）などの数学的知識を、「線とは何か」等の要素の厳密な定義から始めて、体系的に組み上げ、整理統合したことである。西洋世界では「聖書に次いで読まれた本」などと評され、のちの学問・芸術に多大の影響を与えた。

例えば、幾何学の基本的前提となる「公準（要請ともいう。証明不要で採用される定理）」は五つある。

公準（要請）

次のことが要請されているとせよ。

1. 任意の点から任意の点へ直線をひくこと。
2. および有限直線を連続して一直線に延長すること。
3. および任意の点と距離（半径）とをもって円を描くこと。
4. およびすべての直角は互いに等しいこと。
5. および1直線が2直線に交わり同じ側の内角の和を2直角より小さくするならば、この2直線は限りなく延長されると2直角より小さい角のある側において交わること。

（『ユークリッド原論［追補版］』／中村幸四郎・寺阪英孝・伊東俊太郎・池田美恵訳・解説／共立出版刊）

一読すれば分かるように、〈5〉だけは著しく冗長である。

そこで、これは公準ではなく、そうでないことに着目して理論を組み直せば、新しい幾何学ができると考えて実行したのが、ロシアの数学者ニコライ・イワノビッチ・ロバチェフスキー（Nikolay Ivanovich Lobachevskiy／1792〜1856年）である。彼の指摘で人類が初めて気がついたのは、ユークリッドの幾何学は平面を大前提にしていることだ。ロバチェフスキーによって曲面もその対象になった。

彼の創始した幾何学を「非ユークリッド幾何学（non-Euclidean geometry）」と呼ぶ。逆に考えれば、ユークリッド幾何学は二千年以上スタンダードだったのであり、今も幾何学の重要な分野である。ユークリッドが偉大な存在であることがよく分かるだろう。

そして第七の賢人はアルキメデス（Archimedes／BC287〜BC212年）である。シチリア島の都市国家シラクサ出身で、数学者であると同時に物理学者、天文学者でもあり、第一級の技術者でもあった。

都市国家シラクサの王が職人に材料として純金を与えて王冠を鋳物で創らせたが、職人はその際に純金を一部くすねて代わりに銀を混ぜたという噂《うわさ》が流れた。しかし、その不正を確かめるにはもう一度王冠を溶解して重さを確かめる方法しかない。何とか王冠を溶かさずに職人が不正をしたかどうか確かめてもらいたいと、王から頼まれたアルキメデスは、解決法を思いつかず、悩みに悩んだ。ある日、考えあぐねて入浴したところ、湯舟の湯が自分が入ることによってあふれ出すのを見て解決法を思いついた。彼は喜びのあまり湯舟を飛び出し、「ヘウレカ（見つけた）」と大声で叫びながら裸で街中を走ったという。

「アルキメデスの原理」つまり「物体の一部または全部が流体（液体または気体）の中にあるとき、物体には、物体が押しのけた部分の流体の重さに等しい浮力が働くという原理」（『日本大百科全書〈ニッポニカ〉』「アルキメデスの原理」の項　小学館刊）の発見だ。

その応用でアルキメデスは問題の王冠と、同じ重さの純金を用意し、水を張った同じ容器にそれぞれ入れて、あふれ出た水の量を比較し、不正を証明した。もっとも、彼がこの原理を発見したのは事実だが、このエピソードは伝説である。

しかし、ユークリッドですら研究しきれなかった円周率、すなわち円周と直径との比率について計算し、「円周はその直径の70分の220より小さく、71分の223よりは大きい」（引用前掲書「アルキメデス」の項）としている。

また、「アルキメデスの螺旋《らせん》」という機械がある。アルキメデスが考案したといわれる揚水ポンプだ。「構造は細長い円筒の中に、ねじ状に深い溝を刻み込んだ軸をぴったりはめ込んだものである。この筒の一端を水の中に入れ人力で筒を回転させると、下方の水がねじ状の溝の空所を通って汲《く》み上げられる」（引用前掲書「アルキメデスの螺旋」の項）というものである。

彼は熱烈な愛国者でもあり、当時、地中海の覇権をめぐって、新興のローマと都市国家カルタゴ（Carthago）の間でポエニ戦争（Poeni War）が戦われていた。都市国家シラクサはカルタゴ側についてローマと戦ったため、アルキメデスも第二次ポエニ戦争（ＢＣ２１８～ＢＣ２０１年）では投石器など、様々な攻撃兵器を開発してシラクサ軍に提供した。だが、ローマの勢いは強く、遂にシラクサに上陸したローマ兵によって、研究室にいたアルキメデスは殺された。ローマ軍からは「あの男は殺すな」という命令が出ていたとする説もあるが、とにかく「ギリシア・ヘレニズム七賢人」の最後の一人を殺したのは、次の時代の主役となるローマの兵士であった。

序章でも述べたように、のちに帝政となったローマ帝国は多神教から一神教に転換した国家として極めて興味深い存在である。これまで三巻を通じて考察したことを踏まえて、まったく新しいローマの歴史を描いてみたいと考えている。

〈文中敬称略〉

■古代ギリシアの略年表

時代区分	西暦	主な出来事
石器時代	BC30000頃	後期旧石器文化始まる
	BC4000頃	新石器文化が始まる
青銅器時代	BC3000頃	青銅器の使用が始まる
	BC2800頃	クレタ島を中心にクレタ文明（ミノア文明）始まる
	BC2000頃	アカイア人、南下してギリシア本土に侵入
	BC2000頃	クレタ文明隆盛
		クノッソス宮殿建設
	BC1600頃	クレタ文明最盛期、ギリシア本土でミケーネ文明始まる
	BC1400頃	クレタ文明の滅亡、ミケーネ文明隆盛
	BC1200頃	トロヤ戦争
	BC1100頃	ドーリア人の侵入によりミケーネ文明崩壊
鉄器時代	BC10世紀頃	スパルタ市誕生
	BC9~8世紀頃	ギリシア地域でポリス（都市国家）が成立しはじめる
アルカイック期	BC8世紀頃	ホメロスの叙事詩『イリアス』『オデュッセイア』成る
		詩人ヘシオドス『労働と日々』を著す
	BC776	第一回オリュンピア競技開催（～AD4世紀）
	BC743	第一次メッセニア戦争（～BC724頃／スパルタによるメッセニア征服）
	BC700頃	スパルタでリュクルゴスの改革（軍事国家としての基礎を築く）
	BC660頃	第二次メッセニア戦争（～BC650頃）

BC594	アテネでソロンの改革（～BC593）
BC550頃	スパルタを盟主とするペロポネソス同盟結成（～BC366）
BC561	ペイシストラトス、アテネの僭主となる
BC508	アテネでクレイステネスの民主改革（～BC507）
	オストラキスモス（陶片追放）制定（～BC418）
古典期	
BC500頃	ギリシア－ペルシア戦争始まる（～BC449）
BC490	マラトンの戦い
BC480	テルモピュレーの戦い、アルテミシオンの海戦、サラミスの海戦
BC479	プラタイアイの戦い、ミカレ岬の戦い
BC478	アテネを盟主とするデロス同盟結成
BC450頃	カリアスの和約（ギリシア－ペルシア間に和平成立）
BC443	アテネでペリクレスの執政（～BC429）
BC432頃	パルテノン神殿完成
BC431	ペロポネソス戦争始まる（～BC404）
BC420頃	哲学者デモクリトスが原子論を体系づける
BC404	アテネがスパルタに降伏し、ペロポネソス戦争終結
	アテネで「三十人僭主政」が行なわれる
BC399	哲学者ソクラテス（BC469頃～）が裁判にかけられ毒死
BC395	アテネ、テーベ、コリントなどがペルシアの援助を受けスパルタと対戦（コリント戦争／～BC386）
BC386	ペルシア帝国がスパルタとアンタルキダス条約（大王の和約）締結
BC371	テーベがレウクトラの戦いでスパルタを破る（スパルタ王クレオンブロトス1世戦死）

時代区分	西暦	主な出来事
ヘレニズム時代	BC347	哲学者プラトン没（BC429頃〜）
	BC342頃	哲学者アリストテレスが、マケドニア王フィリポス2世の招聘を受け王子アレクサンドロスの家庭教師になる
	BC338	ギリシア連合軍がカイロネイアの戦いでマケドニアに敗れる
	BC336	フィリポス2世暗殺、アレクサンドロス3世（大王）即位
	BC334	アレクサンドロス大王の東征開始
	BC334	グラニコス川の戦い（ペルシア帝国軍を撃破）、ハリカルナッソス陥落
	BC333	イッソスの戦い（ダレイオス3世率いるペルシア帝国軍に勝利）
	BC332	ティルス島占領。エジプト無血征服
	BC331	ガウガメラの戦い（ダレイオス3世と再戦し圧勝）。バビロン、スーサ占領
	BC330	ペルシア帝国の首都ペルセポリスを占領し破壊。エクバタナ侵攻。ヘラス同盟軍を解散。ダレイオス3世が臣下により暗殺され、ペルシア帝国（アケメネス朝ペルシア）滅亡
	BC327	インドへ遠征
	BC326	ヒュダスペス川畔の戦い（パンジャーブ地方の大王ポロスを破る）。兵士の進軍拒否により東征を断念、帰途につく
	BC324	アレクサンドロス大王軍、スーサに帰還。集団結婚式を挙行。オピス騒擾事件
	BC323	アレクサンドロス大王が、アラビア遠征を計画するもバビロンで病死
	BC323	大王の遺将による後継をめぐる騒乱、ディアドコイ戦争が始まる（〜BC276）

ヘレニズム時代

BC322	アリストテレス没（BC384〜）
BC312	将軍セレウコス、バビロンを拠点にシリア王国を建国
BC311	四有力者（アンティゴノス、カサンドロス、プトレマイオス、リュシマコス）が講和を結ぶ
BC306	隻眼王アンティゴノス、海戦を制しマケドニア後継王を宣言（アンティゴノス朝創始）
BC305	シリア王国のセレウコス、王位に就く（セレウコス朝／〜BC63）
BC304	将軍プトレマイオス、エジプトにプトレマイオス朝を創始（〜BC30）
BC300頃	数学者エウクレイデス『幾何学原本』（ユークリッド幾何学の完成）
BC276	アンティゴノス2世（ゴナタス）、マケドニア王になる（アンティゴノス朝確立／〜BC168）
	アレクサンドロス大王の帝国が三王朝に分裂（プトレマイオス朝エジプト、アンティゴノス朝マケドニア、セレウコス朝シリア）
BC264	ローマ‐カルタゴ間に第一次ポエニ戦争始まる（〜BC241）
BC250頃	物理学者アルキメデス「てこの原理」「浮力の原理」を発見
BC218	第二次ポエニ戦争始まる（〜BC201）
BC215	ローマ‐マケドニア間に第一次マケドニア戦争始まる（〜BC205）
BC212	アルキメデスがシラクサに上陸したローマ兵に殺される（BC287頃〜）

■ 初出／小学館のウェブサイト「BOOK PEOPLE」において、
2015年10月1日～2018年11月1日に配信された同名作品
を、単行本化にあたり大幅に加筆修正し再構成したものです。

●本文デザイン／ためのり企画
●カバー写真／パルテノン神殿（ギリシャ　アテネ）
ⒸGYRO PHOTOGRAPHY/a.collectionRF/amanaimages
●図版&地図／タナカデザイン
●イラスト／熊谷誠人
●撮影／小学館写真管理室　田中麻以　西澤 潤
●編集協力／小林潤子
●校正／玄冬書林　小学館クリエイティブ
●企画プロデュース&編集／西澤 潤

井沢元彦　MOTOHIKO IZAWA
作家。1954年2月1日、愛知県名古屋市生まれ。早稲田大学法学部を卒業後、TBSに入社。報道局社会部の記者だった80年に『猿丸幻視行』で第26回江戸川乱歩賞を受賞。『逆説の日本史』シリーズは単行本・文庫本・ビジュアル版で550万部超のベスト＆ロングセラーとなっている。主な著書に『日本史真髄』『天皇になろうとした将軍』『言霊』『穢れと茶碗』などがある。また、小学館のウェブサイト「P＋D MAGAZINE」で新たなライフワーク『逆説の世界史』ローマ帝国編も連載予定。

逆説の世界史
3 ギリシア神話と多神教文明の衝突
2019年10月28日　初版第1刷発行

著　者　井沢元彦
発行者　飯田昌宏
発行所　株式会社 小学館
〒101-8001
東京都千代田区一ツ橋 2-3-1
電話　編集 03-3230-5766
販売 03-5281-3555
印刷所　大日本印刷株式会社
製本所　牧製本印刷株式会社

ISBN978-4-09-388702-1